도시재생,
현장에서 답을 찾다

황희연 외 35인 공저

미 세 움

도시재생, 현장에서 답을 찾다

황희연 외 **35인** 공저

미세움

프롤로그

도시의 본질적인 매력은 다양한 인간관계가 만들어내는 여러 형태의 활기에 있는데, 이를 지지하는 것이 인구다. 인구는 우리 미래를 결정하는 가장 중요한 요소로 도시정책의 방향은 물론, 도시계획과 관련된 법과 제도에 큰 영향을 준다. 인구증가 시대에는 택지개발이나 도시개발 등 개발 관련법을 앞세운 도시 확장을 통해 부족한 주택 등의 수요를 충족해 왔다. 또 이를 통해 일정 수준 이상의 생활환경 향상도 꾀할 수 있었다.

반면, 인구가 감소하면 생산가능 인구의 감소와 함께 생산력 감소, 소비 및 투자 위축, 재정수지 악화가 일어나며, 이는 공가空家와 거주, 교육, 복지, 교통, 방재, 방범 등의 열악으로 이어진다. 인구감소가 더 심화되면 공가 수준을 넘어 무거주 지역이 출현하고, 혈연가족의 붕괴와 함께 1인가족, 절연생활과 고독사도 늘어난다.

당연히 도시 확장 단계와는 다른, 도시 활동반경을 줄이는 집약형 도시구조로의 변화와 이의 집약으로써 도심부 및 기성 시가지의 재생을 통한 기능 강화가 필요하다. 아울러 '더불어 함께 사는' 소통과 공동체 도시가 되도록 거주공생, 지역공생, 환경공생의 재생이 필요한데, 인구감소로 인해 소멸국가 1호가 될 것이라는 우리나라는 더욱 그렇다.

그러나 우리 도시들에서 전개되는 양상은 여전히 인구증가와 산업적 · 기능적 합리성에서 벗어나지 못하고 있다. 도시의 규모나 상황에 따라 양상은 다르겠지만, 대도시는 법규 디자인을 바탕으로 단기간에 도시 외곽지역을 점거한 아파트가 지금은 재개발, 재건축, 지역주택조합을 앞세워 그 영역을 도심 및 기성 시가지까지 넓혀 가고 있다. 아파트는 여전한 규모별, 소유 형태별의 주동 배치와 함께, 인간관계를 만드는 공유성이 배제된 채 오직 가족 중심의 주동구성만을 하고 있다. 이로 인해서 끼리끼리의 계층문화가 고착화되고, 이웃사촌 관계는 더욱 멀어지는 추세다. 자동차의 도시 지배가 더 강화되면서 도시와의 대면성은 약화되고 있고, 사회가족을 만드는 관계성은 더욱 빈곤해지고 있으며, 행정의 공공성은 주민의 공공성이 되지 못하고 있다. 특히 다양성의 상징인 동네와 골목길, 생

광주 시가지를 가로질러 가던 10.8킬로미터의 경전선 철로(효천역~광주역)가 폐선된 후에 시민들의 의견을 모아서 만든 푸른길(도시공원). 걷기, 휴식, 담소 등 다양한 일상적 행위가 일어나는 생활친밀형의 이 길은 근래 인접한 빈집들에 카페 등이 들어서면서 또 다른 활력의 매체가 되고 있다.

광주 폴리3차사업으로 시행된 '쿡폴리'. 도심재생, 청년실업 등과 같은 사회적 화두에 조금은 가볍고, 즐겁고, 맛있는 접근을 목표로 한 폴리. 광주·전남의 재료와 대표음식을 모아서 '셀렉다이닝' 식당형태의 플랫폼을 통한 작지만 강한 선순환 모델을 제시한 '쿡폴리'는 카페와 바 형태의 유리온실 '콩집'과 한식을 제공하는 한옥 '청미장'으로 구성되어 있다.

활밀착형의 지역문화가 사라지고, 재정착이 어려운 경제적 약자들은 정든 삶의 터전을 떠나고 있다. 미국에 가장 큰 영향을 미친 오류는 "내일도 오늘 같을 것이라는 현존주의"라고 간파한 《우리는 도시에서 행복한가Happy City》의 저자 찰스 몽고메리Charles Montgomery의 말이 생각난다. 도시재생이 필요한 이유다. 그러나 정부의 다양한 지원 아래 정책 사업으로 진행되고 있는 도시재생은 수량이나 재정적 규모에 비해 아직 과시적 성과는

많지 않다. 누군가의 말처럼 도시재생은 긴 기간에 걸쳐서 지속적인 진단과 다양한 처방이 필요한 내과적 치료와 같기 때문이다. 그런 지난한 과정임에도 도시재생은 주민들의 관계성과 공유인식을 바탕으로 다양한 지역적 특성을 매개체로 하여(input) 사람 냄새가 나는 삶과 문화를 만들어낸다(out put)는 점에서 우리 도시들이 가야 할 길임에 틀림없다.

이 책은 이런 관점 아래 2018년 1년 가까이 〈전남일보〉에 연

과거와 현재가 공존하는 일본 기후 현의 시라카와고 합장촌. 200년 이상 된 독특한 형태의 많은 주택을 보존하기 위해 1976년에 중요 전통적 건조물군 보존지구로 지정하였다. 1995년에 유네스코 세계유산으로 등재된 이 마을은 많은 관광객들이 끊임없이 찾아오는 관광지가 되었다.

재했던 글을 모은 것으로, 필자들이 직접 참여했거나 경험 또는 연구했던 도시재생의 생생한 현장 이야기를 담고 있다. 이 책에 실린 글들은 도시재생에는 다양한 대상과 관점, 수법이 있음을 알려 준다. 특히 도시재생 과정에서 인간관계와 공유의식, 커뮤니티와 합의 형성이 어떻게 이루어지고, 도시 활력을 만드는 공간적 가치와 매력이 어떻게 재생되며, 행정은 어떤 역할을 하는가를 알려 준다. 뿐만 아니라 사람과 건물, 동네의 관계성이 어떻게 재생돼 '사람의 도시'가 되는가도 생생히 보여 준다. 도시재생에 관련된 일을 하고 있거나, 관심을 갖고 있는 분들에게는 좋은 간접 경험이 되리라 여긴다. 많은 사람들이 공유할 수 있으면 좋겠다. 바쁜 일정에도 글을 써 주신 필자님들과 지면을 할애해 준 신문사, 어려운 출판 상황에도 책을 만들어 준 출판사에 감사드린다.

2019년 11월
조용준 조선대학교 명예교수

차례

제 2 장
장소 재편집을 통한 도시재생

제 3 장
문화경제기반 창의융합 도시재생

제4장
협치행정과 시민에 의한 도시재생

제 5 장
사람중심 현장기반 도시재생

제1장

역사자산을 활용한 도시재생

역사건축물, 산업유산, 일상의 삶터와 같은 자산들을 보전하고 기억의 장소들을 계승·
발전시키는 매혹적이고 실험적인 도시재생을 담고 있다.

깡깡이 공공예술작품 〈우리 모두의 어머니〉(핸드릭 바이키르히 작)

바다로 간 사람들: 부산 영도 깡깡이마을의 재생

강동진(경성대학교 도시공학과 교수)

해방으로 수십만의 귀국동포들이 부산항으로 향했다. 독립운동가들, 강제동원당했던 선조들, 어쩔 수 없는 사연으로 고국을 떠나 있던 동포들이 일시에 부산항으로 몰렸다. 그들에게 부산은 고향으로 돌아가는 통과의 의미만이 아니었다. 여러 한(恨)을 가진 사람들에게는 떠날 수 없는 곳이자, 고향을 잃은 갈 곳 없는 동포들에게는 제2의 고향이 되었다. 그때, 많은 사람들이 영도다리를 건넜다. 바다를 사이에 두고 도심인 광복동과 남포동을 마주했던 영도의 구릉지대는 그들에게 잠잘 곳을 제공하고, 또 생계를 이어 주었던 낙원이 되었다. 연이어 6.25전쟁이 터지며, 부산은 1023일 동안 대한민국의 피란수도가 되었다. 밀려든 100만여 피란민 중 상당수가 영도 사람이 되었다. 영도다리와 전차는 영도를 섬이 아닌 도심과 연결된 새로운 도심이자 거점지역으로 기능케 했다.

깡깡이마을도 그즈음 탄생했다. 깡깡이마을은 자갈치시장 건너편, 영도다리와 남항대교가 맞닿은 대평동 일대 해안가의 수리조선업 마을이다. '깡깡이'는 수리조선소에서 하는 작업으로, 배 표면에 녹이 슬어 너덜너덜해진 페인트나 조개껍데기를 망치로 두드려 벗겨낼 때 '깡깡' 소리가 난다 하여 붙여진 말이다. 수리조선업을 주로 하는 대평동은 예부터 깡깡 소리가 마을 너머까지 울려 퍼져 깡깡이마을이라는 별칭으로 불렸다.

깡깡이마을이 있는 대평동 해안가는 19세기 후반, 우리나라 최초로 근대식 발동기를 사용해 동력을 얻는 방식으로 배를 만든 '다나카 조선소'와 '나카무라 조선소'가 세워졌던 대한민국 수리조선산업의 발상지다. 60~80년대 마을이 한창 수리조선으로 번성하던 무렵, 수리조선소에 배가 들어오면 뱃전이나 탱크에 붙은 녹과 조개류를 떼어내는 '깡깡이질'을 하던 이들은 깡깡이마을의 중년 여인들이었고, 그 여인들을 부르던 말이 바로 '깡깡이 아지매'다. 깡깡이질을 하던 마을 여성들과 힘든 노동을 담당했던 남성들도 모두 가난한 집안 살림에 보탬이 되기 위해, 자식을 건사하기 위해 힘든 수리조선 일을 억척스럽게 해내었다. 그런 연유로 '깡깡이'란 말은 이곳이 조선소 마을임을 상징하는 단어이자, 마을 주민들의 근면함과 끈기를

◀ 그라인딩하는 깡깡이 아지매(사진: ⓒ플랜비문화예술협동조합)
▶ 깡깡이마을이 있는 대평동 수리조선소 전경(사진: ⓒ플랜비문화예술협동조합)

떠올리게 해 주는 마을 명칭으로 자리매김하게 되었다. 그러나 1990년대에 들며 발생한 지역경제의 급속한 변화는 영도와 이곳의 여러 측면에 치명타를 제공했다. 조선업의 대형화, 수산업 비중 약화, 신항만 건설에 따른 물류유통체제의 변화, 더욱이 도심에 있던 부산시 청사, 부산지방법원, 부산지방검찰청 등의 연이은 이전은 영도다리로 연결된 영도 경제에 큰 악영향을 미쳤다.

이후 20여 년이 지난 현재, 영도에 대한 시선이 크게 달라지고 있다. 한때 낙후된 곳, 발전이 불가능한 곳, 한 번 들어가면 나올 수 없는 곳 등 긍정보다는 부정의 시선이 강했던 이곳에 여러 측면에서 변화의 바람이 불고 있다. 물살 센 협곡 같은 바닷길이 여전히 육지와 영도를 가르고 있지만, 영도 곳곳에서 내륙 어느 곳보다 강한 개방성이 인지되고 있다. 영도는 부산항을 둘러싼 육지 어느 곳에서나 관찰되는 열린 시각구조를 배경으로, 최근 4개소로 늘어난 연결 교량들로 인해 도심 상업 기능들과 좌우의 바다 건너 남구와 사하구의 도시기능들이 하나의 줄기로 연동되어 움직이려 하고 있다. 물적인 변화 외에도, 섬이 가진 정체성과 연결된 신新산업이 모색되고 있다. 동삼동 매립지에 해양을 주제로 하는 혁신단지가 들어서고 있는 중이고, 연안부 창고들과 조선소 그리고 오래된 작은 공장들을 산업유산으로 바라보고 새로운 개념의 해양문화를 유입하려는 시각이 생겨나고 있다. 여기에 오늘 얘기의 주인공인 깡깡이마을도 자유와 창의가 넘실대는 부산의 매력 덩어리로 탈바꿈하기 위해 열심히 꿈틀거리고 있다.

근대수리조선 1번지인 대평동을 배경으로 진행되는 깡깡이마을 재생의 시작은 2015년으로 거슬러 올라간다. 부산광역시 자체 재생사업이었던 '예술상상마을' 공모에 '플랜비문화예술협동조합'의 제안 선정이 계기가 되었다. 깡깡이마을 주민들과 함께 기획하였고, 지금은 영도구청, 대평동마을회, 영도문화원이 추진단을 만들어 함께하고 있다. 깡깡이마을 재생의 비전은 '해양', '재생', '커뮤니티'다. 감천문화마을로 대변되는 부산의 산지형 재생마을에 버금가는 바다의 상징적인 재생마을로 그 방향을 잡았다. 또한 바로 옆에서 추진 중인 북항 재개발사업과는 100% 다른, 즉 근대문화유산과 산업유산을 보전하고 문화예술의 상상력을 불어넣어 활용하는 재생형 모델을 지향했다. 깡깡이마을의 재생은 바다를 생활의 터전으로 살아가는 항구도시 부산 사람들의 역동적인 삶과 독특한 산업현장의 활기를 느낄 수 있는 그런 회복의 현장이 되길 바라는 마음

▶ 깡깡이마을 공공예술작품 〈항구의 표정들〉(구헌주 작)
▼ 깡깡이마을 공공예술작품 〈페인팅시티〉(정크하우스 작)

▲ 깡깡이생활문화센터와 주민, 사업단, 행정가가 함께(사진: ⓒ플랜비문화예술협동조합)
◀ 깡깡이마을의 기록물들

에서 시작되었다.

'근대수리조선 1번지, 대평동'을 슬로건으로, 문화예술인들의 창의적인 아이디어를 바탕으로 대평동 주민과 공공기관이 협력하여 추진하는 깡깡이예술마을 조성사업은 사라진 뱃길을 다시 잇는 '영도도선 복원,' 생활환경을 개선하는 '공공예술 프로젝트,' 마을의 역사와 이야기를 수집하여 출판·전시하는 '마을박물관 프로젝트', 주민 참여 및 공감 프로그램인 '문화사랑방'과 '공공예술 페스티벌' 그리고 깡깡이마을의 다양한 캐릭터와 상품 개발 등 홍보를 주도하는 '깡깡이 크리에이티브' 등의 세부 사업을 포함하고 있다.

깡깡이마을 재생의 핵심성과를 정리하면 다음과 같다. 첫 번째는 '근대조선산업 발상지의 역사성과 해양문화수도 부산의 원형이라는 문화적 특성을 깡깡이예술마을의 특화 브랜드로 연결시킨 점'이다. 예를 들어, 가수 최백호의 '1950 대평동', 밴드 스카웨이커스의 '깡깡 30세', 만화가 배민기의 '깡깡시티'와 그래픽노블 작가인 마크 스태포트(영국)의 '깡깡이블루스' 등 마을의 역사와 문화를 배경으로 한 음원과 만화의 제작·발표는 깡깡이마을만의 독특한 대중밀착형 접근이 되었다. 또한 옛 영도도선의 이야기를 바탕으로 남항 일대를 해상에서 선박을 타고 둘러볼 수 있는 영도바다 버스투어와 해설이 있는 마을투어를 100회 넘게 진행하면서 깡깡이마을은 부산의 새로운 조선산업의 문화관광지로 주목받고 있다.

두 번째는 '격의 없는 다양한 소통을 통한 공감과 공생의 실천적인 성과라는 점'이다. 커뮤니티 프로그램인 '문화사랑방'과 '물양장살롱'은 깡깡이마을과 주민의 관계 회복에 결정적인 기능을 제공하고 있다. 최근, '깡깡이생활문화센터'를 리모델링하였는데, 이곳은 일제강점기 때 '니시혼간지西本願寺'라는 일본 사찰이 있던 자리로 1950년대에 대평동 주민들이 십시일반 모은 자금으로 불하를 받아 공동체 활동(대평동마을회관 및 대평유치원)을 펼쳤던 공간이었다. 2층 마을박물관에는 주민들이 직접 기록하고 수집한 깡깡이마을의 근대역사, 조선산업, 해양문화 관련 400여 점의 실물자료가 전시되어 있어, 앞으로 이곳

은 주민에게는 사랑방이자 기억의 장소로, 방문객에게는 쉼터이자 깡깡이마을 콘텐츠의 보고로 거듭날 것으로 보인다.

세 번째 성과는 '기록 발간과 산업전통 계승에 대한 노력'이다. 사업단에서는 깡깡이마을을 대중적으로 소개하는 《깡깡이마을 100년의 울림》 단행본 시리즈'(제1권 깡깡이마을을 소개합니다-역사, 제2권 대평동 수리조선업의 모든 것-산업, 제3권 주름 속에 감춰진 축제의 노래-생활)를 발간하였다. 마을을 역사, 산업, 생활 세 분야로 나누어 마을을 더욱 구체적이고 깊이 있게 이해할 수 있도록 집필되었으며, 지난 2018년 3월 24일에는 발간 기념 북 콘서트를 열기도 했다. 세 채의 적산가옥과 창고를 '깡깡이마을공작소'로 리모델링하는 사업이 완료되어, 현재 방문객이 예술가나 기술자들과 만나는 장으로 활용되고 있다.

깡깡이마을의 핵심 논제는 '지속가능성의 확보'다. 이를 위해서는 지역민 스스로의 주체적인 자립 추구와 함께 플랜비문화예술협동조합과 영도구의 지속적인 지원이 필요하다. 이를 위해 문화체육관광부 '문화적 도시재생(2018)' 사업에 응모하여 연계사업비용을 확보하는 등 다양한 깡깡이마을의 지속성 확보에 노력하고 있다.

낙후 지역을 다시 살린다는 것은 참으로 어려운 일이다. 깡깡이마을을 통해 본 재생의 본질적 목표는 첫째, 그곳이 미래에도 존재해야 하는 분명한 이유를 찾아 주는 것, 둘째, 스스로 움직여 갈 수 있는 지속가능성을 확보하는 것, 그리고 셋째는 시민과 지역, 그리고 마을이 상호 공존해야 하는 이유를 찾는 것으로 볼 수 있다. 그런 점에서, 깡깡이마을 재생사업!! 그 미래 변화가 흥미롭지 않을 수 없다.

〈참고문헌〉

강동진, 2017, "섬같은 육지 영도같은 섬, 영도", 〈작가와 사회〉, 66권, pp.60-87.
깡깡이예술마을 홈페이지 http://kangkangee.com

옛 조선은행의 조성 전과 후

근대건축자산을 활용하다: 군산 도시재생

김현숙(새만금개발청 청장)

1985년 가을, 전북대학교 건축공학과를 중심으로 군산의 근대건축을 보존, 육성할 방안이 필요하다는 데 인식을 같이한 전문가 대여섯 분이 군산을 방문했다. 장미동 간이터미널에 내려 인접한 조선은행을 바라본 일행은 말을 잃었다. 보존 가치가 매우 큰 것으로 평가하고 있었던 옛 조선은행 군산지점이 개인에게 매각되어 나이트클럽으로 이용되면서 외부 창호나 내부 인테리어 등이 파스텔 색조의 장식적 요소로 다 바뀐 후였다. "우리가 너무 늦었네." 발걸음을 돌리게 만든 그 나이트클럽은 이후 화재로 오랜 시간 방치되었다가 2008년 군산근대역사문화 벨트화사업으로 복원되어 도시재생의 원동력이 되고 있으니, 당시는 충분히 이른 시기였다고 일대의 근대건축이 대부분 사라진 이제야 미련을 떨어 본다.

군산은 1899년 강화도조약에 의해 개항되어 각국 거류지역으로 지정되면서 도시개발이 시작되었다. 하지만 넓은 뜰을 품은 강과 바다가 접한 지리조건으로 개항 이전에도 전북지역의 세곡이 저장되고 운반되었던 조창漕倉의 입지와 외적의 공격이

잦았던 전략적 요지로 알려진 곳이다. 이러한 특성 때문에 일제강점기에는 연간 200만 석에 달하는 쌀 수탈의 거점이 되면서 관련된 많은 근대건축자산을 남겼다. 뜬다리부두를 중심으로 한 내항에 인접하여 관세시설, 금융시설, 상사, 곡물저장창고 등의 행정, 금융, 유통시설이 입지하였으며, 영화동 조계지로부터 월명동 방향으로 격자형 가로망체계를 따라 주거지가 확대되었다. 이 시기의 건축 특성은, 내항변 행정 및 금융 관련 시설은 일본 건축가들이 독일 건축가들과 협업, 설계한 서양식 조적건축으로, 영화동과 월명동 일대 주택은 일본식 목조건축으로 대표된다.

역사문화도시사업을 통한 건축정비

해방 이후, 본래의 기능을 상실한 많은 상업·업무시설은 각기 다양하게 용도의 변화과정을 거치면서 화재 등으로 소실, 방

문화벨트지구 정비 조감 및 정비 후 모습(일부 사진제공: 군산시)

집중화권역의 정비 후 활용과 변화(일부 사진제공: 군산시)

치, 철거되어 갔다. 주택은 적산가옥敵産家屋으로 명명된 채 6.25 전쟁 이후 택지분할과 더불어 온돌구조와 내부 화장실 설치 등으로 변화되며 노후화되어 갔다.

근대건축자산의 본격적인 정비와 활용방안의 모색은 2008년 업무시설 분포가 높은 내항 일대를 대상으로 한 '근대산업유산을 활용한 예술창작벨트화사업'과 2009년 주거건축 분포가 높은 영화동·월명동 일대를 대상으로 한 '근대역사경관조성사업'이 문체부의 공모사업으로 선정됨으로써 '군산근대역사문화 벨트화사업'으로 이들 관련 사업 및 추진주체를 일원화한 마스터플랜의 수립에서부터 시작되었다.

마스터플랜에서는 내항 일대를 문화벨트지구로, 영화동·월명동 일대를 역사경관지구로 구분하고, 이곳에 집중적으로 분포된 근대건축물의 복원·정비를 통해 근대역사경관의 회복과 주민의 삶의 질 개선을 도모하고자 하였다.

먼저, 문화벨트지구의 업무시설은 과거의 모습을 보수·복원한 후 활용방안을 모색하였다. 그 규모와 건축적 가치에 있어 군산의 근대문화유산을 대표할 수 있는 옛 조선은행 군산지점에 대해서는 일제강점기 민족경제 수탈사의 기억 재현을 목표로 한 근대쌀수탈박물관(현재는 군산근대건축관), 옛 일본 제18은행 군산지점은 방문자 센터 및 갤러리형 휴게공간(현재는 군산근대미술관), 미곡저장고였던 대한통운 창고는 그 특성을 활용한 커뮤니티형 소공연장, 옛 미즈상사는 방문객의 휴식처인 카페로 계획되었다.

주택 중심의 역사경관지구에 대해서는 물리적 환경을 개선하여 정주여건을 강화함과 동시에 근대역사경관의 회복과 활용으로 경제적 재생을 도모하고자 하였다. 그러나 역사경관지구가 영화동, 월명동을 중심으로 하는 넓은 면적이므로 초기 정비사업의 효과를 높이기 위해 문화벨트지구와 양단을 형성하고 있는 2블록을 집중화권역으로 선정하고, 시범적인 숙박 및 관광 지원기능공간 조성을 통해 정체성 있는 공간특성을 확립해 가는 단초를 제고하고자 하였다. 이를 위해 블록의 필지 및 건축 특성을 규명하고 면밀한 현황조사를 기반으로 철거,

개축, 보수의 원칙을 설정하였다. 격자형 가로체계와의 정합성이 도모된 가로형 주택의 특성이 유지되도록 블록 내부에 소공원도 조성하였다.

문화벨트지구 근대건축의 복원·정비와 현재 고우당으로 불리는 집중화권역의 재생 효과는 관광객의 증가로 나타났다. 근대역사박물관의 유료입장객 수를 기준으로 2013년 22만 명에서 2015년는 81만 명을 넘어섰다. 70년 전통의 제과점 이성당 앞에 빵 굽는 시간에 맞춰 길게 늘어선 관광객 행렬은 또 하나의 볼거리가 되었고, 고우당의 숙박체험객은 몇 달을 기다려야 할 만큼 예약이 넘쳐났다.

도시재생사업을 통한 민간건축 및 주거환경 정비

군산 근대역사문화 벨트화사업의 긍정적 성과에도 불구하고 대부분의 사업이 행정주도로 이루어지자 한계에 부딪혔다. 사업효과를 역사경관지구 전역에 확대시키기 위해서는 지구 전역에 산재한 주거건축의 정비가 필요했다. 또한 노후한 주거건축의 특성상 보수 및 리모델링을 위해서는 소유주인 주민의 적극적인 참여가 요구되었다. 때를 맞춘 듯 2014년 국토부의 주민주도형 도시재생 선도지역 공모는 주민역량 강화가 절실했던 역사경관지구에 안성맞춤이었다. 국토부가 의도하는 물리적·경제적·사회문화적 도시재생 성과를 기대하며 주민들의 움직임이 바빠졌다.

군산시는 대상지 내 근대건축물 169건에는 등급을 부여하고, 거점 및 우수 등급으로 평가된 76개 건축물은 데이터베이스를 구축하여 그 특성을 파악해 자산의 가치를 평가하고 보존 및 활용 방안을 모색하였다. 관광 루트상에 있으면서 건축적 가치가 매우 크고 주민과 교감하는 독특한 이력을 갖고 있는 주택 10선을 대상으로 한 오픈하우스, 퍼블릭가든, 마을기억저장소 등의 계획은 보존을 전제로 한 활용방안으로 제안되었다.

MORDEN
ARCHITECTURE
STORY
OF
GUNSAN

군산 근대건축 이야기
이야기가 있는 집 10선

주민들의 주택 리모델링을 지원하기 위해 가이드라인을 수립하고, 보조금 지원을 위해 도시재생 활성화 및 지원에 관한 조례 시행규칙을 제정·시행함으로써 최대 5000만 원(총사업비의 5% 이내)의 보조가 가능해졌다. 건축물의 리모델링에 있어서도 근대건축의 특성이 훼손되지 않도록 관심 있는 건축사 풀을 선정하여 건축주와 연결해 주었다. 한편, 디자인 가이드라인을 준수한 리모델링 설계 시 전문가로 구성된 사업추진위원회 실무위원과의 현장협의를 의무화함으로써 건축주, 건축사, 전문가의 적극적인 참여가 가능해졌다.

또한, 주민 개개인에 의한 건축물 정비가 탄력을 받을 수 있도록 하수관거시설 등에 따르는 건축행위 제약요소를 제거하는 한편, 관광거점을 연결하는 탐방로 및 경관로, 디자인 골목길 등을 단계적으로 완성해 가고 있다. 이에 따라 점적으로 리모델링된 근대건축이 아름답고 안전하게 정비된 가로에 연결되면서 게스트하우스, 카페, 공예체험관 등의 운영이 용이해졌으며, 지역 예술가들의 활동과 연계한 건축정비도 실행되고 있다. 마을기업 펀빌리지의 경우, 개인 운영의 게스트하우스 이외에도 고령자 소유의 근대건축을 집단으로 수리하고 일부 실들을 모아 젊은이들이 운영할 수 있도록 의도함으로써 아직 실행되지는 못했지만 집수리에 의한 물리적 환경정비, 일자리 창출, 운영과정에서의 노인돌봄이 동시에 일어날 수 있는 총체적 재생의 가능성을 보여 주기도 했다.

이러한 노력들이 평가되어 2017년 7월에는 '한옥 등 건축자산의 진흥에 관한 법률'에 따른 건축자산 진흥구역으로 지정됨으로써 근대건축자산을 중심으로 한 군산 고유의 주거환경정비 기초가 마련되었다.

지역의 건축자산을 기반으로 한 군산의 도시재생은 일본의 잔재로 치부되어 온 근대건축에 대한 인식 전환에서부터 시작하여 건축자산 진흥구역의 지정에 이르기까지 많은 노력을 경주한 결과다. 물론 행정주도의 사업방식에 대한 비판, 지역의 정체성에 대한 지속적인 논쟁, 젠트리피케이션과 지가상승, 리모델링된 건축물의 기능이 획일화되어 가는 우려 등이 제기되고 있지만 이 또한 긍정적이다. 이러한 논쟁과 반성 속에 행정, 주민, 전문가 모두가 성장하면서 군산의 도시재생은 또 한걸음을 내딛을 것이기 때문이다. 도시재생 뉴딜사업 공모에 선정된 근대산업유산인 폐철도와 째보선창 일대의 활성화사업에서 그 한걸음의 도약이 감지되고 있다.

일제강점기 일본영사관 전면 가로(상)와 2019년 현재 근대역사관 전면 가로(하)(사진 가운데 건축물이 옛 일본영사관)

1897 개항문화유산을 미래 도약의 발판으로 삼다: 목포 도시재생

유창균(목포대학교 건축학과 교수)

목포는 1897년 개항을 계기로 급속히 발전된 우리나라 몇 안 되는 근대도시 중 하나다. 개항과 더불어 만호동 일원에는 최초의 근대적 도시시설이 밀집하여 들어섰고, 목원동에는 일제강점기 목포의 중심 상권이 자리했다. 양동 일원에는 해외의 선교사들이 들어와 각종 학교와 병원 등을 설립하여 운영하였고, 쉬 오르기 힘든 급경사지와 구릉으로 이루어진 서산동 일원은 근대화 시기 유입된 취약계층 인구가 밀집 거주하는 자생적이고 전형적인 서민 동네로 발전하였다.

목포는 불행이었는지 행운이었는지 섣불리 결론지을 수 없으나 분명한 것은 2019년 오늘까지 위와 같은 독특한 도시 역사와 문화가 잘 보존되어 있어 근대 당시의 장소성을 오감으로 체험하기 충분하다. 마치 개발의 바퀴에서 벗어나 시간이 멈춘 듯 그대로 보존된 근대도시 골격(공간구조)과 상징적 근대건축물, 오롯이 변화되지 않고 이어가는 삶의 모습 그리고 이를 기반으로 융성해 온 지역민의 예술혼과 자부심은 1897 개항장 목포 도시재생의 중요 자원으로서의 가치가 충분하다.

주거와 상업 그리고 문화가 공존하는 목원동 선도사업

목원동은 유달산의 남동쪽 기슭에 자리 잡고 있다. 1914년 호남선 개통으로 목포역 주변이 전면 개발되면서 일제강점기 동안 명실상부한 목포의 중심 상권으로 자리했다.

개항 초기에는 일본인 조계지와 조선인 마을(북교동 일원) 사이에 위치한 경작지였으나, 청일전쟁 이후 일본인의 이주가 급증하면서 일본인 주거지가 목원동까지 확장되었고, 상가·유곽(유흥주점)·사찰(현 정광정혜원) 등이 들어서면서 주거와 상업이 혼재된 지역으로 개발되었다. 해방 이후에도 목포의 중심 상권으로 꾸준히 명맥을 이어오다 1980년대 하당, 북항 등의 신도시와 매립지 개발로 상권이 쇠퇴하기 시작했고, 인구의 유출과 감소 및 시설환경의 낙후로 인해 주거지로서의 매력마저 잃게 되었다.

목원동은 지난 2014년 전국 13곳의 도시재생 선도지역 중 한 곳으로 지정되면서 쇠퇴한 원도심 활성화를 위해 관광루트 테

목원동 선도사업 종합구상도(출처: 목포시 도시재생지원센터)

마거리조성, 게스트하우스, 문화예술 및 청춘창업지원, 주택개량 및 경관관리, 주민역량강화 등을 추진해 왔다. 예술인의 거리인 '목마르뜨거리', 목포 최초 근대예술작가 이야기가 있는 '김우진거리'를 비롯해 '구름다리거리', '만인계거리', '자드락골목길' 등 여러 갈래 테마길이 목원동 구석구석을 연결하며 오래전 도시의 공간과 시간을 상상하게 한다. 또한 테마길

거점마다 마련된 공가를 활용한 '오래뜰', '백년고택', '목포 올레' 등 14개소 게스트하우스와 49개소 공가와 공실 점포를 리모델링한 갤러리, 아틀리에, 카페 등 목원동의 옛 정취를 느낄 수 있는 문화와 휴게공간을 제공하여 비어 가던 쇠퇴한 거리의 풍경을 풍부하게 변화시켜 나가고 있다.

유달산 자락의 낡은 주거환경 또한 노후주택개량 지원, 주

▲▲▲ '구름다리거리'는 색을 테마로 하는 거리공간으로, 구름다리에 무지개색을 채색하여 꾸몄다.
▲▲ 하늘이 내린 춤꾼 이매방, 한국을 대표하는 극작가 차범석 등을 파타일 및 스테인리스강판 실크인쇄 등으로 꾸며 놓았다.
▲ 목포 청춘게스트하우스. 테마길 거점마다 낡은 주택이나 상점을 리모델링하여 공방, 작업실, 카페, 음식점 등이 계속 생겨날 예정이다.
(출처: 목포시 도시재생지원센터)

민생활안전시설(CCTV, 보안등 등) 설치, 보행환경 개선 및 공터활용 쉼터 조성 등으로 지역주민들의 삶의 질 개선에도 톡톡히 기여하고 있다.

현대의 도시재생, 특히 지역 커뮤니티의 연대가 강하고 다양한 관점과 이해관계가 공존하는 지방의 도시재생에서 가장 중요한 성공요소는 공감대 형성을 위한 지역 커뮤니티의 활성화일 것이다.

특히 지역주민 중심의 지역공동체를 회복시키고, 여기에 창의적 인재 유입을 유도하여 지역 스스로의 성장기반과 지속가능성이 확보되도록 하는 것이 매우 중요하다. 목원동 도시재생 역시 지역 커뮤니티 활성화와 자생적 성장기반을 구축하기 위해 많은 노력을 기울이고 있다. 지역 커뮤니티 활성화를 위해 '목원동 어울림회관', '만인계 웰컴센터' 등 공공공간을 만들고, 청년몰 창업지원 및 일자리창출 마을기업을 추진하여 예비창업자들을 모집, 교육하고, 창업대상자를 선정, 지원하는 등 젊고 창의적인 인재를 양성·배출하고 있는데, 현재까지 문화예술 및 청춘창업소 49개소를 창업해 운영 중이다.

'차없는거리 프리마켓'을 주도하는 '원도심 상인회', '크리스마스 트리문화축제'를 주도하는 '크리스마스 문화축제 추진위원회' 등 마을기업 또한 자발적으로 생겨나고 있으며, 여기에 도시재생대학, 도시재생 마을학교를 운영하여 자생조직과 서포터즈를 양성하고 골목길 해설사를 육성하는 등 주민참여와 교육을 위한 프로그램이 목하 활발히 진행되고 있는 중이다.

목포의 근대와 미래가 공존하는 1897 개항문화거리

1897 개항문화거리로 재생되는 만호동 일원은 목포시 지역에 들어선 최초의 근대적 도시시설이 입지한 지역으로서 '목포근대역사관(옛 일본영사관)', '목포근대역사관 별관(옛 동양척식주식회사)' 등 일제강점기에 건립된 다양한 양식의 건축물은 물론

격자형 근대 도시계획의 골격과 가로경관이 비교적 잘 보존되어 마치 시간여행을 하는 듯한 착각을 불러일으킬 만큼 근대 목포의 정취를 가장 잘 느낄 수 있게 하는 곳이다. 또한 항구(선창) 일원은 세관창고, 항동시장 등 근대 산업유산과 지역수산물 거래로 활발한 지역 경제활동 전초기지라는 기억이 배어 있는 장소이기도 하다.

1897 개항문화거리 도시재생은 위와 같은 만호동 일원의 풍부한 역사적 자원을 활용하여 역사문화관광 스토리를 개발하고, 창업 플랫폼을 통해 청년계층 유입을 촉발시켜 새로운 지역경제의 활성화를 모색하며, 주민참여형 프로그램 활성화 및 내실화를 통해 지역주민의 삶의 질을 개선하는 데 그 목적이 있다.

만호동 일원에 산재한 수많은 근대건축물과 조선시대 수군의 진영이었던 목포진 등 역사적 공간을 연결하는 세 개의 테마별 문화가로는 목포의 역사 이야기가 시작되는 곳이며, 목포세관창고를 전시 · 공연 · 체험을 할 수 있는 공간으로 리모

1897 개항문화거리 도시재생사업 종합구상도(출처: 목포시 도시재생지원센터)

1897 개항문화거리 테마별 조성계획(출처: 목포시 도시재생지원센터)

델링한 '목포세관 예술 플랫폼'은 문화예술인뿐만 아니라 관광객을 맞이하는 복합문화공간이 될 것이다.

또한 청년행복주택, 청년창업지원센터 등 청년창업지원을 위한 '개항거리 어울림 플랫폼'과 청년들이 일정기간 무상으로 임대하여 창업을 인큐베이팅하며 서로 교류할 수 있는 '청년창업 인큐베이팅 플랫폼'을 조성하는 선창특화계획은 목포의 미래 이야기가 시작되는 곳이 될 것이다.

그동안 지역경제활동의 전초기지로서 시간적·장소적 기억이 깊이 각인된 항구(선창) 지역은 향후 젊은 청년계층의 미래를 열어 가는 지역경제 활성화의 초석이 되는 성장 공간으로 변화될 것으로 기대된다.

목포 서민 삶의 흔적을 깊이 간직한 서산동 보리마당

유달산 자락에 위치한 서산동은 개항과 더불어 자생적으로 탄생한 목포의 전형적인 서민 동네다. 개항 이후 목포가 산업화되면서 인근 지역에서 일자리를 찾아 이주해 온 사람들이 경사지에 하나둘 정주하면서 마을을 이루고 서화 등의 문화활동이 융성했던 곳이었는데, 도시화의 개발에서 빗겨나 마치 시간이 멈춘 듯 목포 서민 삶이 정체되어 근대기의 단면을 그대로 보여 주는 곳이기도 하다.

서산동은 유달산자락 아래로 형성되어 지대가 점점 높아지는데, 맨 윗자락 넓은 공터를 '보리마당'이라고 한다. 보리를 털어서 말리던 곳으로, 도정시설이 없는 섬에서 보리나 벼 등을 수확한 후 이곳으로 가져와 건조하고 도정을 했다고 한다. 이곳에 올라가면 목포 서민의 오랜 삶의 흔적이 켜켜이 쌓인 매우 구불구불하고 불규칙하며 좁지만 정감 있고 포근한 골목길을 만날 수 있다. 또한 멀리 바라다보이는 목포항과 바다 풍경은 목포 경관의 대표적 이미지 그대로를 만끽하게 해 준다.

서산동 보리마당 도시재생은 보리마당에서 내려다보이는 목포항과 바다, 주민들의 글과 그림으로 조성된 '시화골목' 그리고 영화 〈1987〉 촬영지인 '연희네슈퍼' 등 지역 경관과 문화

보리마당에서 내려다본 서산동 전경   주민들의 글과 그림이 있는 시화골목   영화 〈1987〉 촬영지 연희네슈퍼

자원을 적극 활용하여 놀거리, 볼거리, 생각거리가 풍부한 테마마을을 조성하여 관광객을 유치하는 계획을 추진하고 있다. 특히 '서산동 보리마당·시화마을'은 2019년 4월 한국관광공사의 강소형 잠재관광지 발굴육성사업 선정을 계기로 체계적인 관광마케팅을 강화하여 지역주민의 경제적 자립화를 추구하고, 주거환경개선을 위해 나대지를 활용한 '기능복합 순환형 임대주택 건설사업' 등을 추진하여 기존 거주자에 대해 우선적으로 임대주택 입주기회를 부여하고, 열악한 주거환경에서 거주하는 독거노인, 기초생활수급가정 등 취약계층을 대상으로 '주택리모델링'을 지원하는 계획을 가지고 있다. 더불어 마을기업을 통해 보리마당 도시재생 활성화구역 내 노후된 집수리와 골목길정비 및 생활 인프라 설치 등으로 행복한 마을 만들기를 추진하고 있다. 또한 공동체 화합을 위해 도시재생대학 및 마을학교 운영을 통하여 주민역량을 강화하고, 지역문제를 주민 스스로 해결할 수 있도록 '주민공모방식'을 도입하여 지원하며, 주민협의체, 사업추진협의회 등 도시재생사업의 다양한 의견수렴 및 갈등조정을 위한 거버넌스를 운영·지원할 계획이다.

마치며

도시재생사업은 건축물이나 공간을 새로 짓는 것이 아니라 기존 건축물의 적극적 리모델링을 전제로 하고 있고, 마을의 소득원과 주민의 일자리 창출을 위해 다양한 유형의 프로그램 운영을 믹싱하여 리모델링된 공간의 적극적 활용을 유도하고 있다.

그러나 여러 도시재생사업의 추진계획을 들여다보면 주요 도시재생자원과 사업 프로그램과 리모델링 운영방식 등이 너무나도 유사하다. 대상지와 현황조사 일부 내용만을 변경하여 모두가 동일해 보이는 등 특성화 없는 획일성 문제를 안고 있는 것으로 보이기도 한다.

이러한 점에서 서울의 북촌마을, 부산의 감천마을, 대구의 김광석거리, 군산의 1930근대군산 등 오래된 건축물이나 벽화·조형물 등을 통해 지역과 마을의 이미지를 개선하고 이를 도시재생의 주요 자원으로 삼고 있는 도시들이 넘쳐나는 현실에서, 목포 도시재생이 김우진, 차범석, 근대건축물 등으로 그 특정 대상만 다를 뿐 내용적 차별화에 아쉬움은 없지 않은지 다시 한 번 들여다볼 필요가 있을 것이다.

목포시의 도시재생사업이 성공하여 그 지속가능성을 보장

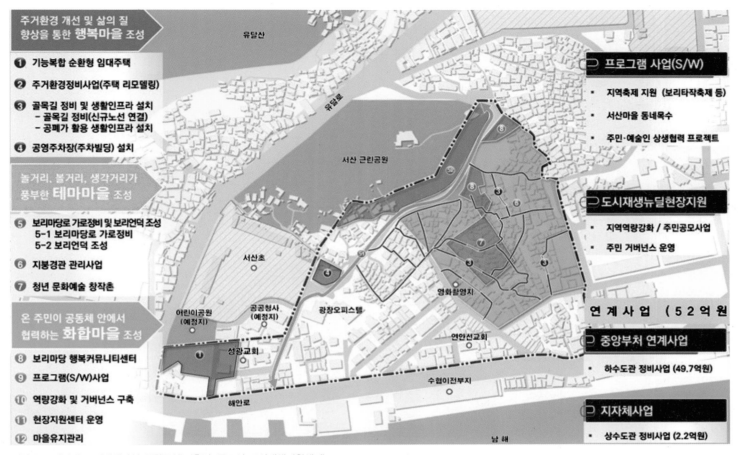

서산동 보리마당 도시재생사업 종합구상도(출처: 목포시 도시재생지원센터)

받으려면 목포만의 지역특성이 잘 반영된 특화 프로그램을 개발하되 그동안의 삶의 이력인 추억과 기억이 세대를 이어 공유될 수 있는 방향으로 추진되어야 할 것이다. 또한 세대를 넘어 기억과 추억이 함께 공유 가능한 공간과 건축물을 최대한 보전하되 현실의 감각과 요구를 수용할 수 있는 기능성을 확장하여 부여하고 원활히 동작하게 함으로써 미래 세대에게 유산으로 넘겨주어야 할 것이다.

개발의 우선순위에 밀려 지금까지 잘 보존된 목포 원도심의 수많은 근대시기 건축물과 가로경관 그리고 2019년 뜻밖의 정치적 이슈로 모인 대한민국 국민의 뜨거운 관심과 외신의 관심 등은 분명 목포 도시재생에 있어 더할 나위 없는 큰 기회일 것이다.

따라서 목포 도시재생이 원도심의 열악하고 낙후된 주거환경을 개선하여 지역주민의 삶의 질 향상에 기여함은 물론, 물리적 재생을 넘어 사회적 재생으로 더욱 확대될 수 있도록 일회성 전시가 아닌 지속가능한 방식으로 전개되어야 할 것이다. 투기, 개인·이기주의, 재생 주체의 외부화 등에서 자유로울 수 있게 하는 '민관협의 거버넌스' 체계가 원활하게 작동하여 창조적 목포 도시재생을 실천해 가는 아름다운 모습을 그려 본다.

대영박물관(출처: www.britishmuseum.org)

역사 존중의 건축 재생이 도시 활력을 만들다

김용춘(조선대학교 건축학부 교수)

역사 존중이 관광산업을 활성화시키다

영국은 고대 로마와 중세의 석조 건축물 그리고 산업혁명 이후 근대 철골 건축물과 수공예 운동을 반영하는 붉은 벽돌, 공업적인 산업시설 등 고대부터 근대까지 수많은 역사·문화적 가치가 잘 보존된 역사 적층의 나라다. 영국관광청에 따르면 2018년 한 해 동안 3800만 명의 외국인 관광객이 영국을 방문하였는데, 이는 그 전해에 비해 7% 증가한 것이다. 이들은 70조 원 이상을 직접 소비하였고, 150조 원의 파급효과를 주었다. 런던의 경우도 관광객 수가 지난해보다 10% 증가한 1900만 명으로써, 경제적 이익은 45조 원을 넘었다. 영국 〈인디펜던트〉지에 따르면 관광부장관은 영국의 도시와 마을이 넘쳐나는 관광객으로부터 더 많은 경제적 도움을 받을 수 있도록 관련 산업을 더욱 육성시키겠다고 했다. 영국 관광산업의 성장은 오랜 역사적·문화적·지역적 도시 가치를 최대한으로 활용한 것으로, 과거 역사적·문화적 특징을 가진 건축물과 유적을 '등재Listed' 또는 '지정Scheduled'으로 각각 등록하여, 이를 경제 발전의 매체로 적극 활용하고 있다.

역사적 건축물과 유적을 철저히 보존·관리하다

영국의 옛것 존중은 1882년 고대 기념물에 대한 보호법으로부터 시작한다. 제2차 세계대전 중 독일군 폭격에 의한 건축 문화재 파괴는 영국인들에게 문화재의 중요성을 깨닫게 하였다. 이에 따라서 영국왕립건축사협회와 고대유물보호협회의 감독 아래 고건축물의 명부를 작성하였다. 문화재청은 중세왕실 소속기관으로 왕실의 성이나 거주지를 감독하는 기관에서 시작되었다. 이후 건설부와 환경부 산하의 '역사적 건축물과 기념비 위원회'가 설립기반이 되었고, 현재는 문화체육부 산하에 있다. 문화재청의 주된 업무는 역사적·문화적 자연환경 보호구역 및 건축물과 고고학적인 유적을 등록하고, 지방정부의 역사 건축물과 유적의 유지·보수 및 개발 등의 허가에 관한 자문을 한다. 또한 정책 결정에 중요한 영향을 끼침으로써 문화재의 보존과 보호의 파수꾼 역할을 하고 있다.

문화재는 건축물 중심의 '등재'와 유적 중심의 '지정'으로 구분한다. 등재 건축물은 크게 세 가지로 구분되는데, 등급 I(Grade I)은 제2차 세계대전 이후에 작성된 고대, 중세 건축물로써, 등재 건축물의 2.5%에 해당된다. 등급 II*(Grade II*)는 대개 20세기 이후에 작성된 근대건축물 중에서 당시 문화의 흐름을 반영하는 건축물로써, 등재 건축물의 5.8%에 해당된다. 등재 건축물의 92%에 해당되는 등급 II(Grade II)는 건축물의 부분적 요소가 근대와 현대건축의 특징을 갖고 있는 건축물이다. 등급 II*와 II는 주로 지역사회의 문화적 가치와 관계를 갖는 것으로써, 건축물의 역사적 설립배경, 건축적·시공적·재료적·구조적 특색에 따라서 세분화된다. 등재 건축물(Grade I, II*, II)의 소유주가 개인이나 단체일 경우 등재 건축물의 유지·보수를 위한 경제적 지원을 받는다. 등재 건축물의 변경, 확장 또는 철거는 지방정부에 파견된 문화재 담당자의 상담과 자문을 거쳐 실시한다. 부분이나 전체의 증·개축은 등록된 건축적 특징을 최대한 살리는 것을 원칙으로 하되, 문화재 담당자와 협의된 조건과 관련 규정에 따라서 공사를 시행한다. 지정은 기념비적이고 고고학적인 유적을 보호함으로써 미래 세대에 도움을 주기 위한 것이며, 이의 보수·변경·확장 등의 경우 등재 건축물과 동일한 절차를 따른다. 대영박물관(등재 건축물)과 블룸버그는 공사 중 로마신전의 잔재가 발견된 유적으로, 역사에 대한 상대적 해석과 재생은 우리에게 시사하는 바가 크다.

대영박물관은 과거와 현재의 공존을 철저하게 추구했다

지난 250년 이상 영국 문화의 상징물로서 등재 건축물 등급 I로 등재된 대영박물관은 의사이자 동식물 연구가였던 한스

슬론 경의 소장품 전시에서 시작되어 지금은 영국 최대 규모의 국립박물관이 되었다. 대영박물관은 제국주의 시대의 약탈이나 수집을 통해 역사, 미술, 문화와 관련된 많은 유물을 소장하고 있다. 유물 증가에 따라 지난 수백 년 동안 그 규모를 확장해 왔다. 현재 형태는 19세기 중반 건축사 로버트 스마크 경이 설계한 신고전주의 양식이다. 출입구 입면에는 고대그리스 건축을 표현하는 골줄 기둥에 이오니아식 주두, 그리고 박공 입면에는 문화 발전을 부조로 표현했다. 특히 중정의 원형 도서관은 늘어나는 도서를 보관하기 위해 1827년에 원통형으로 증축하여, 도서를 세인트 팬크라스 도서관으로 옮긴 1997년까지 운영되었다.

도서가 옮겨진 후 원형 도서관과 중정의 사용계획안을 공모

대영박물관 중정에서 이루어지는 참여교육(출처: www.britishmuseum.org)

대영박물관 중정(출처: www.britishmuseum.org)

하였는데, 강구조를 활용하여 각각 다른 크기의 유리 패널로 연결한 건축가 노먼 포스터의 중정 계획안이 당선되었다. 당선안은 중정 입면에 표현된 신고전주의 건축양식을 그대로 차용하기보다는 현재의 건축사조인 하이테크 시공기술인 강구조를 활용한 유리 덮개를 중정에 설치했다. 노먼 포스터의 중정 계획안은 19세기 신고전주의 양식인 원형 도서관과 중정 주변에 노출된 갤러리의 입면을 돔으로 씌워서 역사유물의 전시를 주목적으로 하는 박물관의 기본목적을 강조하고, 시민 참여 공간의 활성화를 도모했다. 강구조로 된 중정의 유리 덮개는 신고전주의 건축물인 원형 도서관과 박물관의 갤러리관을 연결시키면서 외부공간이었던 원형 도서관을 박물관의 일부로 인식하게 했다. 강구조 유리 돔의 중정은 외부 빛을 받아들여 기능뿐만 아니라, 카페, 안내 데스크, 전시장, 서점 등 박물관 방문객의 적극적 참여를 이끌어 내는 교육중심 공간이 되도록 설계했다.

노먼 포스터의 계획안은 과거 신고전주의 건축양식의 단순한 복재가 아닌, 포스트모더니즘을 활용하여 대영박물관의 중정을 방문객과의 정보 공유는 물론, 참여 공간으로 재해석하여 박물관의 원래 기능인 교육과 참여가 잘 이루어지도록 한 것이다. 이는 수세기 동안 숨겨진 공간을 현대건축으로 재해석하고, 박물관이라는 건축물의 특성을 최대한 살린 재생이다.

블룸버그 본사는 주변의 역사 환경을 철저하게 존중하였다

런던 블룸버그Bloomberg 유럽 본사는 세계적인 미디어, 법, 금융 전문 그룹으로, 정보 공유라는 그룹 비전이 도시의 공공성을 중시한 본사 계획안에 잘 표현되었다. 본사 공사현장에서 발견된 고대로마 유적을 대중에게 공개하고, 관련 전문가들을 발굴에 참여하게 하여 도시민들과의 소통을 시작했다. 또 주변의 역사적인 건축물과 시각적·물리적 동선을 연결하여 도시 공공재로서의 역할을 강조했다. 블룸버그 본사 건축물의 도시 공공재로서의 역할은 17세기 중세 영국의 바로크 양식인 크리스토퍼 랜의 세인트 폴 성당과의 시각적 연결에서부터 시작되었

다. 세인트 폴과 블룸버그 본사의 시각적 연결은 물리적인 동선의 흐름으로 치환되었다.

블룸버그 본사 건물 계획안은 방문객이나 관광객들이 자연스레 유입될 수 있도록 건축물 두 개 동 사이에 아케이드를 설치했다. 더불어, 블룸버그의 본사 건물부지 내에서 발견된 로마시대 유적인 미트라 신전을 고고학자들과 관련 전문가들이 3년에 걸쳐 원래 위치와 높이로 복원했다. 특히 고대로마 신전 내부 공간의 건축적 특징을 최대한 살려 복원한 전시관 설치를 통하여 로마인의 런던 생활은 물론 고대사회의 환경을 볼 수 있도록 했다. 또 대중의 접근성을 높이기 위해 신전의 출입구와 가까운 쪽에 지하철 정류장도 설치했다. 신전 복원은 아케이드와 신전의 공공공간 연결을 통하여 사람들이 역사를 공유하도록 함과 동시에 블룸버그의 회사 비전을 극대화한 것이었다.

대영박물관과 블룸버그의 건축디자인은 역사·문화적 가치를 지닌 건축물이나 지역을 도시개발의 방해물로 간주하지 않

블룸버그 유럽 본사

블룸버그 본사에 복원된 미트라 신전 유적(출처: www.lonelyplanet.com)

고, 그의 가치를 충분히 이해하고 주변 대지가 갖고 있는 공공성과 역사성으로 재해석한 사례다. '등재 건축물' 또는 '지정'이라고 하여 무조건 과거의 양식을 따르기보다는 과거와 현대의 양식이 공존하는 건축디자인 개념으로 해석하고 있다. 따라서 등재 건축물 또는 유적이 있는 지역의 건축디자인은 새로운 개념의 이질적 신축보다는 기존의 역사적 · 문화적 · 지역적 · 건축적 특성을 최대한 반영하고 보호하는 개념을 기반으로 하고 있다. 아시아 문화중심 도시 광주는 읍성이 있었던 오랜 역사를 갖고 있는 도시다. 건축물을 재생한 이 두 사례는 잊힌 기억을 되찾고 재해석하는 재생을 통하여 경제적 활성화는 물론, 정체성을 확립하려는 우리 도시에 좋은 시사점이 될 수 있다.

네이비 야드의 재생 전과 후

파가니니 음악당의 재생 전과 후

버려진 노후 산업시설을 도시재생의 씨앗으로

이제승(홍익대학교 도시공학과 교수)

우리나라의 많은 도시에서 근대화와 산업화 시대의 대량 생산과 대량 소비의 경제구조를 뒷받침하기 위해 공장, 창고, 발전소 등의 대규모 산업시설이 건설되었다. 이러한 대규모 산업시설들은 지금까지 일자리를 만들고 지역 경제를 이끌어 감으로써 도시로 사람들을 끌어들이는 도시화와 산업화의 핵심 요인으로 역할을 해 왔다.

그러나 최근 사회와 산업구조의 급격한 변화로 인해 많은 노후 산업시설이 버려지거나 이용률이 낮아지고 있다. 대량 생산 기반의 경제구조가 정보화, 탈공업화, 4차 산업혁명 시대의 새로운 지식기반 경제구조로 변화가 일어나자, 대규모 산업시설이 원래의 생산기능을 다하지 못하는 경우가 늘어나고 있다. 일례로 인천이나 부산 등 대도시의 노후화된 산업단지와 항만시설의 가동률이 떨어지고 사용되지 않는 시설이 늘어나고 있다. 이렇게 버려진 노후 산업시설은 과거에는 도시화를 이끌어 온 핵심 시설이었음에도 현재는 도시의 활력을 저해하는 천덕꾸러기가 되었다. 사용되지 않는 대규모 공간은 지역의 미관을 해치고 각종 범죄와 사고가 발생하는 장소가 될 위험이 있다. 따라서 이러한 공간의 유지·관리를 위한 비용이 낭비되며, 주변 지역의 개발과 활성화를 가로막는 요소가 될 수 있다.

그렇다면 이러한 노후 산업시설에는 아무런 가치가 없는 것일까? 이러한 시설은 지금은 비록 사용되지 않고 애물단지 취급을 받지만, 활발히 이용되던 시기의 사회적·경제적·공간적 역사를 함축하고 있는 상징적 공간이다. 역사적으로는 근대 산업화 시대의 생산활동의 과정을 담고 있으며, 산업화 시대의 기술로 건설된 건축물로서 공학적·미학적 가치를 지닌다. 사회적으로는 당시 근로자들과 시민의 사회·경제적 활동을 담고 있다.

최근 도시재생이 건축과 도시계획 분야의 화두로 떠오르면서 이러한 노후 산업시설의 가치가 재조명되고 있다. 도시의 노후 산업시설은 도시에 부정적인 영향을 미치지만, 효과적인 재생을 통해 새로운 역할을 할 수 있는 중요한 자원이다. 노후 산업시설은 주로 생산과 물류를 위한 시설이었기 때문에 실내

파가니니 음악당

공간이 매우 넓다. 또한, 이러한 시설들은 쇠퇴한 산업의 시설이기 때문에 쇠락해 가는 지역에 있는 경우가 많다. 이러한 지역을 재생하기 위해서는 노후 산업시설을 그대로 유지하거나 반대로 전면 철거하는 것보다, 새로운 용도를 담을 수 있도록 개조함으로써 지역 재생의 씨앗으로 이용될 수 있다. 특히 지역 재생을 위해 새로운 산업을 유치하거나, 문화시설을 건설하기 위해서는 또 다른 대규모 건축 구조물이 필요하고 막대한 예산이 들어간다. 따라서 지역의 노후 산업시설을 재활용하여 필요한 공간을 확보하고 새로운 기능을 부여하는 방식은 지역 재생의 촉매제가 될 수 있다.

노후 산업시설의 재생은 역사의 연속성과 산업시설의 역사적·사회적·미학적 가치를 보전하는 동시에, 새로운 가치를 창출하고 지역 활성화에 기여할 수 있다. 환경적으로 산업시

설 재생은 기존 구조물을 철거하는 과정에서 발생하는 폐기물을 줄이고, 대체 구조물 건설에 들어가는 자원을 절약할 수 있다. 도시적으로는 물리적 노후화로 범죄와 사고에 취약한 도시환경을 개선하여 안전하고 활기 있는 도시 공간을 만들 수 있다. 사회·경제적으로는 지역사회에 부족한 기능을 낡은 시설의 재활용을 통해 공급함으로써, 침체한 사회에 활력을 부여할 수 있다.

노후 산업시설을 이용한 효과적인 도시재생을 위해서는 도시의 공간적·환경적·건축적 측면의 가치를 고려한 복합적 접근이 중요하다. 이를 통해 주변 지역의 변화와 개선을 끌어내기 위한 도시적 접근방법이 필요한 것이다. 우리나라보다 앞서서 후기 산업사회로의 전환을 경험한 나라들에서는 노후 산업시설의 재생을 통해 지역사회의 발전을 촉진하는 방식이 많

이 사용되고 있다.

일례로 뉴욕 네이비 야드Navy Yard는 17세기에 처음 만들어진 해군 조선소 지역이었지만, 조선소가 폐쇄된 이후에 소규모 산업단지로 변화된 지역이다. 폐쇄된 조선소는 철거되지 않고 친환경산업의 연구 및 제조 센터로 재탄생하였다. 이 시설은 뉴욕의 해안지역 재개발의 시작지점 역할을 하며 새로운 산업 환경에 적합한 생산 및 연구시설을 제공하려던 목표에 따라 계획되었다. 조선소를 개조하면서 원래 격납고의 철제 구조물을 노출하여 역사적 상징성을 유지하였다. 넓게 트여 있던 조선소 내부 공간도 공동 설계 및 제조시설로 재구성하였다. 이곳에는 로봇, 인공지능, 빅데이터 등 첨단산업 관련 50여 개의 사업체가 입주하고 있으며, 350여 명의 직원이 근무하고 있다. 이처럼 버려진 조선소는 지금은 양질의 일자리를 만들고 첨단산업을 유치하여 뉴욕 시 지역사회에 경제적 활력을 불어넣고 있다.

이탈리아 파르마에 위치한 파가니니 음악당Niccolo Paganini Auditorium은 버려진 설탕공장을 개조하여 새로운 문화시설을 만들어 낸 사례다. 이 건물이 위치한 지역은 파르마 동쪽의 낙후된 공업지역이었다. 이 지역을 개선하기 위한 계획의 중심에는 이 공업지역을 상징하던 오래된 설탕공장을 개조하여 콘서트홀로 재탄생시키고자 하는 노력이 있었다. 이 설탕공장은 콘서트홀을 담을 수 있는 크기의 대공간을 지니고 있었으므로 원래의 형태와 구조를 최대한 유지하면서 재생되었다. 설탕공장의 양쪽 벽은 보존되어 새로운 건물의 뼈대가 되었으며, 실내의 벽들을 제거하여 커다란 공간을 만들어 내었다. 콘서트홀을 구성하는 새로운 벽들은 투명한 유리로 만들어져 실내를 커다란 한 공간으로 보이게 하는 효과가 있으며, 더 나아가 실내와 실외를 시각적으로 연결해 주는 역할을 한다. 따라서 콘서트홀 바깥의 공원 풍경이 시간에 따라 자연스럽게 변하는 콘서트의 배경이 된다. 도시적으로는 공장 주변 지역의 공원까지 함께 계획하여 낙후된 지역에 부족한 공공공간을 제공하여 앞으로의 도시재생의 밑바탕을 만들고 있다.

이처럼 산업구조의 변화로 버려진 노후 산업시설의 재활용은 도시재생에 큰 역할을 할 수 있다. 산업시설의 개조는 대부분 기존 건물의 구조를 가능한 유지하면서 내·외부의 변화를 통해 새로운 공간을 만들어 내는 방식으로 이루어진다. 이러한 노후 산업시설의 재생은 도시의 역사성을 보존하면서도 대규모 문화 및 경제시설을 공급할 수 있으며, 더 넓은 범위에서 주변 지역 활성화에 긍정적인 영향을 미칠 수 있다. 따라서 노후 산업시설의 성공적인 재생을 위해서는 버려진 구조물을 활용하여 새로운 시설을 담아 내는 건축계획과 함께, 주변 지역의 특성을 자세히 분석하여 도시의 물리적 환경을 개선해야 한다. 또한 지역 공동체 회복을 위한 프로그램을 고민하고, 산업과 일자리를 유치하는 경제적 재생도 고려한 종합적인 계획이 중요하다.

도시재생 프로젝트로 추진된 '기계 동물 테마파크'의 움직이는 기계코끼리를 보며 아이들과 관광객들이 즐거워하고 있다.(사진출처: http://www.lesmachines-nantes.fr, 사진촬영: Jean-Dominique Billaud)

폐조선소를 예술문화 테마공원으로 재생시키다: 낭트 시

염대봉(조선대학교 건축학부 교수)

오늘날 우리의 지방 도시들은 도시 소멸 혹은 급격한 도시 수축이 예견되는 위기의 시대를 맞이하고 있다. 이러한 도시 위기를 일으키는 동인으로는 지방 도시들의 급속한 인구감소, 글로벌 경제체제에서 산업구조의 변화, 도심 외곽의 무분별한 확장이 주요 요인으로 알려지고 있다. 우리의 현 상황과는 대조적으로 유럽 국가들 중 프랑스는 일찍부터 지방 도시의 균형발전을 위한 지속적인 노력을 경주해 옴으로써 수도권과 지방 도시들이 비교적 상호 균형을 이룬 도시 발전을 지속해 가고 있다. 뿐만 아니라 글로벌 경제체제 속에서 산업구조의 변화로 인해 도시 쇠퇴가 발생했던 지방의 일부 도시들의 경우도 지역의 특성을 반영한 종합적이고 체계적인 도시재생정책의 실행을 통해 비교적 짧은 기간에 도시재생에 성공한 사례들이 발견된다. 그 대표적 사례 중 하나가 프랑스의 지방 도시 낭트 시다.

〈유럽 타임〉지는 2004년 낭트 시를 '유럽에서 가장 살기 좋은 도시'로 선정하였으며, 2010년에는 낭트 시가 세계의 살기 좋은 도시 289개 중 39위에 마크되었다. 이어서 2013년에는 유럽의 대표적인 친환경도시Green Capital of Europe 2013로 선정되는 등 오늘날 낭트 시의 도시적 위상은 더욱더 강화되어 가고 있다. 그러나 이러한 오늘의 모습과는 대조적으로 낭트 시는 20세기 후반 주력산업이었던 조선업의 쇠퇴로 도시 경제는 급속도로 추락하고, 도시는 황폐화되었으며, 시민들은 높은 실업률에 시달려야만 했다. 그러한 낭트 시가 오늘날 유럽의 도시들 중에서 가장 살기 좋은 도시, 친환경 문화도시로 급부상할 수 있었던 배경과 도시재생의 주요 전략은 무엇이었는지를 알아보고 우리에게 주는 시사점을 살펴보고자 한다.

낭트 시의 발전과 쇠퇴

프랑스 서부지역에 자리한 낭트 시는 약 30만 명의 인구가 거주하고 있으며, 도시 면적은 65.19제곱킬로미터에 이른다. 낭트 시는 강과 바다를 연결하는 접점으로, 지리적으로 루아르 강과 이 강의 지류인 에르드르 강 그리고 세브르 강으로 연결된다. 이러한 지리적 특성으로 인해 낭트 시는 일찍부터 조선업이 주력산업으로 발달하였다. 특히, 제2차 세계대전 이후 조선업이 부활하면서 낭트와 주변 지역 조선소의 선박 생산량은 프랑스 전체의 절반을 넘었고, 약 7000명의 노동자들이 조선업에 종사하였다. 그러나 동일기간 선박건조분야에서 일본의 급부상은 프랑스 조선업에 커다란 타격을 입혔고, 국제경쟁력을 상실한 프랑스 낭트의 조선소들은 합병과 통합을 반복하였다. 1987년에는 급기야 알스톰Alstom사에서 운행하던 뒤비종-노르망디Dubigeon-Normandie 조선소가 문을 닫으면서 낭트 지역의 조선소가 최종적으로 폐쇄되었다.

1960년대 이후 점진적으로 가속화된 조선업의 위기는 프랑스 조선업 최고의 집적지였던 낭트 지역을 강타하며 기계, 철강 등 하청업체들의 도산과 대량 해고로 이어졌다. 이로 인해 낭트 시는 최고의 위기를 맞이하였고, 낭트 시 행정당국은 도시재생을 위한 다양한 방안을 모색하기에 이른다.

도시재생의 시작 – 도시와 강의 관계 회복

조선업의 쇠퇴와 더불어 도시의 흉물로 변해버린 조선소공장들이 집적된 낭트 섬은 낭트 시 도시재생의 핵심 지대로 떠올랐고, 섬 전체의 재생에 대한 다양한 심사숙고의 시간을 거치게 된다. 낭트 섬의 재생방향 모색에 주력하던 낭트 시 행정당국은 1999년 조경 및 건축가 그룹 알렉산드르 쉐메토프와 베르토미외Alexandre Chemetoff-Berthomieu가 제시한 낭트 섬 종합계획안내도를 채택하면서 본격적인 도시재생의 시작을 알린다. 이 종합계획안내도는 이 프로젝트의 중심 철학인 지속가능한 도시개발 원칙을 기반으로 기존의 장소가 지닌 역사적인 기억과 흔적들을 연결시키고, 발전적인 미래의 접목을 유도하는 데 집중하였다. 낭트 섬 종합계획안내도에서 추구된 주요 도시정비

방향은 첫째, 지속가능한 도시의 조성, 둘째, 공공공간의 회복, 셋째, 역사문화유산의 재생, 넷째, 낭트 섬 내에 사회적·기능적 혼합이라는 네 가지의 방향이 설정되었다. 2003년부터는 낭트 섬 발전계획 수립기관으로 지방공기업인 '서대서양도시권정비회사SAMOA: Societé d'Améagement de la Méropôle Ouest Atlantique'가 창설되면서 체계적이고 장기적인 계획 속에서 본격적으로 도시재생사업이 추진되게 된다.

친환경 도시재생 추진 – 강과 도시의 연계 강화

낭트 시 행정당국은 낭트 섬 종합계획안내도에 따라 낭트 섬의 지속가능한 도시재생을 위해 우선적으로 도로, 대중교통, 광장, 강둑, 제방 등 도시기반 정비에 주력하게 된다. 특히, 루아르 강을 향한 열린 조망권 확보와 강으로의 접근성 강화를 위해 낭트 섬 외곽을 따라 산책로 및 잔디공원들을 새롭게 정비하고, 강을 바라보며 휴식과 일광욕을 즐길 수 있도록 도시의 공공공간들의 정비를 적극적으로 추진하였다. 2001년 3월에는 구도심과 낭트 섬을 연결하는 쇼엘세르Schœlcher 보행자전용다리

옛 조선소공장 건물을 새롭게 조성한 낭트 섬 창조지구의 전경
(사진출처 : https://www.creativefactory.info/bureaux/hangar-20/)

를 건설하는 한편, 2005년부터는 루아르 강변과 제방들의 정비를 적극 추진하였다. 즉, 강으로 둘러싸인 낭트 섬의 지리적 장점을 극대화하고, 낭트 시민과 방문객들이 루와르 강변을 걷고, 산책하고, 사색하고, 자전거를 타며 강의 역사와 가치를 재발견할 수 있도록 도시와 강의 연계를 강화하는 도시 공공공간의 친환경적 회복에 집중하였다.

또한 낭트 시는 과거 산업유산 건축물들에 대한 적극적 재생을 통해 과거와 현재와 미래를 공존시키는 한편, 회색빛 산업지대를 친환경 도시로 변화시키는 도시재생을 추진하였다. 재생된 조선소공장 건축물들은 거대한 톱 라이트를 재활용해 자연광을 건축물 내부로 끌어들이는 한편, 예술성과 친환경 개념을 도입한 건축공간의 재생이 이루어졌다. 한편, 낭트 시는 도시 전역을 대상으로 10만 그루 이상의 나무와 공공공간을 살충제 없이 관리하고, 250킬로미터에 이르는 수로를 복원

하고 보존하는 데 심혈을 기울였다. 또한 100개의 공원, 광장 및 시립정원을 갖추고, 417킬로미터의 자전거도로를 개설하는 한편, 1985년 프랑스 최초로 노면전차를 부활시켜 세 개 노선으로 이루어진 총 42킬로미터 길이의 친환경 교통시스템을 구축하였다. 이러한 노력의 결과로 낭트 시는 대중교통, 생물의 다양성, 수자원 관리 및 기후계획 등 네 가지 분야에서 우수성을 인정받아 2013년 프랑스 최초로 유럽의 생태수도로 선정되는 영광으로 이어졌다.

과거 산업도시에서 창조와 혁신의 문화도시로 변신

쇠락한 산업도시의 늪에서 벗어나기 위해 다양한 도시재생전략을 모색 중이던 낭트 시는 1989년 문화예술축제를 기획하였

옛 조선소공장을 리모델링한 낭트 섬 기계 갤러리 입구(사진출처: http://www.lesmachines-nantes.fr, 사진촬영: Jean-Dominique Billaud)

▲▲ 기계 갤러리 내부(사진출처: http://www.lesmachines-nantes.fr, 사진촬영: Jean-Dominique Billaud)
▲ 낭트 섬 창조지구 내 창조공장에서 제공하는 예술가들의 작업실 내부(사진출처: https://www.creativefactory.info/bureaux/hangar-20/)

다. 바르셀로나 예술가들을 초대해 조선소 폐공장, 길거리 등 도시 전역에 다양한 예술행사를 개최하였고, 축제는 성공적으로 마무리되었다. 이를 계기로 문화적 재생의 가능성에 자신감을 얻은 낭트 시 행정당국은 낭트 섬의 버려진 부지들과 조선소공장들에 활력을 불어넣기 위해 '문화와 관광'을 신 성장 동력의 핵심어로 선정하였다. 이를 위해 낭트 시는 타 도시와 구별되는 독자적인 도시재생 아이템을 낭트의 도시 역사와 역사적 인물들이 꿈꾸었던 세계에서 찾아냈다. 낭트는 유명한 공상과학소설의 작가 쥘 베른Jules Verne의 고향이자 레오나르도 다 빈치Leonardo da Vinci가 낭트에 머물며 발명의 혼을 불살랐던 도시라는 점에 착안하였다. 쥘 베른의 '과학의 세계'와 레오나르도 다 빈치의 '기계의 세계' 그리고 낭트의 산업 역사에서 아이디어를 얻어 산업과 예술을 접목한 '기계 동물 테마공원'의 조성을 도시재생 아이템으로 선정한 것이다. 디자이너 프랑수와 델라로지에르Fracois Delaroziere와 피에르 오르피스Pierre Orefice에 의해 설계된 테마공원은 2004년부터 공사가 시작되어 2007년 대대적인 개장에 들어갔다.

200만 유로(한화 26억 4000만 원)를 투자해 제작되어 2007년 처음 운행을 시작한 거대한 기계 코끼리Le Grand Elephant는 가족 단위 혹은 그룹 단위로 방문하는 어린이와 관광객을 열광시키며 폭발적인 인기를 끌기 시작했다. 높이 12미터, 폭 8미터, 길이 21미터로, 49명의 승객을 태울 수 있도록 설계된 움직이는 기계 코끼리는 마치 미야자키 하야오의 만화영화 〈하울의 움직이는 성〉을 연상시킨다. 또한 기계 갤러리La Galerie des Machines에는 다양한 기계 동물들의 상상의 세계를 담았으며, 기계 동물 제작 과정들에 대한 스케치물 전시 및 워크숍 등 관람, 체험, 교육, 전시 등의 복합적 활동이 이루어지도록 계획되었다. 이와 더불어 2012년 건조된 높이 25미터, 지름 22미터의 해양 세계 회전목마는 300명의 승객을 동시에 수용할 수 있도록 설계되었다.

이러한 움직이는 기계들의 테마공원은 16만 명의 유럽 관광객을 유치할 수 있을 것이라는 초기의 전망을 훨씬 뛰어넘었

다. 2016년 한해 66만 5000명이 이곳을 방문했고, Heron Tree의 개장으로 2020년에는 연간 100만 명의 관광객 유치를 예상하고 있다. 오늘날 낭트 섬 테마파크는 프랑스뿐만 아니라 이웃 유럽 국가들에서도 커다란 명성을 얻었다. 매우 짧은 시간에 낭트 시를 알리는 홍보효과뿐만 아니라 특히 내외국인 관광객의 급증으로 오랜 시간 침체 상태에 머물렀던 주변 상권들의 사회적·경제적 재생에 크게 기여하고 있다.

한편, '문화와 관광'을 도시재생의 핵심동력으로 선택한 낭트 시는 2003년 창설된 지방공기업 서대서양도시권정비회사를 주축으로 문화와 혁신을 주도할 창조문화산업정책을 실행에 옮겼다. 이를 위해 낭트 섬 북서쪽에 15만 제곱미터에 이르는 구역을 창조지구로 지정하고, 과거 선박건조공장이었던 알스톰 홀을 중심으로 대학과 연구기관 그리고 예술, 문화, 미디어산업 분야의 인재들과 기업들을 집결시키는 창조 클러스터를 조성하였다. 이러한 창조 클러스터의 조성은 산·학·연이 물리적·화학적으로 결합된 환경을 구축하고, 최첨단 연구 시설과 실험실들을 공유하며 시너지 효과를 극대화하고 있다. 교수, 연구원, 학생, 예술가들이 어우러진 융복합 교육환경과 융합연구를 통해 새로운 아이디어들을 구체화하고, 미래의 프로젝트들을 발굴, 개발하는 창조문화산업의 교두보 역할을 수행하고 있다.

일명 '창조 캠퍼스'라고도 불리는 낭트 섬 창조지구에는 현재 낭트 국립건축대학(2009년 이주), 그래픽 예술학교(2010년 이주), 예술공예대학(2015년 개교), 낭트 아틀란티크 디자인스쿨, 낭트 고등예술대학 등이 집결해 1000명 이상의 석사과정 학생들과 100명 이상의 교수 및 연구자들 그리고 4000명 이상의 학부생들이 생활하며 미래의 창조인재들을 양성하는 문화예술교육의 요람이 되고 있다. 뿐만 아니라 이곳 창조지구에 위치한 대학들은 국제적인 네트워크를 구축하고, 국가 간 상호공조 및 교류 폭의 확대를 통해 창조지구의 지속적인 성공가능성을 높이는 데에 중추적 역할을 담당하고 있다. 또한 이곳에는 지역 민영방송국, 건축의 집과 서대서양도시권정비회사 본부가 위

옛 조선소공장을 새롭게 리모델링한 낭트 섬 창조지구의 낭트 국립예술대학(사진출처: https://beauxartsnantes.fr/la—nouvelle—%C3%A9cole—sur—lile—de—nantes)

치하고 있으며, 2018년 말에는 디지털문화대학 전용센터와 신생 창업자들을 위한 3600제곱미터의 기업회관이 개관될 예정이다. 이는 창조문화산업에 직간접적으로 연계된 2000개의 일자리가 만들어질 계획으로, 이곳 대학을 졸업한 학생들이 낭트 시를 떠나지 않고 안정적으로 정착할 수 있는 토대를 마련하고 있다.

한편, 낭트 섬 도시정비 업무를 전담하고 있는 서대서양도시권정비회사는 2011년 문화 및 창조산업의 발전을 위해 창조지구에 창조공장을 설립하였다. 창조공장은 창조문화기업들

이 전 과정에서 도움을 받을 수 있도록 글로벌 지원 시스템을 가동하고 있으며, 매년 200개 이상의 기업들이 안내 및 지원을 받고 있다. 창조공장은 1만 2000제곱미터의 옛 조선소공장을 재활용해 문화 및 창조산업 관계자들(프로젝트의 리더, 기업가, 예술가, 관련 단체들)에게 제공, 창업 및 개발 단계에서 필요한 사무실, 작업실, 회의 및 휴식공간을 제공하고 있다. 또한 지역의 신생기업들이 새로운 시장을 개척하고, 성공에 이를 수 있도록 적극적인 지원에 나서고 있다. 이처럼 낭트 섬 창조지구는 오늘날 낭트 시 도시재생의 핵심동력이자 창조문화산업의

육성을 통해 낭트 시의 미래 산업구조의 변화에 능동적으로 대응하는 첨단기지로서의 역할을 수행해 가고 있다.

낭트 시가 비교적 짧은 기간에 빠르게 도시재생에 성공할 수 있었던 또 다른 배경에는 체계적인 조직체계의 구축과 운영이 주요한 역할을 수행하였음을 밝히지 않을 수 없다. 서대서양 도시권정비회사, 낭트 대도시연합, 낭트 창조사업소, 낭트-생나제르 발전사업소, 대학들이 상호 긴밀한 연결체계를 구축하고 각자 고유의 임무를 충실히 완수한 결과다.

글을 마치며

오늘날 우리의 지방 도시들은 인구절벽의 시대에 지속적인 인구감소 및 글로벌 경제체제에서 미래의 산업구조 및 사회 변화에 능동적으로 대응할 수 있는 능력이 요구되고 있다. 이러한 상황에서 지속가능한 도시발전을 위해 도시가 보유한 잠재 자원을 발굴하고, 창조적인 아이디어의 구현을 통한 도시재생의 추진은 중요한 과제가 아닐 수 없다. 앞서 살펴본 프랑스 낭트 시의 도시재생 사례가 우리에게 주는 시사점을 정리하면 다음과 같다.

첫째, 21세기 누구나가 살고 싶어 하는 좋은 도시는 공공공간의 질과 친환경도시의 구축에 있다고 해도 과언이 아니다. 도시종합정비계획을 통해 도시가 보유한 자연자원을 최대한 가치화하고, 매력이 넘쳐나는 도시로 거듭나기 위해 도시의 공공공간을 어떻게 정비하고, 장소성을 부여하며, 그 속에 역사와 문화를 담아 내느냐가 도시재생의 중요한 요소다.

둘째, 오늘날 낭트 시에 가장 많은 관광객을 끌어모으고, 짧은 기간 도시 홍보 및 경제적 재생에 기여하고 있는 시설은 '기계 동물 테마공원'이다. 낭트 출신 쥘 베른의 '과학의 세계'와 낭트에 머물며 창조의 정신을 불살랐던 레오나르도 다 빈치의 '기계의 세계' 그리고 낭트의 산업 역사로부터 아이디어를 착안한 '기계 동물 테마공원'은 새로운 도시 아이콘으로 자리를 잡으면서 낭트의 관광수입 증대 및 도시 홍보에도 크게 기여하고 있다. 이처럼 각 도시마다의 고유의 잠재된 역사·문화 자원들을 가치화하고, 차별화된 도시재생 전략을 구체화하는 미래지향적·창조적 도시재생 테마의 발굴과 실행은 매우 중요하다고 여겨진다.

셋째, 지속가능한 도시재생을 위해서는 내생적 도시발전을 유도하기 위한 종합적인 관점에서의 도시재생 전략의 수립과 실행이 필요하다. 특히, 앞으로의 도시재생은 미래의 산업구조 및 사회 변화에 능동적이고 탄력적으로 대응할 수 있는 전략이 요구되며 끊임없는 교육과 연구개발을 필요로 한다. 낭트 시의 경우처럼 교육·연구·산업이 긴밀히 연계된 교류환경의 구축과 운영은 상호 시너지 효과를 더욱 강화할 것으로 여겨진다. 아울러 지역의 창조인재들과 기업들이 모여들 수 있는 기반 조성과 이들이 떠나지 않고 안전하게 정착할 수 있도록 다양한 제도적 지원과 시스템의 구축은 절대적이다.

서울시 북촌 가꾸기: 한옥마을 재생

이경아(한국전통문화대학교 전통건축학과 부교수)

올해로 서울시 북촌가꾸기사업이 시작된 지 열아홉 해가 되었다. 2001년부터 시작된 북촌가꾸기사업은 한옥 보전 및 재생을 통해 한국의 수도이자 인구 천만에 이르는 거대도시 서울의 역사문화지구를 보전하고자 했던 대표적인 시도였다. 1990년대 말 서울 곳곳에서는 재개발로 고층 빌딩이 속속 들어서고 있는 상황이었고, 한옥은 '비위생적'이고 '불편한' 건물이라는 부정적 이미지를 가지고 있었다. 게다가 당시 한옥은 건축법에도 맞지 않아 더 이상 지을 수 없게 되었고, 기존 한옥들도 서울의 도심부 내에서 거의 멸종 위기에 놓여 있던 상황이었다. 결국 북촌은 오랫동안 버려진 상태로 슬럼화되어 갔고, 실제로 1990년대 말에는 재개발계획이 수립되어 북촌의 600년 역사가 일시에 사라질 위기에 처해 있었다.

그러던 1990년대 말 서울시의 정책은 극적인 방향의 전환을 맞게 된다. 전면적인 재개발이 예정되어 있던 서울의 대표 한옥지구 북촌을 되살리기로 한 것이다. 하지만 청와대가 인근에 있다는 이유로 과거 군사정권 시절에 오랫동안 개발규제를 받

으며 피해를 입어 온 주민들을 설득하며 한옥을 보전하는 일은 쉬운 일이 아니었다. 따라서 서울시에서는 주민들과 전문가들, 공무원으로 구성된 합동팀을 구성하여 북촌을 보전·재생하기 위한 계획을 수립하기 시작했다. 이전의 역사지구의 보전사업이 주로 관에 의해서만 주도되었다면, 이번 사업은 북촌의 미래상을 설정하고 그에 걸맞은 계획을 수립하는 데 있어서 주민들의 의견을 적극 반영하고자 한 것이다. 결국 행정에 대한 주민들의 불신을 해소하고 적극적인 참여를 이끌어내기 위한 정책의 일환으로 '한옥등록제'를 전국 최초로 실시하였다. 이것은 한옥을 당분간 멸실하지 않고 유지할 것을 서울시와 약속을 함으로써 한옥을 수선할 경우 비용의 일부를 지원하는 제도였다. 또한 전문가들은 한옥에서 편안한 삶을 영위할 수 있도록 한옥 수선의 설계 및 공사에 대한 자문을 하며 북촌의 보전 및 재생사업을 반대하던 주민들의 마음을 얻을 수 있었다. 처음에는 '한옥지원조례'라는 별도 조례를 만들어 3000만 원의 보조금과 2000만 원의 융자를 지원했는데, 이것은 한옥 평균 공

한옥 수선 전과 후

사비의 약 25%를 서울시에서 보조하고 나머지 75%는 집 주인들이 부담하는 것이었다. 서울시의 지원을 통해 북촌의 한옥들은 서서히 수선되기 시작했고, 그로 인한 한옥지구의 경관 회복이라는 효과를 보게 되었다. 그 외에도 서울시와 서울시 산하기관인 SH공사에서는 없어질 위기에 처한 한옥을 찾아 매입한 뒤 전통장인들에게 주거이자 공방으로 임대함으로써 한옥이 사라질 위기에 적극 대처하고자 했다. 한옥경관을 해쳤던 전신주를 땅속에 묻고 도로를 포장하는 등의 골목길 개선사업 또한 추진하였다. 결국 동결식 한옥규제정책과 난개발의 폐해 등 시행착오 끝에 새롭게 시작된 북촌가꾸기사업은 주민의 요구와 서울시의 새로운 도심부 보전 및 재생정책 수립, 그리고 민·관·전문가의 세 개 축이 긴밀히 공조함으로써 성공적으로 수행될 수 있었다.

서울시 북촌가꾸기사업의 가장 큰 성과는 다음과 같이 세 가지로 요약할 수 있다.

첫 번째, 퇴락해 있던 서울 구도심 내 한옥지구를 재생시켜

그 가치를 높였다는 것이다. 이것을 단적으로 보여 주는 두 가지 지표가 있는데, 바로 북촌의 지가 상승과 방문객 증가다. 서울시가 처음 사업을 시작하던 2001년 당시와 1990년대 10년간의 공시지가를 비교해 보면 거의 정체되어 있는 수준으로써 서울의 다른 지역과 비교했을 때 매우 열악한 수준이었다. 하지만 한옥을 보전하기 시작한 2001년 이후 한옥에 대한 거래량은 눈에 띄게 증가하기 시작했고 한옥의 공시지가는 매년 꾸준히 증가했으며, 실제로 거래됨으로써 생기는 실거래가의 경우에는 증가폭이 더욱 가파른 것을 알 수 있었다. 또한 북촌가꾸기사업 이후 한옥지구를 방문하는 사람들의 수가 급격히 증가하였다. 서울시가 공식적으로 발표한 북촌의 방문객 수를 보면 2006년 방문객 수는 1만 3901명에 불과했던 것이 2017년에는 50만 3588명으로 약 36배가 증가했다. 특히 외국인 방문객수가 28만 55명으로 전체 방문객 수의 50%를 넘었는데, 외국인들을 대상으로 한 설문조사에서 서울의 역사를 느끼고 돌아가는 대표적인 명소로 북촌을 꼽는 상황이 되었다. 서울 4대문 안의 역사문화 명소로 각광을 받게 되면서 관광객과 시민 발길

골목길 개선사업 전과 후

이 꾸준히 이어지고 있다. 사람들이 모이니 카페나 갤러리 등이 들어서 상권이 형성되어 전에 없던 활기를 띄게 되었고 지역경제도 활성화되었다.

두 번째, 거의 고사 직전에 있었던 한옥산업이 다시 일어나게 되는 계기를 만들었다는 것이다. 1960년대 이후 서울에는 더 이상 한옥이 들어설 수 없게 되었고 한옥산업은 사양길에 접어들게 되었다. 이에 따라 많은 목수들이 일자리를 잃게 되었고 문화재 보수를 위한 소수의 목수들만이 명맥을 잇고 있을 뿐이었다. 한옥 교육기관은 양성되지 못해 목수의 계보는 끊어졌고 한옥 건축기술의 진화는 정체될 수밖에 없었다. 2001년 북촌가꾸기사업을 처음 시작할 때만 해도 목수의 인력 풀이 너무 부족해서 한옥을 리모델링하는 데 많은 어려움과 시행착오를 겪은 바 있다. 이런 상황이 반전된 것 역시 서울시의 북촌가꾸기사업부터였다. 이제는 한옥이 친환경주택으로써 많은 사람들이 꼭 한 번 살아 보고 싶어 하는 주택이 되었고, 특히 젊은층에서 인기가 높아졌다. 그동안 홀대받았던 우리 한옥의 건강성과 고유한 아름다움을 다시 돌아보게 되었다. 많은 시민들

이 아파트 일색이던 도시환경과는 다른 정감 있는 한옥의 모습에 매력을 느끼게 되었고, 우리 전통 주거문화를 보여 주고 체험할 수 있는 곳이 도심 한복판에 있다는 것을 자랑스럽게 여기게 되었다. 한옥에 대한 긍정적 평가는 한옥에 대한 다양한 수요로도 이어지게 되었다. 주로 주거에만 한정되어 있던 한옥도 업무시설, 전시시설, 의료시설, 교육시설 등의 다양한 용도로 확대되었으며, 한옥 게스트하우스의 경우에는 도심 안에서 한옥을 활용한 대표적인 전통문화사업으로 각광을 받게 되었다. 이러한 여세를 몰아 서울시에서는 은평 한옥마을과 같은 신규 한옥마을을 조성하게 되었는데, 그동안 고층 아파트 일변도로 이루어지던 사업의 방향을 전환하여 저층의 한옥마을을 조성하겠다는 것으로써 한국 주택시장의 획기적인 패러다임 전환으로 평가받고 있다.

세 번째, 서울시 북촌가꾸기사업의 성과는 역사문화지구 보전 관련 사업의 확대·재생산으로 이어졌다. 서울시는 북촌가꾸기사업의 성과를 기반으로 2008년 '서울 한옥선언', 2014년 '서울 한옥자산선언'을 하게 되는데, 서울 전역으로의 한옥 지

원 확대, 한옥 공사비 지원금액의 상향 조정, 신규 한옥마을 조성 등의 세부계획을 골자로 하고 있었다. 또한 2001년 당시 만 해도 한옥을 지원하는 조례는 서울시 한 곳밖에 없었으나 2018년 현재 쉰 곳 넘는 전국의 지자체가 조례를 제정하여 지원하고 있다. 더불어 서울시 북촌가꾸기사업에서 시작된 한옥에 대한 관심은 중앙정부 차원의 제도 개선과 지원을 통해 더욱 확대되기도 했다. 서울에서 한옥사업이 시작된 지 10년 만인 2010년 비로소 건축법이 개정되면서 한옥의 정의가 신설되고 한옥에 불리했던 조항들이 바뀌었다. 더 나아가 국가한옥센터가 개설되었고, 국가적 차원의 지원을 위한 법으로 '한옥 등 건축자산의 진흥에 관한 법률'이 2014년 제정되었다. 이와 같이 서울에서 촉발된 한옥 보전 및 재생 사업은 우리 문화유산 가치에 대한 전국적 인식과 책임감을 고양시켰을 뿐만 아니라 새로운 국가산업으로써 인정받는 단계로 나아가게 된 것이다.

북촌가꾸기사업을 처음 시작할 때만 해도 모두들 사업의 성공 여부에 대해 반신반의했고, 실제로 그 효과는 타 사업에 비해 비교적 느리게 나타났다. 하지만 다행히 어느 시점을 지나자 한옥의 보전에 대한 사회적 공감대와 지지를 얻어낼 수 있게 되었고, 현재는 한옥 보전에 대한 반대의견을 찾아보기 어렵게 되었다. 오히려 북촌은 한국의 독특한 생활문화와 건축이 잘 남아 있는 대표적 명소가 되었고, 그 성과는 국제적으로도 인정을 받아 2009년 유네스코 아시아–태평양 문화유산보전상UNESCO Asia-Pacific Heritage Awards 우수상을 수상하였다. 현재 서울시에는 아직도 1만 1000여 동의 한옥이 남아 있다고 보고된 바 있다. 전면적인 재개발이 아닌 보전을 통해서 도시가 활력을 되찾을 수 있고 도시의 정체성이 보전될 수 있다는 가능성을 보여 준 북촌가꾸기사업은 앞으로도 서울의 한옥들을 지키고 서울의 역사적 정체성을 지키는 사업들을 확대하는 데 중요한 근거가 될 것이다.

(사진제공: 서울시)

살아 있는 문화, 관광, 휴식 공간으로 활용될 상상플랫폼과 하버워크 조감도

인천 개항장 도시재생
사업의 교훈

김경배(인하대학교 건축학부 교수)

최근 도시재생에 대한 관심이 많아지고 있다. 전국적으로 다양한 도시재생정책과 시범사업이 추진되고 있다. 필자는 인천 개항창조도시 재생사업의 총괄계획가를 맡고 있다. 인천 개항창조도시 재생사업은 2016년 국토교통부 경제기반형 도시재생사업지구로 선정되어 2021년까지 정부예산이 투자되고 있는 사업이다. 필자는 이 글에서 인천 개항장의 가치와 의미를 소개하고, 인천 개항창조도시 재생사업의 경험을 기반으로 우리나라 도시재생사업의 발전방향을 제시하고자 한다.

인천 개항장은 인천내항이 있는 중구, 동구 지역을 의미한다. 인천 개항장은 서구의 문화가 한국의 지역정서와 조화되어 새로운 문화로 발전된 공간이다. 또한 인천 개항장은 1883년 개항을 통해 산업화와 국제화가 급격하게 진행된 곳이다. 인천 개항장에는 대한민국 최초, 최고의 가치를 지닌 많은 역사문화자원이 존재한다. 최초의 외국인 마을, 은행, 우체국, 영사관, 기상대, 성냥공장 등이 있었다. 개항박물관, 한국문학관, 자장면박물관, 이민사박물관, 역사박물관, 인천문화재단,

장소기반 도시재생이 중요하다

인천 개항장은 고층고밀의 아파트가 점령한 인구 300만 대도시 인천의 열악한 도시환경에 전혀 다른 매력을 제공하고 있다. 역사와 문화를 활용한 새로운 도시재생의 가능성을 보여주고 있다. 특히 2009년 완공된 인천아트플랫폼은 송도, 청라, 영종 국제도시에서 행해지는 도시개발방식과는 전혀 다른 새로운 도시설계방식, 즉 지역의 역사문화자원을 활용한 장소기반 도시재생이 가능하다는 것을 보여 주고 있다.

인천아트플랫폼은 1888년 지어진 일본우선주식회사 건물(등록문화재 248호)을 창조적인 문화공간으로 재생시킨 사례다. 역사성과 장소성을 보유하고 있는 다수의 근대 개항기 건물을 리모델링해서 새로운 창작스튜디오, 전시장, 공연장, 문화센터를 만든 것이다. 인천아트플랫폼은 도시의 역사성과 공간 특성을 살려 문화공간으로 활용하자는 시민들의 뜻과 인천시의 의지가 합쳐져서 탄생한 공간으로써, 장소기반 도시재생사업의 성공사례다.

이러한 맥락에서 인천 개항창조도시 재생사업은 철저하게 장소기반 도시재생사업을 추구하고 있다. 경쟁력을 잃고 비워진 노후 항만을 새로운 문화관광 복합공간으로 재생시키는 계획이다. 특히 국비가 투자되는 상상플랫폼 조성사업은 내항 8부두에 위치한 노후 곡물창고(270미터)를 리모델링해서 새로운 문화관광 거점공간을 만드는 사업이다. 그리고 많은 시민들이 24시간 자유롭게 이용할 수 있는 하버워크Habor Walk와 새로운 문화관광산업 육성을 위한 마켓 플레이스를 만들기 위한 사업이다. 상상플랫폼 조성사업은 인천 개항장의 장소 특성과 자산을 적극적으로 활용한 장소기반 도시재생사업이다.

향후 도시재생 뉴딜사업을 추진함에 있어 장소기반 도시재생, 즉 지역의 장소성에 대한 충분한 이해와 지역자산의 적극적 활용이 매우 중요하다. 성공적이라고 평가받는 국내외 많은 도시재생사업들은 지역자산을 적극적으로 활용하고 있다. 성공적인 도시재생을 위해서는 장소가 지니고 있는 독특한 지역

아트플랫폼 등 다양한 문화공간이 밀집되어 있다. 자장면, 쫄면. 신포 닭강정, 공갈빵, 만두 등 많은 음식문화의 발상지다. 이처럼 인천 개항장은 다양한 볼거리, 먹거리, 즐길 거리가 넘쳐나는 아름다운 도시 인천의 보물창고다.

최근 수인선이 개통된 이후 인천 개항장과 신포시장, 차이나타운, 월미도, 아트플랫폼을 찾는 내국인과 외국인들의 방문이 급속하게 증가하고 있다. 인천 개항장의 새로운 변화와 재생이 진행되고 있다. 1000만 수도권 시민들이 즐겨 찾는 보석이며 관광도시 인천의 보물창고, 인천내항과 중구, 동구 지역의 재생을 위한 새로운 변화, 경제기반 도시재생사업, 인천 개항창조도시 재생사업이 태동하고 있다.

특성을 발굴하고, 살리고, 지키기 위한 계획이 필요하고, 이를 위한 많은 관심과 노력이 중요하다.

주민참여가 중요하다

국토교통부가 지원하는 인천 개항창조도시 재생사업은 인천 내항 개방에 대한 주민들의 민원을 통해 시작되었다. 그리고 아주 작은 주민참여 도시재생대학을 통해 발전되었다. 2014년 인천 중구청이 지원하고 인하대학교가 주관했던 인천도시재생대학(특강–답사–스튜디오 실습이 포함된 8단계 교육과정)에서 고민했던 결과물이 정부 예산을 확보하는 단초가 되었다. "도시락: 도시에서 시도 때도 없이 즐거운 도시공간으로 1·8부두를 만들자"는 미래비전을 제시한 도시락 특공대(시민, 학생, 전문가로 구성된 인천도시재생대학 참가팀의 명칭)의 작은 희망이 큰 결실을 맺은 것이다.

주민참여 결과, 인천내항 8부두가 시민들에게 개방되었다. 많은 분진과 소음, 매연을 유발했던 노후 항만 공간이 1년 365일, 많은 사람들이 즐겨 찾을 수 있는 새로운 워터프런트 공간으로 진화를 시작하고 있다. 해양도시 인천의 새로운 문화공간거점을 만드는 인천 개항창조도시 재생사업이 주민참여를 통해 시작된 것이다. 이처럼 주민참여는 강력한 힘을 갖고 있다. 주민참여는 지속되어야 한다. 우선 가장 많은 공공예산이 투자되는 마중물 사업에 대한 주민참여가 필요하다. 인천 상상플랫폼 조성사업의 경우에는 누가 운영할 것인지, 공공공간을 어떻게 활용할 것인지, 민간사업자 공모 기준은 무엇인지, 공공의 역할은 무엇인지, 개방된 공간을 임시로 활용하는 방법은 없는지, 함께 고민할 필요가 있다.

향후 도시재생 뉴딜사업을 추진함에 있어 더욱 강력하고 지속적으로 주민참여 기회를 제공할 필요가 있다. 경제기반 도시재생사업도 주민참여를 의무화시켜야 한다. 많은 것을 함께 결정할 필요가 있다. 늦게 시작하는 주민참여는 의미가 없고 지속가능성도 매우 부족하기 때문이다. 현행 공청회 방식을 탈피해야 한다. 실질적 주민참여가 가능하도록 핵심쟁점에 대해 충분한 정보를 제공하고, 넉넉한 시간을 갖고 다양한 이해주체가 함께 논의해서 최적 해법을 찾아가는 도시설계 워크숍 형태로 진보해야 한다. 주민참여 법제화는 도시재생사업의 성공을 위한 필수조건이다.

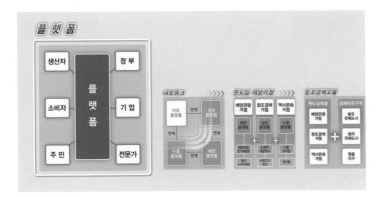

플랫폼 구축을 통한 인천개항장 도시재생전략 개념도

1. 상상플랫폼 정면투시도(수정예정)   2. 인천내항 1, 2, 6, 8부두 도시재생 기본구상(안)   3. 상상플랫폼 조감도   4 · 5. 상상플랫폼 투시도

공공참여 도시재생이 필요하다

인천내항 8부두는 인천항만공사 소유의 땅이다. 인천항만공사는 땅 소유주이지만, 자체 규정 때문에 항만재개발사업을 직접 추진할 수 없다. 개방된 8부두에서 다양한 행사를 개최하고 운영할 경우 안전사고가 발생할 수 있고, 이때 책임소재가 불분명하다는 이유로 적극적인 공간 활용이 이루어지지 않고 있다. 그리고 일부 공무원과 주민, 전문가들은 서로 다른 도시재생사업(적극적 개발 vs. 소극적 개발, 항만 유지 vs. 도시재생 등)을 목표하고 있다. 정부 예산 지원이 확정된 이후에도 국토부 예산사업을 항만재개발사업에 지원할 수 없다는 이유로 장기간 사업을 추진하지 못하기도 했다. 땅 소유자가 아니고 해양수산부가 추진하는 항만재개발구역에 포함되어 있기 때문에 인천시의 적극적인 참여도 어려운 실정이다. 적극적인 재정투자를 위해서는 인천시가 땅을 소유해야 하지만 현재 인천시는 도시계획 인허가 권한을 가지고 있을 뿐이다.

이처럼 우리나라 도시재생사업은 어렵다. 토지 구입 절차와 과정이 복잡하고 비용이 많이 든다. 정부가 땅을 소유하고 있어도 서로 다른 관점에서 부처마다 도시재생사업을 바라보고 있기 때문에 협업이 이루어지 않고 있다. 그리고 바람직한 공공참여 도시재생, 성공적인 부처협업, 전문직 공무원 필요성 등에 대한 공감대 형성도 아직 안 되었고 성공사례를 찾기도 힘들기 때문이다.

이러한 문제를 해결하고 성공적인 도시재생사업을 추진하기 위해서는 공공(정부, 인천시)의 적극적 참여와 노력이 필요하다. 총괄조직과 전문직 공무원이 필요하다. 공공의 선제적 예산투자, 종합적 지원, 아이디어 발굴이 필요하다. 토지매입, 보안문제 등 수없이 많은 이해관계를 해결하기 위한 솔로몬의 지혜와 리더십이 더 필요하다. 공감대 형성을 위한 시간도 더 필요하다. 다양한 역사문화자원을 활용한 인천 개항장의 스토리 발굴과 콘텐츠 개발, 앵커 기능 도입이 필요하다. 인천 개항장의 산업구조 변화를 정확하게 예측하고 개방된 인천 개항장의 워터프런트를 누가, 언제, 어떻게 활용할 것인지 수없이 많은 고민과 연구가 필요하다. 다행히 2년 동안의 준비과정을 통해 2018년부터 민간투자를 유치하기 위한 마중물 사업에 적지 않은 국비가 투자되고 있다. 인천시가 마중물 사업을 위해 토지를 구매할 예정이다. 개방된 8부두와 노후 창고를 창조적인 도시공간으로 활용하기 위한 민간참여 도시재생사업이 추진될 예정이다. 2030년 이후까지 진행될 아름다운 인천의 보물창고, 인천 개항장의 새로운 변화와 혁신을 꿈꾸고 기대한다.

지금까지 필자는 인천 개항장의 의미와 가치를 소개하고 인천 개항창조도시 재생사업의 경험을 토대로 도시재생사업의 발전방향을 다음과 같이 제시한다. 첫째, 향후 성공적인 도시재생을 위해서는 주민참여를 필수조건으로 해야 하고 이를 위한 변화와 혁신(법제도 개선, 지원센터 등)이 필요하다. 둘째, 장소의 정체성에 대한 이해를 기반으로 지역자산(역사, 문화, 건축물, 광장 등)을 적극적으로 활용하고 재생하는 장소기반 도시재생이 필요하다. 마지막으로 수없이 많은 이해관계가 복잡하게 얽혀 있는 실타래를 풀고 도시재생사업을 성공적으로 추진하기 위해서는 공공의 적극적 참여와 지원(총괄조직 신설, 재정 투자, 우수인력 확보, 아이디어 발굴 등)이 필요하다.

제 2 장

장소 재편집을 통한 도시재생

도시 활력을 상실한 장소에 혁신적이고 경쟁력 있는 프로그램을 도입하고, 운영거점을 조성해 장소의 가치를 새롭게 한다. 또 한편으로 공공공간의 유연한 활용을 통해 생명력을 불어넣는 장소를 재구성할 방법과 사례들에 대한 이야기를 다루고 있다.

마을일꾼(향후 주민협의체로 발전) 첫 모임 모습

가리봉 역사와 특징
[가리봉 현상황]

- 여직공 밀집
- 70~80 꿈·추억
- 촉진지구 해제
- 개발행위 가능
- 노후도 가속
- 주거환경 쇠퇴가속화 / Deteriorating residential environment
- 성장기 흔적 / Memory of Rapid growth
- 중국동포 계층 갈등
- 재생사업 불신
- 사업중단 갈등
- 다양한 갈등상존 / Various conflicts
- 가리봉 GARIBONG
- Garibong Integrated Regeneation
- 가리봉 통합재생
- ?
- 종사자 거주기피 원거리통근
- G-valley 단절 / Disconnect from G-Valley
- 중국동포 밀집 / Kor-Chinese concentration
- 연변거리 (우마길)
- 지원기능 열악
- 편의시설 부족
- 벌집촌 (쪽방촌)
- 범죄·안전 취약

가리봉 현상황과 통합재생

사람과 장소가 있는 현장 '가리봉'을 가다

배웅규(중앙대학교 도시공학과 교수)

사람과 장소의 가치를 찾아

우리 사회는 성장과 개발을 이끈 도시화 시대를 지나, 진화와 발전의 도시재생 시대를 기획하고 있다. 쇠퇴된 도시가 다시 활력을 찾아 번영을 누리게 하는 과정이 도시재생이다. 과거 급속한 산업화 · 도시화의 과정에서 배제되었던 사람과 장소에 대한 가치의 회복이 핵심이다. 바로 첨단기술과 값비싼 장비로 무장한 고요한 달나라의 삶보다 어느 도시의 골목과 거리에서 우연한 만남이 있는 삶이 더 간절하다.

오늘날 저성장 · 고령화 · 다문화 사회이자 민주화의 성숙으로 높아진 삶의 질 요구에 부응해야 한다. 과거 1990년대까지 불량 시가지에 대한 정비의 시대였다면, 2000년대는 불량과 양호한 시가지의 정비와 재생이 공존하는 시대였다. 최근 2010년대는 마을공동체 활성화 움직임과 함께 도시정비법 개정(2012)과 도시재생법(2013), 빈집정비법(2017), 도시재생뉴딜(2017) 등으로 도시재생 시대가 본격화되었다.

응답하라! 가리봉

서울은 제1의 도시로서 도시화의 혜택도 컸지만 그 폐해도 고스란히 안고 있다. 세월에 장사 없다고 서울은 늙어 버렸다. 그 현상에 걸맞게 다양한 부문에서 재생이 필요하다. 즉, 경제활력 제고를 위한 광역 경제 중심지를 육성하고, 자연 · 역사 · 문화의 정체성 강화와 동시에 노후 · 쇠퇴한 지역경제와 주거지의 활성화가 도시재생의 과제다. 서울시는 도시재생으로 따뜻하고 경쟁력 있는 재탄생을 기획하고 있다. 이 글에서 소개하는 가리봉 지역도 이런 재생 현장 중 하나다.

구로디지털산업단지, 아니 우리나라 산업화의 시작을 알린 구로공단이다. 최초의 국가산업단지인 이곳은 공장과 사람들로 넘쳐났다. 대촌이라는 조그만 자연마을은 1공단에 이어 2, 3공단이 들어서면서 배후 주거지로 급성장했다. 가리봉의 주택은 작고 열악한 벌집이었지만, 이들에게 소중한 삶터였다. 또 당시 가리봉은 첨단 유행의 산실이기도, 강남에서 가장 땅

값이 비싼 곳이기도 했다. 이런 가리봉이 제조업 쇠퇴와 뉴타운의 표류로 활력을 잃었다.

구로공단은 구조고도화를 통해 첨단지밸리로 재탄생하였지만, 가리봉은 그대로 남아 도시 속의 섬이 되었다. 개발제한으로 노후화는 가속되고, 내국인 젊은이는 떠났다. 아이러니하게 이런 쇠퇴의 틈을 비집고 찾아든 중국동포에게는 최적의 삶터가 되었다. 지금 이 섬은 내국인과 중국동포와의 독특한 상호호혜의 관계가 살아 있는 삶의 현장이다.

이런 가리봉의 켜켜이 쌓인 속살을 헤집어 보면 뉴타운의 상처와 만날 수 있다. 가리봉 뉴타운지구는 갈등과 아픔을 남기며 2014년 해제되었다. 성장기의 흔적과 주거환경 쇠퇴, 다양한 갈등 상존, 지밸리와의 단절, 중국동포 밀집이라는 현상황에 맞는 가리봉 통합재생이 절실했다. 이제 가리봉 도시재생은 시작되었고, 지금 가리봉이 응답해야 한다.

함께하는 가리봉 재생과정

가리봉 지역의 현실을 감안하여 3단계의 재생단계를 설정했다. 다른 곳에서는 보지 못했던 '치유'의 단계는 10여 년간 이어진 뉴타운의 표류라는 현실을 반영한 것이다. 경청과 소통으로 갈등을 해소하고, 이를 통해 신뢰 회복과 공감대를 찾았다. 이 과정에서 도시재생은 거창한 담론이 아니라 우리 이웃과 함께 나누고 실천하는 그 자체임을 공감했다. 이런 나눔과 공유의 주체로서 가리봉 주민들은 애향심 넘치는 마을일꾼이 되었다.

가리봉 통합재생을 위한 단계 설정

다음으로 '주민사업발굴' 단계다. 치유 과정으로 형성된 신뢰와 공감대를 바탕으로 재생방향을 설정했다. 마을일꾼이 나서서 재생의 목표와 비전을 설정하고, 주민 눈높이에 맞춘 재생사업을 발굴했다. 이 순간 주민 가슴 속에 간직했던 가리봉에 대한 소망은 비전을 만들고, 이를 실현하는 재생과제와 사업으로 영글어 갔다.

마지막으로 '재생사업시행' 단계다. 이 단계는 앞선 단계를 바탕으로 재생사업을 시행한다. 재생효과 측면에서 단기·중장기로 구분하고 주민들의 참여가 핵심이다. 이 과정에서 현장 지원센터의 역할과 주민협의체의 성숙이 중요하다. 지금 가리봉은 이 단계로 하나둘 성과를 만들며 지속가능한 가리봉의 미래를 만들고 있다.

소통으로 시작한 가리봉 만들기

먼저 소통을 위한 현장소통마당이다. 주민과 같은 눈높이에서 도시재생을 바라보는 첫걸음이다. 강력범죄사건으로 폐쇄된 마을마당에 주목했다. 가리봉 도시재생은 버려진 마을마당에 싹을 틔웠다. 이렇게 설치된 컨테이너박스는 방치된 곳을 사랑방으로 변모시켜 오늘의 현장지원센터가 되었다.

둘째는 주민 스스로 마을일꾼이 된 것이다. 뉴타운 추진 과정에서 주민협의체와 주민대표에 대한 불신의 해소가 절실했다. 그래서 애향심으로 가리봉을 위해 봉사하고자 참여하는 주민이라는 뜻의 '마을일꾼'을 모집하고, 이들이 모여 활동했다. 주민들은 이 모임을 환영하고 일꾼으로 참여했다. 한동안 마을일꾼은 인기 있던 용어였지만, 지금은 '주민대표'와 '주민협의체'란 용어를 사용하고 있다. 작은 변화지만 가리봉의 아픔을 생각하면 큰 변화임이 틀림없다.

셋째로, 가리봉 가치의 공감이다. 주민들은 가리봉을 그저 고단한 삶터였고, 늘 익숙한 생활환경으로만 알았다. 2015년 4-7월 서울역사박물관이 개최한 〈가리봉 오거리〉 전시회는 특

버려진 마을마당에서 현장소통마당으로 변화된 모습

벌집생생 가리봉 재생 행사 모습

별했다. 주민들이 낡고 쓸모없다고 생각했던 벌집이 박물관에 전시될 만큼 가치가 있음이 확인되었다. 박물관 특별전시실에 벌집의 방문과 화장실문, 난간과 배수관이 스포트라이트를 받고, 이 벌집에 거주하면서 만든 '가리베가스'(故 김선민 감독)가 상연되었다. 이 벌집은 리모델링되어 지난해 서울시 건축상을 수상했다. 이제 가리봉의 벌집은 핵심 앵커시설로서 가리봉 재생의 전진기지다.

넷째로, 한층 가까워진 가리봉과 지밸리다. 함께하였을 때 그 가치가 높다는 사실은 가리봉의 과거가 증언한다. 현재 지밸리 종사자는 16만 명 정도인데 이 중 6%만 인근지역에 거주하고 나머지는 다른 곳에서 출퇴근하지만, 최근 변화가 목격된다. 근래 이곳에 새로운 가게들이 등장하고 재생된 벌집에 내국인 입주가 증가하고 있다. 가리봉이 과거 공단과 맺었던 관계를 다시 구축할 수 있다면 재생은 더 앞당겨질 것이다.

다섯째로 글로벌 동네 가리봉이다. 이유가 어찌되었든 중국 동포들이 이곳에서 고단하지만 삶을 이어가고 있다. 뉴욕, 런던, 도쿄가 글로벌 시대에 세계 도시로 자랑할 수 있는 것은 다양한 가치를 존중하고 여러 민족과 인종이 함께 사는 글로벌 동네가 있기 때문이다. 가리봉은 글로벌 서울의 다양성 가치를 구현하는 선진지로 가치가 높다.

글로벌 가리봉 국제심포지엄 포스터

벌집 리모델링 전과 후

재생전략 1. "사람"을 더하는 공동체활성화
1-1 주민공동체 활동 및 역량강화

재생전략 2. "공간"을 더하는 생활환경개선
2-1 마을공간 개선
2-2 범죄 없는 마을조성
2-3 깨끗한 마을 만들기
2-4 방재 대응 시스템 조성사업
2-5 마을마당·주차장 복합시설 조성

재생전략 3. "시간"을 더하는 문화경제재생
3-1 우마길 문화의거리 활성화
3-2 앵커시설 조성
3-3 가리봉루트 조성

타부처·지자체 연계사업
4-1 가족통합지원센터 건립
4-2 가리봉시장 시설 현대화
4-3 하수관로 정비
4-4 공중선 정비
4-5 범죄예방 디자인 프로젝트
4-6 취약계층 LED조명 보급사업
4-7 맞춤형분리수거쓰레기통설치사업
4-8 가리봉 중심도로 정비
4-9 소통공간 조성운영

2-5 마을마당·주차장 복합시설 조성
· 위치 : 가리봉동 87~97일원
· 규모 : 488㎡ (148평)
· 사업내용
 - 저층부 주차 및 상층부 공원 복합 조성
 - 주차장 활동 및 일자리창출 프로그램 운영

2-2 범죄 없는 마을조성
· 위치 : 가리봉동 일대
· 규모 : CCTV36개 추가설치, LED보안등 110등 교체
· 사업내용
 - 민원 요청시 중심으로 CCTV 추가설치
 - 방범순찰 및 안심귀가 프로그램 운영

2-3 깨끗한 마을 만들기
· 위치 : 가리봉동 일대
· 규모 : 13개소 설치
· 사업내용
 - 주요지점 쓰레기처리시설 설치
 - 환경기초질서 프로그램 운영

2-4 방재 대응 시스템 조성사업
· 위치 : 가리봉동 일대
· 규모 : 115개소 설치
· 사업내용
 - 소방차 진입이 불가능한 도로 중심으로 비상소화시설 설치
 - 소화시설 사용법 교육 / 훈련

4-1 가족통합지원센터 건립
· 위치 : 가리봉동 118-11 일원
· 규모 : 1개동, 연면적 4,231㎡
· 사업내용
 - 공영주차장 부지 일대를 활용하여 주민센터, 가족지원시설(다문화), 마을복지지원시설 등 통합지원센터 건립

4-10 소통공간 조성 운영
· 위치 : 가리봉동 118-20
· 규모 : 306㎡ (93평)
· 사업내용
 - 가족통합지원센터와 연계된 광장 조성
 - 지역주민들의 다양한 프로그램 공간 활용

4-2 가리봉시장 시설현대화
· 위치 : 가리봉동 123-79 일원
· 규모 : 1,410㎡, L=330m
· 사업내용
 - 아케이드설치, 바닥포장, 간판정비
 - 전기/방송/통신/CCTV 설치

3-1 우마길 문화의 거리활성화
· 위치 : 가리봉동 우마길
· 규모 : 폭 8m, 연장 310m
· 사업내용
 - 도로 재포장, 상징조형물 설치, 주변경관개선
 - 간판정비, 스토리텔링 및 홍보
 - 우마길 문화의 거리 행사 프로그램 진행

2-1 마을공간 개선
· 위치 : 가리봉동 일대
· 규모 : 도로 3개노선, 계단4개소, 보도5개노선, 옹벽(일시타리단)
· 사업내용
 - 불량도로 및 보도 정비, 미끄럼 방지 포장
 - 경사지 안전시설 설치, 노후계단 정비
 - 옹벽보수, 자투리공간 조경·녹화 등

3-2 앵커시설 조성
· 위치 : 가리봉 105-10, 125-6
· 규모 : 벌집 2개동, 연면적 579.34㎡
· 사업내용
 - 지역 자산인 벌집을 리모델링 후 다양한 컨텐츠를 담은 앵커시설 운영
 - 벌집 앵커시설 리모델링 및 운영방안 계획

3-3 가리봉 루트 조성
· 위치 : 가리봉 오거리~우마길~남구로역
· 규모 : 1.2km, 폭 3~6m
· 사업내용
 - 지역내 주요 거점을 연결하고 스토리텔링을 담은 관광 및 체험루트 개발
 - 도로·보도 정비, 조명, 안내표지판 설치 등

도로정비 구간
보도정비 구간
계단정비
하수관거 정비 구간
CCTV 가설치
CCTV 추가설치
소화시설 설치
공중선정비
쓰레기분리수거시설 설치
벌집 앵커시설
마을마당·주차장
가리봉루트
가리봉시장 환경개선
범죄예방디자인
우마길 문화의 거리
소통공간

0 20 50 100

가리봉 도시재생활성화계획 종합구상도

지밸리를 품고 더하는 마을, 가리봉

가리봉 재생이 해를 거듭하면서 갈라진 주민들 틈이 새파란 새싹으로 채워지고 있다. 이 새싹들은 다시 태어난 가리봉의 미래다. 'G-Valley를 품고 더하는 마을, 가리봉'. 과거 구로공단의 핵심 배후지로 역할을 회복하며, 그 동안 가리봉에서 잃었던 것들을 되살리자는 뜻이다.

이러한 비전에 따라 3대 재생전략이 마련되고 핵심 콘텐츠가 발굴되었다. 먼저, '사람을 더하는 공동체 활성화'를 위해 주민역량 강화와 재생사업 홍보 등을 통해 공동체 및 지역 활성화 사업을 추진한다. 두 번째로 '공간을 더하는 생활환경 개선'으로 불량도로, 주차장 등 기반시설 개선과 쓰레기문제 해결과 방범시설 등 안전시설을 확충한다. 세 번째로 '시간을 더하는 문화경제 재생'으로 골목경제 활성화와 앵커시설 확충 및 가리봉 역사문화 살리기사업이 전개될 것이다. 이런 내용을 포함하여 가리봉 도시재생사업은 아홉 개의 마중물 사업, 아홉 개의 부처협력 사업을 중심으로 확산되고 있다.

다시 함께 만들 가리봉, 우리 동네

골목길 어귀 동네 슈퍼는 언제나 그립다. 24년 전 하월곡동 골목길에서 만난 슈퍼를 이곳 가리봉에서 데자뷰처럼 보았다. 하월곡동 '슈퍼동네'와 가리봉 '동네슈퍼'는 비슷한 모습이지만 전혀 다른 느낌이다. 하월곡동 그 슈퍼는 재개발로 사라졌지만 가리봉동의 동네슈퍼는 여전하다.

가리봉 재생은 많은 것을 되살리고 가꾸어야 한다. 예전 농촌마을의 정겨움이 되살아나고, 공장의 여공을 대신하여 지밸리의 젊은이들의 일상이 펼쳐져야 한다. 또한 멈춰선 가리봉에 날아든 동포들의 삶도 가리봉의 한 부분으로 살아 글로벌 가리봉이 되어야 한다. 현재 가리봉은 하월곡동처럼 사라지지 않고 글로벌 동네 가리봉을 꿈꾸고 있다.

끝으로 도시재생은 그곳에 살고 있는 사람과 그 장소의 발전이 함께하는 것이다. 더 중요하게는 함께하는 사람들이 즐겁게 공감해야 한다. 도시재생은 나와 당신이, 가리봉과 당신의 동네에서 서로 전율하여 시작하고 떠나는 즐거운 여행이다.

여러분도 여러분의 동네에서 이런 여행을 떠나면 어떨까?

* 이 글에 사용된 자료는 가리봉 도시재생의 소중한 성과입니다.

하월곡동과 가리봉동의 골목 슈퍼 모습

순천예술광장 국제건축공모전 출품작 심사

도시재생 거점시설을 통한 순천 살리기

이동희(순천대학교 건축학부 교수)

순천시 도시재생 선도지역

2014년 5월, 순천시는 국토교통부의 도시재생 선도지역(근린재생형 소규모)으로 선정되어, 그동안 조선시대 순천부읍성이 위치했던 원도심을 중심으로 다양한 도시재생사업이 추진되었다. 이 지역은 1990년대부터 순천·여수·광양을 잇는 교통의 요지에 신도시가 조성되면서 젊은이들이 대거 빠져나간 후, 골목상권과 재래시장이 침체되고 주거환경 노후화가 심화되어 활력을 잃게 된 곳이다. 그후 순천시는 해마다 많은 자금을 투여해서 여러 가지 활성화 정책들을 시행해 왔으나 좀처럼 정주여건이 개선되지 않아 고민을 안고 있었다.

다행히 2015년부터 2018년까지 원도심을 재생하기 위한 네 가지 국가정책사업, 즉 '국토교통부의 도시재생선도사업(200억 원), 문화체육관광부의 순천부읍성관광자원화사업(250억 원), 지역발전위원회·국토교통부의 청수골새뜰마을조성사업(68억 원), 중소기업청의 원도심상권활성화사업(15억 원)에 선정되어

체계적이고 종합적인 대책을 수립할 수 있게 되었다.

순천시 도시재생사업 내용

도시재생 대상지역은 중심부 형태가 성곽터로 둘러싸인 말발굽 모양을 띠고 있으며, 남북을 관통하는 중앙로를 경계로 주거지역인 향동과 상업지역인 중앙동으로 분리돼 있다. 향동은 2005년 문화체육관광부가 주도했던 '문화의 거리 조성사업' 대상지로 선정되어 지금까지 문화예술적 측면에서 기초적 생활인프라 정비와 예술가들의 작업실 임대지원, 관광 아이템 발굴 등이 이루어져 왔다. 그에 비해 중앙동은 지역 청소년들이 자주 이용하는 일부 상가들을 제외하면 전반적으로 상권이 활성화되지 못하고 빈 점포가 증가하고 있는 추세다. 그렇지만 주민들의 생활터전인 재래시장이 존재하고 음식 특화거리가 조성돼 있어 아직 발전 가능성이 남아 있는 곳이다.

도시재생사업을 본격적으로 시작하면서, 순천시는 이 두 지역을 활성화시키기 위해 '유교 및 기독교 역사문화자산 활용, 장소마케팅을 통한 관광객 유치, 순천만국가정원과 연계한 생태도심 조성, 청년창업 촉진으로 중심시가지 상권재생'을 핵심사업으로 설정했다. 그리고 이들 과제들을 효과적으로 추진하기 위해 사업대상 주요지점에 거점시설들을 조성하고 그것들을 서로 긴밀하게 연결해 도심 전체를 활성화시키는 방법을 시도하였다.

순천예술광장 건립부지 조성공사

도시재생 거점시설 조성

필자는 평소부터 이 지역을 놀이터 삼아 자주 왕래하면서, 공동화 현상이 심화돼 활력을 잃어가는 원도심 한복판의 주요 결절점Node에 무언가 도시재생을 위한 강력한 '문화적 아이콘Cultural Icon'이 필요하다는 인식을 갖게 되었다. 그러던 중 2014년 '문화의 거리 마스터플랜 학술용역 프로젝트'를 통해 '메인 플라자, 부읍성 스테이션, 예술가 스튜디오'라는 명칭으로 구상해 두었던 거점시설 조성 아이디어를 제안했다. 그리고 2015년 2월부터 1년여 동안 초대 도시재생지원센터장을 맡아 공무원·주민들과 심도 있는 논의를 거쳐 원도심의 '허브 및 랜드마크' 역할을 담당할 도심광장 및 핵심건축물 조성을 위한 구체적인 사업계획을 수립했다. 이후 메인 플라자는 '순천예술광장'으로, 부읍성 스테이션은 '순천부읍성 서문안내소'로, 예술가 스튜디오는 '창작예술촌' 시리즈로 각각 실현단계로 옮겨지게 되었다.

순천예술광장

순천예술광장Suncheon Art Platform은 옛 순천부읍성 남문터 부근의 교통요지에 조성되는 도시재생 거점시설로서 문화체육관광부의 '순천부읍성 관광자원화사업' 재원으로 추진되고 있다. 이는 원도심 서쪽의 문화예술 특화거리(향동)와 동쪽의 상가 밀집

지역(중앙동)을 지상과 지하로 연결하는 매개공간으로서의 역할을 수행하며, 다기능 복합시설로서 생태광장, 미술관, 연자루(전망대), 관광안내소, 지하주차장 등으로 구성된다.

생태광장은 도심에 여백을 만들어 여러 이벤트와 해프닝을 발생시키는 무대가 되며 시민들의 일상적 유희 및 휴식을 즐기는 공간으로 활용된다. 미술관은 세계적 작가 및 지역작가들의 다양한 예술작품을 전시하고 감상하는 장소가 된다. 연자루는 인접한 옥천 수변공간과 연결돼 원주민과 방문객의 휴식 및 전망 공간으로 활용된다. 그리고 지하주차장은 원도심의 만성적인 주차문제를 직접적으로 해결함으로써 문화예술관광 및 상권 활성화에 기여하는 역할을 한다.

순천시는 이 사업을 먼저 순천대학교 건축학부생들의 설계수업 과제Urban Plaza Design로 부여해서 실험적인 설계도면과 모형을 제작해 공개적으로 발표하는 과정을 거쳤다. 그리고 국제건축가연맹UIA에 등록된 국제건축공모전을 추진하기로 하고, 수차례 전문가 초청 자문회의 및 주민 공개토론회를 개최한 후, 용역을 실행할 전문업체를 선정해 세부 공모계획을 수립했다.

2016년 2월부터 시작된 국제건축공모전에는 총 53개국 485팀이 등록해 최종적으로 42개국 303팀이 설계작품을 제출했다. 그중 외국인팀 접수가 185작품으로 한국인팀 118작품에 비해 그 숫자가 훨씬 많았다. 국내외의 저명한 건축가로 구성된 심사위원들이 선정한 일등 당선작은 인도의 '스튜디오 메이

▲▲▲ 사진작가 배병우 창작 레지던시
▲▲ 한복디자이너 김혜순 창작공방
▲ 서양화가 조강훈 아트 스튜디오

드studio MADE'팀이 제안한 '숨겨진 회랑The Hidden Cloister'이다. 심사위원장을 맡았던 콜롬비아 건축가 프란시스코 샤닌Francisco Sanin은 "순천 원도심 재생의 촉매제 및 랜드마크 역할에 적용될 역사 및 도시 맥락을 독창적으로 재해석"했고, "반지하의 회랑을 설치해 다양한 전시를 수용하고 공연장과 광장을 중심으로 지하상가와 옥천을 연결한 점이 눈에 띄었다"고 말했다.

순천예술광장은 현재 한창 부지 조성작업이 진행 중이다. 그러나 철거하기로 했던 옛 승주군청 건축물을 일부 남기는 방향으로 설계가 수정되면서, 원래 의도했던 향동과 중앙동을 시각적·물리적으로 이어주는 개념이 희석된 점, 국제공모에 걸맞은 훌륭한 건축작품안이 다소 변형된 점이 안타깝다.

순천부읍성 서문안내소

순천부읍성 서문안내소는 옛 순천부읍성 서문터 옆 공지에 거주민과 방문객의 편의를 위해 건립된 다기능 복합시설이다. 성곽터를 따라 조성된 순천부읍성 상징공원을 거닐다가 자연스럽게 진입하게 되는 '관문건축·연계건축'으로서의 의미를 지닌다. 주요 공간은 전시실, 주민사랑방, 놀이방, 마을방송국, 화장실로 이루어져 있다.

이 건축물을 처음 제안할 때 생각했던 설계방향은 다음과 같

순천부읍성 서문안내소

다. 우선 외관은 주변의 낮은 주택과 상가를 고려해 너무 높지 않게 구축할 것, 주변의 경치를 조망할 수 있는 탑형 전망대 같은 공간을 마련할 것, 성곽과 성문과 해자가 존재했던 역사적 기억들을 조금이라도 건축물에 상징적으로 담아낼 수 있도록 할 것, 그리고 모든 사람이 편리하게 사용할 수 있는 유니버설 디자인의 개방화장실과 긴급차량·하역차량·장애인차량 등이 이용 가능한 다목적 주차장을 갖출 것, 마지막으로 주민교류·소득창출·관광지원의 허브 기능을 적극적으로 담아내도록 할 것 등이다.

이 프로젝트는 일찍이 한국예술종합학교 도시건축연구소, 순천대학교 건축계획연구실, 순천대학교 건축설계수업팀, 예향건축사사무소의 네 개 설계안이 제시된 바 있고, 본격적인 사업시행 단계에서 최종적으로 운생동건축사사무소의 설계안이 확정되었으나 어찌된 일인지 도중에 전혀 다른 안으로 변경된 경위를 가지고 있다. 현재 완성된 건축물은 마치 지렁이 몸체처럼 가늘고 길며 구불구불한 형태를 띠고 있어, 외부공간의 활용도 및 내부공간의 실용성이 떨어진다는 평가를 받고 있다.

창작예술촌 시리즈

창작예술촌은 향동 '문화의 거리' 주요 지점에 유명 작가의 스튜디오 겸 레지던시(임시주거)를 마련하여, 지역의 예술문화사업을 선도하는 거점으로 활용하자는 차원에서 시행된 단계적 조성사업이다. 제1호는 배병우 사진작가, 제2호는 김혜순 한복디자이너, 제3호는 조강훈 서양화가가 선정돼 현재 세 곳의 창작촌 모두 건립이 완료된 상태다.

배병우 창작 레지던시는 당초 개인주택을 매입해 개수하는 방식으로 추진됐으나, 해당 주택의 노후화가 심해 철거 후 신축하는 방향으로 바뀌었고, 공모를 통해 더시스템랩 건축사사무소(대표 김찬중)의 설계안이 채택되었다. 전체 4층 규모로서 지하 1층과 지상 1층은 일체형 전시실, 지상 2층은 스튜디오 및 사무실, 3층은 임시주거로 계획되었다.

김혜순 창작공방은 일제강점기에 건립된 2층 규모의 낡은 주택을 개수해, 1층은 한복전시실, 2층은 임시주거로 조성한 것이다. 전면에 아담한 마당이 있어 한복패션쇼 등의 행사무대로 사용할 수 있는 것이 특징이다.

조강훈 아트 스튜디오는 지하 1층, 지상 2층 규모의 옛 중앙파출소를 개수하여, 1층은 갤러리, 2층은 미술관계자 교류실 및 사무실로 사용하고 있다. 창작예술촌 조성에는 여러 관점에서 되짚어 볼 검토사항들이 존재한다. 빈집 재활용의 합리성, 예술가 선정의 투명성, 생존예술가의 이미지 변화, 예술촌 상호 간의 네트워크, 작가의 예술촌 체류빈도, 주민들과의 예술적 교류 방식, 관련 프로그램의 운영, 건축물의 유지·관리 주체 등이다.

거점시설의 역할을 기대하며

도시재생사업에 있어 '거점시설 조성'은 금방 가시적인 효과가 나타나고, 일거에 추진주체의 성취감을 높일 수 있다는 측면에서 흔히 채택되는 방법론 중의 하나다. 그러나 주민 또는 전문가와 충분하고 지속적인 상의(거버넌스) 없이 관에서 일방적으로 추진하는 경우, 본질적인 시설기능 수행 및 유지·관리 체계에 적지 않은 문제가 대두될 수 있으므로 신중한 접근이 필요하다. 아울러 건축물은 '심미성Design · 정교성Detail · 독자성Difference'을 바탕에 두고 계획해야 한다.

아무쪼록 순천시 도시재생 선도지역 내의 거점시설들이 원도심을 활성화시키는 심장(펌프)이 되어 문화를 창출하고, 상권을 회복하고, 주민생활에 풍요를 가져다주는 원천原泉으로 작용하기를 희망한다. 또한 지역의 역사문화자원, 문화 콘텐츠 요소, 인적 자산 등을 제대로 활용하기 위한 베이스캠프가 되고, 도시의 새로운 랜드마크 및 주민을 끌어모으는 오픈스페이스로서의 역할을 다하길 기대한다.

골목길이 살아야
동네가 산다

류중석(중앙대학교 도시공학과 교수)

서울에서도 강남에 산다고 하면 대충 부유한 동네에 살겠구나 하고 넘겨짚는다. 그러나 강남이라고 다 부촌은 아니다. 동작구 상도4동은 강남에 있지만 〈응답하라 1988〉에 나오는 그런 골목 동네다. 변변한 국공유지도 없고, 공원이나 광장도 없는 그저 그런 평범한 산동네다. 여기에도 재개발의 열풍이 휩쓸고 지나갔다. 그러나 소유권 분쟁으로 개발은커녕 오랫동안 방치되어 쓰레기 더미로 변한 산동네는 쓰라린 상처만 남기고 방치되어 있다.

이런 동네임에도 어린이 인구는 서울시 평균의 1.7배에 달한다. 그만큼 집값이나 임대료가 저렴하면서도 살 만한 동네라는 방증이다. 이웃관계가 돈독하지 않으면 젊은 세대들이 이사 와서 살 엄두를 못 낸다. 어린 아기가 갑자기 열이라도 나면 든든한 이웃 어르신들이 이렇게 하라고 조언해 주지 않으면 젊은 새댁들은 안절부절못하기 마련이다. 그런데도 어린이 인구가 이렇게 많다는 것은 건전한 이웃관계가 형성되어 있다는 말이다.

어린이 인구가 많다 보니 자연스럽게 어린이집도 많다. 어린이집에서는 하루 일과 중에 일정 시간 동안 밖으로 나와서 야외활동을 해야 한다. 골목길만 있는 동네이지만 골목길을 국도로 착각하고 속도를 내는 차량과 곳곳에 주차된 차량 때문에 어린이들을 데리고 야외활동을 하기에는 너무나 위험하다. 그래서 어린이집 원장선생님들은 오늘은 어디로 원생들을 데리고 가서 야외활동을 할까 전전긍긍한다.

골목길 도시재생의 출발점 – 골목공원

국공유지는 없고 가진 게 골목길밖에 없으니 당연히 골목길을 도시재생자원으로 활용할 수밖에 없다. 그래서 아이디어를 낸 것이 골목공원이다. 어린이 인구가 많고 어린이집이 많으니 어린이들이 마음껏 뛰놀 수 있는 골목길을 만들어 주는 것이 급선무다. 골목길에서 어르신과 어린이들이 '오순도순' 시

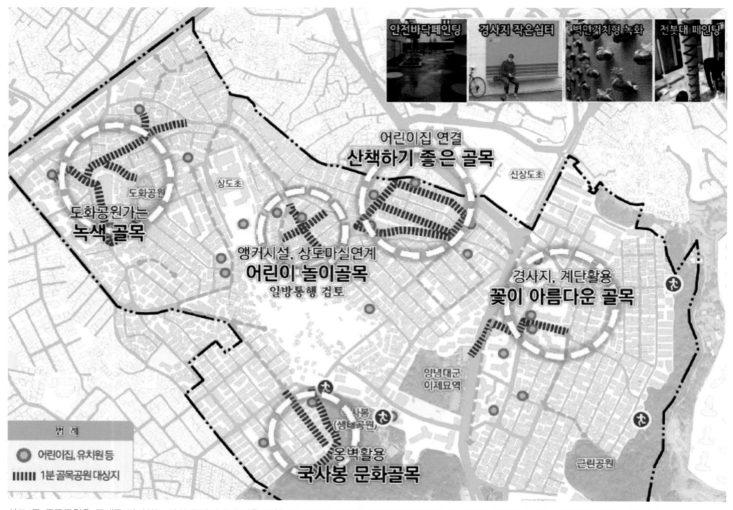

안전바닥페인팅　경사지 작은쉼터　벽면거치형 녹화　전봇대 페인팅

어린이집 연결
산책하기 좋은 골목

신상도초

도화공원
도화공원가는
녹색 골목

상도초

앵커시설, 상도마실연계
어린이 놀이골목
일방통행 검토

경사지, 계단활용
꽃이 아름다운 골목

양녕대군
이제묘역

국사봉
(생녀공원)

옹벽활용
국사봉 문화골목

근린공원

범례
● 어린이집, 유치원등
┃┃┃┃┃ 1분 골목공원대상지

상도4동 골목공원은 주제를 달리하는 다섯 군데의 골목길을 공원으로 만들어 차량을 통제하고 어린이와 어르신이 함께할 수 있는 공간으로 만들 계획이다.

간을 보내면서 자연스럽게 세대 간의 대화와 교류를 촉진한다는 명분은 좋았다. 골목공원을 여러 군데에 조성하되 전통놀이 골목, 꽃과 나무가 있는 골목, 동화에 나오는 캐릭터가 있는 이야기 골목 등 주제를 달리하면 교육 효과도 뛰어날 것 같았다. 그러나 모든 어르신이 어린이를 좋아하는 것은 아니었다. 어린이들이 골목길에서 뛰놀면 시끄럽다고 야단치는 분들도 꽤 있었다. 청소는 누가 할 것이며, 시설이 파손되거나 안전사고가 발생하면 누가 책임질 것인가 등 여러 가지 현실적인 문제들이 제기되었다.

골목공원 실험의 성패는 시설보다는 운영 프로그램과 주민들의 협력에 달려 있다. 어린이집이 운영되는 시간에는 해당 골목으로의 차량 출입이 통제되어야 안전을 확보할 수 있는데, 주민들은 불편을 감수해야 한다. 구급차나 소방차 등 응급차량이나 관혼상제를 위한 차량은 통행을 허용하되 일상적 차량 통행을 통제하고, 평상시 주차된 차량은 위치를 이동하여 골목공원을 운영하기 위한 공간을 확보해 주어야 한다. 주민들과 대화하고 설득하는 데 생각보다 오랜 시간이 걸렸다. 골목공원에 대한 기본계획과 시범 골목공원에 대한 세부설계를 마치는 데 거의 1년이 걸렸다. 집집마다 방문하여 세부내용을 설명하고 설득한 끝에 대다수 주민의 동의를 받을 수 있었다. 골목공원의 유지·관리는 가장 가까이에 있는 어린이집에서 담당하기로 하였다.

골목길의 범죄예방을 위한 다양한 노력

좁고 구불구불한 골목길은 행인에 의한 자연감시가 이루어지지 않기 때문에 범죄에 매우 취약하다. 실제로 주거침입 및 절도 범죄의 대부분은 감시 사각지대에 있는 골목 주택에서 발생한다. 전문가들이 외치는 소위 셉티드(CPTED: 환경설계를 통한 범죄예방)이론은 골목길 현장에서는 별 쓸모가 없다. 이 이론에서 주장하는 자연감시를 가능하게 하려면 골목길을 넓히고 곧게 펴야 하는데, 동네 전체를 재개발하기 전에는 그렇게 할 수가 없다. 주민들은 CCTV 설치를 원하지만 몇 가지 조건에 부합해야 정부 예산으로 CCTV를 설치할 수 있다. 그러나 실제로 주민들이 CCTV 설치를 원하는 골목길은 이러한 조건에 맞지 않아 정부 예산을 쓰기 어렵다. 범죄위험이 높은 골목길에 사는 주민들이 십시일반으로 돈을 모아서 CCTV를 설치하면

▲▲ 상도4동 골목길 풍경. 좁은 골목길에는 항상 주차된 차량이 있어 보행에 제한을 받는다.
▲ 재개발의 열풍이 지나간 자리에 소유권 분쟁으로 방치되어 쓰레기가 쌓여 있다.

메시지 조명은 주민들을 격려하는 문구를 넣어 어두운 골목길을 비추는 범죄예방 장치다.

골목계단 영화제는 문화에 대한 욕구를 충족시키면서 주민들간의 교류를 위한 장소로 활용될 수 있다.

되지만 의외로 협조가 잘 이루어지지 않는다.

골목길의 범죄예방을 위한 방안으로 주민들의 토의를 거쳐 CCTV보다 훨씬 저렴하면서도 범죄예방 효과와 홍보 효과를 함께 볼 수 있는 메시지 조명을 설치하기로 했다. 메시지 조명은 어두컴컴한 골목에 조명역할을 하면서도 범죄의욕을 감소시키고 주민들을 격려할 수 있는 문구를 바닥에 비추는 조명을 말한다. 문구는 주민들이 직접 참여하여 아이디어를 내고 토의를 거쳐 선정했다. 이 메시지 조명의 범죄예방 효과는 아직 한두 해 더 기다려서 범죄사건 수를 비교해 봐야 성공 여부를 알 수 있겠지만 주민들에게 주는 심리적 안정 효과는 상당히 컸다.

골목계단 영화 상영으로 이웃관계를 복원하다

산동네이다 보니 골목길 간의 고도차가 커서 높은 계단으로 연결된 골목길이 많이 있다. 나이가 드신 어르신들은 이 계단을 올라가려면 엄두가 나지 않을 정도로 높은 장벽이지만, 이렇게 높은 계단을 쓸모 있게 만드는 아이디어로 제시된 것이 골목계단 영화제였다. 아이들을 키우는 젊은 전업주부들은 문화생활에 대한 욕구는 강하지만 현실적으로 영화 한 편 마음놓고 볼 수가 없다. 그래서 어린이와 어른들이 함께 즐길 수 있는 만화영화를 선택하여 골목계단 아래쪽에 스크린을 설치하고 계단을 관람석 삼아 영화를 상영했다. 동네에 있는 농아학교 학생들도 관람할 수 있도록 배리어프리barrier-free 영화를 선택했다.

반응은 놀라웠다. 그동안 소원하게 지냈던 이웃들이 어린이를 데리고 나와 많은 대화를 나누었고 서로 친해질 수 있는 계기가 되었다. 골목계단이 꽉 찰 정도로 많은 주민이 간식거리를 싸 와서 이웃들과 나눠 먹으며 영화를 감상했다. 문화에 대한 욕구도 해소하고 이웃과의 친교도 다질 수 있는 일석이조의 행사가 된 것이다. 여름밤의 모기떼도 이러한 골목계단 영화 상영의 열기를 막지는 못했다. 이 행사를 확대했으면 좋겠다는

주민 의견이 쇄도하여 아예 골목계단 영화제로 격상시켜 다양한 프로그램으로 여름밤을 뜨겁게 달구려고 하고 있다.

골목 동네의 희망을 쏘아 올리는 실험

우리는 아파트가 단독주택보다 훨씬 인기 있는 시대에 살고 있다. 그러나 아파트보다 단독주택 동네가 훨씬 더 인간미가 있고 이웃관계가 돈독하면서 살맛 나는 동네로 만든다면 이러한 아파트 우월주의의 사고는 바뀔 수 있다. 이웃집에 누가 사는지도 잘 모르는 아파트 문화보다 골목길이 매개가 되어 이웃끼리 어울리고 세대 간의 장벽을 넘어서서 어르신과 어린이들이 함께 '오순도순' 지낼 수 있는 그런 골목동네는 '응답하라 1988' 드라마에서만 볼 수 있는 것일까? 상도4동의 도시재생이 중요한 이유가 바로 그런 드라마를 현실에서 구현하고자 하기 때문이다. 골목동네에 사는 것이 부끄럽지 않고 자랑스럽도록 만들어야 할 책임이 여기에 있다.

전국에는 상도4동과 비슷한 골목 동네가 많이 있다. 상도4동의 도시재생 실험은 우리나라에서 도시재생자원도 거의 없고 오로지 골목길만 있는 그런 동네도 살기 좋은 동네로 재생될 수 있다는 희망을 보여 주는 위대한 실험무대가 될 것이다.

늦은 저녁시간 많은 사람들이 어깨를 스치며 지나가는 리스본의 골목길

친근하고 발랄한 재생의 도시: 리스본

김세훈(서울대학교 환경대학원 부교수)

15-16세기 대항해 시대에 브라질, 앙골라, 모잠비크, 인도 서부와 동티모르를 아우르는 거대한 제국을 건설한 해양강국. 알바로 시자라는 천재 건축가와 루이스 피구나 크리스티아누 호날두 같은 세계적인 축구 스타를 여럿 배출한 나라. 하지만 지난날의 영광을 뒤로한 채 경제 위기 속에서 발버둥치는 EU의 경제 열등생이자 가장 큰 도시 두 곳 모두 빠른 속도의 인구감소를 겪고 있는 곳. 모두 포르투갈에 관한 이야기다.

도시 쇠퇴와 경제불황 속에서도 오늘날 포르투갈의 수도 리스본은 전 세계의 주목을 받고 있다. 영국 일간지 가디언은 〈어떻게 쇠락하던 리스본은 '쿨'한 도시로 거듭났나?〉에서 리스본을 "힙hip하고, 저렴cheap하고, 혁신적인innovative" 도시로 표현했다.

리스본은 전통음악 파두fado가 흘러나오는 로마 시대의 골목과 18세기 이후 조성된 도시 격자가 패치워크처럼 뒤섞인 도시다. 여기에는 질서 있는 혼잡함, 자유분방함 속 통일성이 있어 길을 잃는 경험도 즐겁게 만든다. 서유럽 대도시 어디보다

저렴한 임대료와 물가, 맛있는 음식과 좋은 기후는 유럽과 오늘날 전 세계의 창조적인 사람들을 리스본으로 불러들이고 있다. 덩치는 좀 작지만 영민하고 친절한 리스보아(리스본의 포르투갈어)인들은 유럽에서 제일 쿨한 도시 리스본을 더욱 리스본답게 만들고 있다. 그중에서도 가장 발랄하고 생기 있게 일하는 젊은 사람을 집약적으로 만날 수 있는 곳은 엘엑스 팩토리LX Factory다.

엘엑스 팩토리

엘엑스 팩토리는 복합 업무공간이자 젊은 소비공간, 그리고 문화창작소다. 리스본 도심부에서 타구스 강을 따라 서측으로 가다가 4월 25일 다리와 강변도로가 만나는 지점에 있다. 과거 이곳은 섬유회사와 인쇄소 등이 점유하다 이후 한동안 방치되었다. 2008년 전후로 '메인사이드MainSide'라는 민간회사가 이곳의

포르투갈 리스본에 있는 엘엑스 팩토리. 저렴한 업무 임대공간이자 예술가의 놀이터이자 트렌디한 복합 쇼핑공간이다.

개발과 운영을 맡았고, '코워크리스보아Coworklisboa'라 불리는 단체가 다양한 활동을 주도하면서 그 변화가 시작되었다.

이미 국내에도 널리 알려진 '코워킹 스페이스'는 우리에게 업무용 책상과 랩탑, 커피머신과 한편에 쌓인 종이뭉치를 연상시킨다. 물론 엘엑스 팩토리에도 이런 필수품 정도는 있다. 그럼에도 이곳은 문화의 생산과 소비, 새로운 패션과 라이프스타일에 대한 추구가 코워킹 활동과 함께 정글처럼 생태계를 형성하고 있다. 코워크리스보아의 설립자 페르난도와 아나는 이곳에 대해 "업무만을 위한 공간이 아닌… '터무니없는 생각'들을 수용하는 공간을 추구한다"고 말한다. 엘엑스 팩토리 자체가 도시적 다양성을 흠뻑 머금고 있다. 원한다면 예술가와

수학자가 만나고 전위예술가가 바리스타, 패션디자이너와 교류할 수 있다. 정해진 기간 내 성과를 내야 하는 국내 도시재생사업에서 이러한 터무니없는 생각이 교차하는 공간을 만나긴 쉽지 않다.

필자가 만난 사람 중 어떤 이는 엘엑스 팩토리를 매개로 앞으로 5-6개 직업을 갖기를 꿈꾼다. 다양한 삶의 방식에 노출되고, 차이에 대한 관용의 폭이 큰 사람과 교류하면서 갖게 된 생각이다. 업무, 예술, 교육과 같은 기능을 합목적적 공간으로 만드는 데 익숙한 우리의 눈에는 엘엑스 팩토리는 낯설고 실험적인 공간이다. 저렴한 업무 임대공간인가, 예술가의 놀이터인가, 트렌디한 복합 쇼핑공간인가. 이곳은 기능의 단순 합집

합 이상의 힘을 갖게 되었다.

일하고 싶은 도시, 도시적 삶이 있는 일터

엘엑스 팩토리 입구에 있는 컨테이너형 서가에는 최근 출판된 거의 모든 장르의 잡지가 진열되어 있다. 좀 더 안으로 들어가면 소규모 호스텔이 눈에 띄고, 에그타르트와 바게트를 파는 노천카페는 나무로 된 사과상자를 활용하여 조성되어 있다. 코워킹 건물 저층부에는 이발소, 문신숍, 안경점, 비키니

숍, 사진관 등 각종 생활시설이 즐비해 있고, 그 주변에는 지식산업기업과 공연예술학교가 마주하고 있다. 일하는 곳, 배우는 곳, 거주하는 곳, 소비하는 곳이 서로 격리된 현대 도시에서 좀처럼 접하기 어려운 도시적 생동감이 있다. 이는 고층빌딩과 많은 출퇴근 인구로 인해 느껴지는 고밀도의 북적거림과는 다른 감각이다.

업무시설 내부로 들어가면 좁은 복도를 따라 올록볼록한 창문이 있다. 그 안에는 2-5인 단위의 소규모 기업들이 자리 잡고 있고, 더 들어가면 비교적 대공간의 코워킹 스페이스가 있다. 그 상부는 노출된 단열재로 덮여 있고, 젊은 사람들이 모여

엘엑스 팩토리 안에 있는 서점 레르 데바가르. 주말 오후 아이와 함께 시간을 보내고 싶은 장소다.

▲▲ 타임아웃 마켓. 점심시간에 여는데 개장 후 한 시간도 안 되어 만석이다.
▲ 리스본의 심장 코메르시오 광장을 남측으로 접근하며 바라본 풍경이다.

분주하게 작업을 하고 있다. 기후 특성상 겨울에도 몹시 춥지는 않지만, 과거 단열 없이 비주거용 건물로 만들어진 건물 특성상 최소한의 보온이 요구되었을 것이다. 코워킹 스페이스 입주비용은 한 달에 불과 15만 원 정도다. 현재 100% 입주가 완료되었고, 이 중 30% 정도는 리스본에서 일하고자 이곳을 찾아온 외국인이다.

공간 구석구석은 자유분방한 유머 코드로 가득 차 있다. 레르 데바가르Ler Devagar, 즉 포르투갈어로 '천천히 읽기'라는 근사한 이름을 가진 중규모 서점도 그렇다. 서점 입구에 들어서면 자전거를 타는 어린 왕자가 외줄을 타고 있다. 우리나라 도시재생사업지 안에 이렇게 아늑하고 친근한 서점을 아직 본 적이 없다. 서점에서 나와 가로를 따라 걸으면 두꺼운 공장 벽을 뜯어내고 거칠게 조성한 테라스 정원이 있다. 3층에 있는 카페에는 고급스러운 가구와 함께 팝아트를 연상시키는 액자 그림이 뒤섞여 있다.

타임아웃 마켓

리스본에서 또 하나 지나칠 수 없는 장소가 있다. 바로 타임아웃 마켓Time Out Market이다. 오래된 시장 건물을 개조하여 2014년 개장한 이 공간의 아이디어는 한 지붕 아래에 리스본 최고의 먹거리를 모으자는 것이다. 어찌 생각하면 여느 먹자촌에서나 시도해 보았을 법한 주제지만 흥미롭게도 이 아이디어의 시작은 음식점 운영자들이 아닌, 'Time Out'이라는 거대한 글로벌 미디어 회사가 주도했다. 전 세계 108개 도시에서의 경험을 다양한 매체를 통해 소비자에게 전달하고 큐레이팅하는 것이 이 회사의 비즈니스 모델인데, 음식 먹는 경험은 우리가 도시에서 할 수 있는 최고의 경험 중 하나라는 신념이 이를 가능케 했다.

이 그룹의 리스본 지사(잡지사)에서는 세계 최초로 타임아웃 마켓이라는 개념을 실험했다. 그 개념은 단순하다. 잡지에서 맛집 음식을 평가하고 소개하듯, 기자와 음식 선정단이 도시 곳곳을 다니며 햄버거, 스테이크, 초밥, 핫도그, 볶음밥부터 공연, 꽃집, 청과물 가게를 방문해 그 수준을 평가하고 선정한다. 높은 평가를 받은 곳은 잡지에 소개되고, 그중에서도 최고의 평가를 받게 되면 타임아웃 마켓에 있는 푸드코트와 시장에 입점할 수 있다. 섬세하게 큐레이팅된 햄버거, 큐레이팅된 문어 핫도그를 한곳에서 맛볼 수 있게 하자. 그렇다고 미슐랭 음식점처럼 최고급화를 지향하지 않는다. 입주 전 길거리 음식 수준의 가격을 유지하게끔 하자. 여기서 만날 수 있는 각종 음식과 음료, 채소와 생선은 놀랄 만큼 저렴하고 또 신선하다.

도시재생이 나아갈 길

리스본을 포함하여 경제불황 속에서도 다양한 방식으로 도시재생이 진행 중인 곳을 보면 스스로 묻게 된다. 왜 우리는 경직된 제도 속에서 이렇게 힘겨워할까? 중앙-광역-지자체의 수직적 통합과 의사소통이 어려운데 과연 중간지원조직과 여러 주민의 수평적 통합이 가능할까? 주민 주도라는 이름으로 재생사업지 내 다수의 주민을 꼭 활동가나 마을기업가로 양성해야 할까? 이미 공동체 활동을 하는 다수의 주체와 민간재원을 연계할 수는 없을까?

뚜렷한 지역 자산이나 테마를 발굴하지 않아도 삶의 질이 높고 사랑받는 도시를 만들 수 있다. 우선 일상적이지만 터무니없이 복합적인 도시 활동이 잘 가꾸어진 공간 속에서 이루어지도록 하자. 여기서 도시재생사업의 성과나 목표는 잠시 잊어도 좋다. 이러한 분위기와 활동을 좋아하는 사람이 모이고, 크고 작은 민간사업자와 활동가의 영역을 조금씩 넓힌다. 그리고 이들의 관계망이 조직되어 해당 지역 안팎의 사회적 가치로 선순환이 일어나도록 유도하자. 쉬워 보이지만 체질 개선을 해야 이 길로 나아갈 수 있다.

미국 시카고 Lincoln Hub에 적용된 'Eyes on the street' 프로젝트의 모습이다.
(자세한 설명과 출처는 95쪽)

택티컬 어바니즘: 가로공간의 유연한 활용을 통한 도시재생

김승남(중앙대학교 도시시스템공학전공 조교수)

왜 가로(street)인가?

역사상 가장 위대한 도시학자로 칭송받는 제인 제이콥스는 그녀의 저서 《미국 대도시의 죽음과 삶》에서 "도시를 생각해 보라. 무엇이 떠오르는가? 가로일 것이다. 가로가 흥미로우면 도시 역시 흥미롭고, 가로가 따분하면 도시 역시 따분하다"라는 말을 남겼다.

이처럼 가로는 도시에 있어 가장 중요한 공공장소다. 사람으로 비유하면 외형적으로는 첫인상을 결정하는 얼굴 역할을 하면서도, 기능적으로는 전신에 피를 돌게 하는 혈관 역할을 한다. 여기서 혈액 역할을 하는 것은 사람, 바로 보행자들이다. 보행자들의 이동과 활동으로 가득 찬 가로에는 활력이 생기고, 활력이 살아난 가로는 도시를 살린다. 고 강병기 교수의 책 제목처럼, '걷고 싶은 도시가 곧 살고 싶은 도시'를 만드는 것이다.

도시재생 전략으로서의 가로 활성화

이 때문에 가로 활성화를 통해 도시를 재생하고자 하는 노력이 확산되고 있다. 과거 낙후된 건물과 시설물의 개량을 주요 전략으로 했던 것과 달리, 사람들의 활동의 장이 되는 공공공간, 즉 가로에 초점을 맞추고 있는 것이다. 이는 물리적 재생이 아닌 사회문화적 재생을 위한 움직임으로도 볼 수 있다. 최근의 가로환경 조성정책에는 몇 가지 공통적인 변화가 관측된다. 가로구성을 ① 차량 중심 공간에서 보행자 중심 공간으로, ② 배타적 공간에서 공유공간으로, ③ 통행공간에서 활동공간으로 바꿈으로써 가로 활성화를 도모하는 것이 바로 그것이다. 이러한 변화에 대응하기 위해서는 무엇보다 가로의 유연한 활용이 중요하다. 비가역적·영구적 변화를 전제로 하는 기존의 도시계획 관행으로는 유연한 대응에 한계가 있다.

택티컬 어바니즘

가로의 유연한 활용을 통한 가로 활성화와 도시재생을 가능케 하는 것이 바로 택티컬 어바니즘Tactical Urbanism이다. 'Tactical'이란 단어는 사전적으로 '보다 큰 목적을 달성하기 위한 작은 규모의 행동' 또는 '목적을 성취하기 위한 계획이나 움직임에 있어서의 능숙함'을 뜻한다. 여기에 도시계획 혹은 도시계획 사조思潮로 해석되는 'Urbanism'이란 단어가 합쳐져 '택티컬 어바니즘'이라는 용어가 만들어졌다. 전술적 도시계획이라고 이해해도 큰 무리는 없다. 고비용의 토목공사를 통한 공간 변화가 아닌, 일상적이고 소소한 변화를 통해 커뮤니티를 증진시키고, 활기찬 거리를 만들며, 이웃 간의 교류를 활성화하는 것을 목적으로 한다. 이 개념의 주창자인 마이크 라이든Mike Lydon은 택티컬 어바니즘의 활용방식을 크게 세 가지로 설명하고 있다. 첫째, 변화의 필요성에 대한 시민들의 표현: 시민들이 전통적인 도시설계 프로젝트의 진행 절차를 우회bypass하기 위하여 자발적으로 시행하는 유형으로 시민이 도시에 대해 가지는 권리를 주장하는 방식이다. 예를 들어, 아이들이 많이 다니는 통학로에 횡단보도가 필요한 상황을 가정해 보자. 시민들이 관계기관에 민원을 제기하고, 관계기관에서 횡단보도 설치의 타당성을 분석하고, 공식적인 설계 및 시공절차를 밟는 데에는 많은 비용과 시간이 소요된다. 반면 택티컬 어바니즘 개념에 입각하여 시민들은 이러한 절차를 우회해 스스로 원하는 곳에 횡단보도를 설치한다. 이렇게 만들어진 횡단보도를 해외에서는 'DIY Crosswalk'라고 한다. 물론 국내에서는 도로교통법 위반 행위가 될 수 있다. 둘째, 시민 참여의 도구: 정부, 개발업자, 비영리 단체 등이 프로젝트의 계획, 집행, 개발 과정에서 보다 많은 대중의 참여를 이끌기 위해 활용하는 방식이다. 이는 가장 흔히 볼 수 있는 형태로서 기존의 시민참여 계획과 크게 다르지 않다. 셋째, 시범적용: 정부나 디벨로퍼가 장기적인 투자

택티컬 어바니즘 적용 사례: 자전거도로 설치(출처: PeopleForBikes, 2016)

를 결정하기 이전에 프로젝트의 효과를 사전 검증하기 위해 활용하는 방식이다. 도로 다이어트를 통해 차로를 하나 줄여서 자전거도로를 신설하는 사업추진을 가정해 보자. 기존의 계획 관습으로는 이 작업이 전면적이고, 비가역적으로 추진될 것이다. 그러나 택티컬 어바니즘 계획 방식에서는 새로이 만들어질 가로의 구성을 저렴한 재료를 이용하여 가설물 형태로 구현한 후, 그 효과를 충분히 검증한 후 영구적인 설치를 진행한다.

택티컬 어바니즘 기반의 가로 활성화(도시재생) 사례

택티컬 어바니즘이란 용어가 널리 알려진 것은 2010년 이후이지만, 이 개념에 기초한 다양한 도시정책과 시민들의 활동 전개는 그보다 역사가 깊다. 마이크 라이든이 리더를 맡고 있는 스트리트 플랜 콜라보레이티브Street Plans Collaborative에서는 전 세계에서 진행되고 있는 택티컬 어바니즘 사례를 수집, 정리하여 무료로 배포하고 있다. 여기서는 가로 활성화를 위한 택티컬 어바니즘의 핵심전술인 '도로를 광장으로Pavement to Plazas'와 '도로를 공원으로Pavement to Parks' 전술의 기본개념과 적용사례를 살펴보고자 한다.

'도로를 광장으로'는 활용이 저조한 교차로 주변 우회전 차로와 인근 보행섬을 통합하여 보행광장을 조성하는 전술을 뜻한다. 대체로 우회전 차량이 많지 않아 불법주차 공간으로 이

용되는 한적한 교차로를 대상으로 사업이 추진된다. 미국 LA의 선셋 트라이앵글 플라자가 대표사례다. 이 광장은 기존 도로를 그대로 둔 상태에서 저렴한 페인트를 이용하여 바닥에 무늬를 넣고 화분을 이용해 차량진입을 차단했다. 또한 주기적으로 놀이 프로그램과 농산물 직판장을 운영하여 사람들의 이용을 도모했다. 이 프로젝트에는 기존 사례와는 다른 몇 가지 특징이 있다. 첫째는 이 사업이 1년간 한시적으로 운영되었다는 점이다. 광장 바닥의 패턴은 시간이 지나면 저절로 사라지는 재료로 도포되었고, 농산물 직판장 등의 이벤트도 한시적으로 진행되었다. 가로와 도시를 살리기 위해 반드시 영구적인 변화가 필요한 것은 아니라는 점이 이 프로젝트의 핵심개념 중 하나다. 둘째는 기존 광장 조성사업에 비해 매우 적은 비용이 투입되었다는 점이다. 총 예산은 단 2800만 원에 불과한 것으로 알려졌다. 예산 절감을 위해 기존의 도로포장을 그대로 둔 채 페인트를 도포하는 방법을 택했다. 통상 도로를 광장으로 전환하는 경우 도로를 보도 높이로 맞춰 높인 후 블록 포장을 하게 되는데 이는 많은 비용을 필요로 한다. 마지막 특징은 적은 비용으로 한시적으로 사업이 진행되었음에도 그 효과가 매우 컸다는 점이다. 아주 작은 광장하나로 삭막했던 도시에 새로운 장소와 커뮤니티를 형성시켰다. 이와 같은 '장기적인 변화를 위한 단기적인 행동short-term action for long-term change'이 바로 택티컬 어바니즘의 지향점이다.

'도로를 공원으로'는 도로를 광장이 아닌 공원으로 전환하는

광장 개선 전과 후(출처: https://inhabitat.com/sunset-triangle-plaza-las-first-pedestrian-plaza-conversion-is-now-open/)

옥타비아 불러버드 주변의 다양한 형태의 파클렛 사례. 기본적으로 차량으로부터 안전을 보장하는 형태로 설계되어 있으며, 벤치와 테이블을 제공하고 있다. 모두 주차공간의 일부를 할애해서 만들어진 공간이다.

파웰 스트리트 산책로. 항상 관광객으로 붐비는 가로에서 차도를 하나 줄여 그 공간을 보행자 통행과 휴식을 위한 공간으로 조성했다.

개념이다. 앞의 전술tactic과는 달리 주로 가로변 노상주차 공간을 이용하여 임시 휴게공간을 제공한다. 노상주차 구획 2-3면 정도의 공간을 이용해 아주 작은 규모의 공원을 제공하게 되는데, 이는 차량을 위해 만들어진 공간을 사람에게 돌려준다는 상징적인 의미가 있다. 이 전술은 '파클렛Parklet'이라는 이름으로 불리며 최근 전 세계적으로 확산되고 있는데, 〈2017 서울시 가로 설계·관리 매뉴얼〉에도 이 개념이 포함되었다. 가장 선도적으로 이 개념을 적용하고 있는 도시는 미국 샌프란시스코다. 이 도시에서는 파클렛 설치 및 운영을 위한 매뉴얼을 만들었는데, 주요 내용은 다음과 같다. 우선, 파클렛을 설치하고자 할 경우 인접 상점에서 시 도시계획국에 신청서류를 제출한다. 시에서는 차량통행량, 보행량, 노상주차 이용률, 가로 활성화의 필요성 등을 고려하여 허가 여부를 결정하고, 허가 시 설치 및 사후관리 가이드라인을 상점에 제공한다. 사업 예산은 인접한 상점에서 지불하지만, 이를 통해 조성된 공간은 공공공간으로서 인접한 상점이 점유할 수 없다. 즉, 음식점이나 커피숍의 경우에도 이 공간을 직접 주문을 받거나 음식을 서빙하는 등의 영업공간으로 활용할 수 없다. 다만, 시민이 직접 매장에 들어가 포장해 나온 음식은 취식할 수 있도록 허용하였다. 가로 활성화와 지역상권 재생이라는 두 마리 토끼를 모두 잡기 위한 전술로 볼 수 있다.

맺음말

이처럼 택티컬 어바니즘 기반의 가로 활성화 사업들은 적은 비용과 시간 투자로 보다 크고 장기적인 변화를 추구한다. 때문에 단순한 물리적 개선이 아닌 완전한 사회경제적 회생을 도모하는 도시재생사업과 결을 같이 한다. 실제로 최근 서울시를 중심으로 확산되고 있는 보행자 우선도로 사업이나 도로 다이어트 사업 역시 단기적인 목표는 가로환경 개선 혹은 가로 활성화에 두고 있으나 궁극적으로는 도시재생이라고 하는 보다

큰 목표를 달성하는 데 적합한 소규모의 전술들이다. 그러나 아직까지 이러한 가로개선사업들이 택티컬 어바니즘이라는 새로운 계획 방식에 대한 고려 없이 추진되고 있는 점은 아쉬운 대목이다. 또한 이 개념이 우리 도시에 적용되기 위해서는 관계 법률을 재정비해야하는 등 넘어야할 산이 많다.

〈참고문헌〉
김승남, 2015, "보행친화도시 조성 정책 현황", 「건축과 도시공간」, 18권.
김승남, 오성훈, 박성남, 2016, 행정중심복합도시 보행환경 진단 및 향후 조성방향 제안, 건축도시공간연구소.
서울특별시, 2017, 2017 서울시 가로 설계·관리 매뉴얼.
손동필, 고영호, 윤주선, 2017, 택티컬 어바니즘 기반의 가로활성화 방안 연구, 건축도시공간연구소.
Mike Lydon, 2015, Tactical Urbanism: Short-term Action for Long-term Change.
PeopleForBikes, 2016, QUICK BUILDS FOR BETTER STREETS: A NEW PROJECT DELIVERY MODEL FOR U.S. CITIES.
https://www.buildinggreen.com/blog/urbanist-manifesto-grab-your-spray-paint-cause-city-plannings-going-diy
https://www.buildinggreen.com/blog/urbanist-manifesto-grab-your-spray-paint-cause-city-plannings-going-diy
https://inhabitat.com/sunset-triangle-plaza-las-first-pedestrian-plaza-conversion-is-now-open/

90쪽 사진 추가설명: 교차로 주변 보도를 확장(curb extension)하기에 앞서 일시적 적용을 통해 그 효과를 사전에 검증하기 위해 시행된 택티컬 어바니즘 프로젝트다. 보도를 실제로 확장한 것은 아니나, 교차로의 각 코너에 물방울무늬의 페인팅, 화분, 동그란 벤치, 카페 테이블과 의자를 배치하여 보도 확장과 유사한 기능을 연출하였다. 사업 후 실제 보도 확장과 유사한 보행자공간 확보, 운전자의 교차로 시인성 향상, 횡단거리 축소, 잉여 차로의 주차공간화 등의 효과가 확인되었다. 저비용의 일상적인 변화를 통해 높은 효과를 달성하였으며, 주민의 참여로 인해 커뮤니티 의식 또한 증대되었다.(출처: https://chicagocompletestreets.org/streets/mwfp/peoplestreets/)

오노미치 시가지 전경

빈집 재생,
동네를 바꾸다

김홍기(동명대학교 건축학과 교수)

인구가 감소하고 있다.

빈집이 증가하고 있다.

도시가 비워지고 있다.

자동차 사회의 발달로 도시가 외곽으로 확장되면서 인구가 신도시로 유출되고, 이로 인해 원도심은 빈집이 증가하고 공동화 현상이 나타나고 있다. 저출생, 고령화, 저성장 시대에 직면하면서 빈집은 급속하게 증가하고 있다. 빈집문제를 해결하기 위해서는 과거의 재건축, 재개발, 뉴타운 같은 개발이익 위주 사업에서 벗어나 빈집이 방치되고 버려진 공간이 아니라 지역자산이 될 수 있고 빈집 재생으로 주거문제와 일자리 문제를 해결할 수 있으며 더 나아가 지역 활성화에 기여할 수 있다는 인식의 전환이 필요하다.

최근 일본에서 빈집 재생에 의한 지역 활성화로 주목받고 있는 지역이 있다. 세토 내해를 바라보는 급경사지에 좁은 골목길과 비탈길, 역사적 건축물과 오래된 집들이 즐비한 인구 약 13만 5000명의 히로시마 현広島県 오노미치 시尾道市가 바로 그곳이다.

오노미치는 다른 중소도시와 마찬가지로 저출생·고령화와 대도시로의 인구 유출로 인해 인구감소와 빈집이 급속히 증가하였다. 특히, 자동차가 들어갈 수 없는 경사지 지역은 조망이 좋고 역세권임에도 불구하고 빈집이 증가하였으며, 노후화가 진행되었지만 신축이 불가능하고 빈집 관리가 제대로 이루어지지 않아 폐허 혹은 해체 위기에 직면하고 있다. 이러한 해체 위기에 놓인 빈집 재생을 목적으로 'NPO 오노미치 빈집재생 프로젝트'가 중심이 되어 도시재생을 추진하고 있으며, 민간 주도에서 이후 행정이 협력하여 빈집 재생에 성공한 보기 드문 사례로 주목받고 있다.

민간비영리단체에 의한 재생 매니지먼트

오노미치는 도시재생에 있어서 민간비영리단체NPO: Non-Profit

◀ 빈집을 재생한 아나고 게스트하우스 내 카페에서의
NPO 오노미치 빈집재생 프로젝트 설명회
▼◀ 빈집을 재생한 가우디 하우스
▼▶ 빈집을 재생한 아나고 게스트하우스

Organization의 역할이 얼마나 중요한지를 보여 준다. 'NPO 오노미치 빈집재생 프로젝트'는 경사지의 빈집 재생을 목적으로 2008년에 설립되었다. 이 프로젝트의 특징은 빈집과 이주희망자를 연결해 주고 이주와 빈집 재생을 함께 지원하는 것이다. 즉, 빈집이 문제가 되는 지역은 당연히 인구감소 문제가 있는 지역으로 빈집을 재생하는 것뿐만이 아니라, 빈집에 거주할 사람이 필요하게 된다. 따라서 이주를 통해 이것을 가능하게 한 것이 이 프로젝트의 특징이다.

행정에서 하고 있는 빈집과 이주자 연결 시스템인 '빈집뱅크'를 프로젝트가 위탁·운영하면서 행정만으로는 할 수 없는 부분을 지원하는 등 민간비영리단체는 빈집 활용의 플랫폼 역할을 한다. 단순히 빈집에 대한 정보를 주는 것에 그치지 않고 빈집 재생에 대한 노하우를 제공하거나, 프로젝트에서 하고 있는 다양한 이벤트를 통해 이주희망자들이 지역생활이나 빈집 상황에 대해 있는 그대로 이해할 수 있도록 돕는 역할을 한다. 또한 이주가 결정이 되면 이사나 수리도 돕는다고 한다.

빈집 재생이 단순히 건물을 재생하는 것에 그치지 않고 재생 과정을 함께 공유함으로써 사람과 사람 사이를 이어 주고 기존 거주자와 이주자, 고령자와 젊은이가 일상생활 속에서 서로 도와 가며 생활할 수 있는 환경을 만드는 데 기여하고 있다.

이러한 활동을 통해 많은 이주자들이 오노미치에서 거주하기 시작했으며, 프로젝트 관계자는 현재 빈집은 거의 없으며 전국에서 약 800명 정도의 이주희망자가 대기 중이라고 한다.

거주자 스스로 수리에 의한 생활공간 개선

오노미치 경사지 지역은 자동차가 들어갈 수 없는 좁은 골목길과 절벽에 집이 들어서 있는 입지상의 문제로 신축에 의한 환경개선이 어려운 실정이다. 최근 젊은층이 이 지역으로 이주해 오면서 정부 지원에 의존하지 않고 스스로 건물을 수리해서 사용하는 사례가 생기고 있다.

욕실이 없고 공동화장실로 되어 있는 오래된 목조 아파트를 창업지원시설로 재생하였다. 10개의 방은 공방, 아틀리에, 카페, 갤러리 등 주거 이외의 용도로 활용하면서 입주자가 자유롭게 공간을 만들고 중정에서 다 함께 사용하는 의자는 폐자재를 활용하여 입주자들이 함께 만들어 사용하고 있다.

경사지 지역에는 건축법상 건물을 신축할 수 없어 빈터로 남아 있는 곳도 있다. 빈터는 관리가 제대로 이루어지지 않아 잡초가 무성하고 쓰레기가 쌓여 있다. 이렇게 방치된 빈터를 소유자의 동의를 얻어 거주자들이 스스로 잡초를 제거하고 쓰레기를 청소하여 작은 동네정원을 만들었다. 아직 구체적인 활용방법은 고민 중에 있다고 하지만 가족들 혹은 동네 사람들과 피크닉을 즐기는 공간으로 활용되고 있다. 자동차가 다닐 수 없어서 불편하다고 생각했던 공간이 아이들이 뛰어놀기에 가장 안전한 공간이 된 것이다.

정부 지원만으로 이루어진 도시재생은 지속가능성이 낮음을 보여 주는 사례는 많이 볼 수 있다. 오노미치는 빈집 재생에 정부의 보조금 지원제도를 활용하여 수리하는 경우도 있지만, 정부 지원에 의존하지 않고 주민 스스로 빈집을 수리하고 빈터를 정비하여 생활공간을 개선함으로써 다양한 공간이 모여 있는 매력 있는 지역 환경을 만들어 가고 있다.

빈집 재생 패키지 지원

'NPO 오노미치 빈집재생 프로젝트'에서는 빈집 재생을 위해 다양한 지원을 하고 있다. 건축가나 목수 등 전문가의 도움을 받아 빈집 조사, 빈집 활용방법의 기획이나 제안에서 디자인 그리고 시공에 이르기까지 모든 과정을 프로젝트 멤버들이 주도한다. 이러한 과정에 일반시민들이 참가할 수 있는 이벤트나 워크숍 등도 실시하고 있다. 다양한 게스트를 초빙하여 빈집에 대한 정보교환이나 활용방법을 제안하는 빈집 간담회, 빈집 투어, 실제로 빈집을 수리하는 오노미치 건축학교, 빈집문

작은 빵가게

빈집 재생, 동네를 바꾸다

오노미치는 빈집 재생에 의해 이주자가 증가하고 젊은층이 증가하고 관광객도 증가하고 있다. 이를 통해 새로운 문화를 만들고 네트워크, 커뮤니티가 재구축되고 있다. 빈집 재생 초기에는 해체 위기에 놓인 빈집을 재생하고 새로운 거주자를 찾기 위해 노력하여 성과를 거두었다. 현재는 빈집 재생에 젊은이들이 적극적으로 참여하면서 어느 정도 수입을 창출할 수 있는 환경을 만들기 위해 노력하고 있다. 이주민의 정주 촉진을 위해서는 이 지역에서 살고 싶어 하는 젊은이들이 활약할 수 있는 동네를 만들어 가는 것이 필요하기 때문이다.

오노미치의 경사지 지역은 자동차가 들어가지 못하고 수세식 화장실도 많지 않은 생활하기 불편한 곳이지만 이주자들이 점점 증가하는 것은 이러한 불편함보다 더 가치 있는 무엇인가가 이 지역에는 존재한다는 것이다. 이곳에 이주해 오는 사람들은 대도시에서 느끼지 못했던 거주자들이 서로 도와 가며 살아가는 사람 사는 느낌이 드는 동네를 그리워했는지도 모른다. 이주자들은 건축학교나 워크숍에서 배웠던 기술을 거꾸로 빈집 재생을 돕거나 이주자 혹은 빈집뱅크를 통해 빈집을 임대한 사람들이 이주 이후에 빈집 재생에 참여하는 등 이주자와 기존 거주자가 함께 재생에 참여함으로써 자연스럽게 친해지고 매일 얼굴을 마주치는 사람과 사람들의 소통이 동네에 새로운 문화를 창출하고 있다.

아무리 아름다운 경관이 있고 훌륭한 집이 있어도 그곳에 사람이 없으면 매력 있는 동네라고 할 수 없을 것이다. 오노미치는 빈집 재생을 통해 작은 도시이지만 개성 있는 상점이나 새롭게 창업하는 젊은이들이 활약할 수 있는 동네로 바뀌고 있다.

제를 테마로 하는 학생들의 마을만들기 발표회, 빈집에서 나오는 물건들을 대상으로 자선 벼룩시장 등을 운영하고 있으며 관심 있는 사람이면 누구라도 참여할 수 있다.

이 지역은 자동차가 들어갈 수 없기 때문에 빈집에 있는 물건을 버리는 것도 주인 혼자만으로는 한계가 있어 임대를 포기한 사람이 많았다고 한다. 이러한 문제를 해결하기 위해 젊은이, 프리랜서, 주부 등을 대상으로 빈집 재생을 돕는 정리정돈팀을 만들었다. 정리정돈팀은 무상으로 돕는 것이 아니라 아르바이트비를 받고 시간이 있을 때 참여하며, 트럭이나 폐기물 처리비용은 실비로 의뢰인에게 청구하는 방법으로 운영된다. 실제 폐기물 업체에 부탁하는 비용의 3분의 1정도면 해결이 가능하다. 또한 빈집 재생에 필요한 노하우를 제공하고 수리도구를 빌려 주는 등 모든 과정의 세세한 부분까지 패키지로 지원하는 구조를 만들었다. 이러한 빈집 재생 패키지 지원구조가 빈집 재생을 가능하게 하고 있다고 생각한다.

카페로 되살린 강화도의 옛 조양방직 공장

유휴공간을 적극 활용하는 중심지 도시재생

나인수(인천대학교 도시건축학부 교수)

오고 가는 사람들의 마음을 설레게 하고 부두에 꿈을 두고 간다는 노랫말로 널리 알려진 연안부두는 인천을 대표하는 항구 중 하나다. 국제여객터미널, 세월호의 아픔을 간직한 인천항 연안여객터미널, 수도권의 주요 에너지자원의 수급을 책임졌던 석탄부두와 LNG가스기지, 지금도 지역주민들에게 사랑받고 있는 종합어시장에 이르기까지 연안부두는 내항만큼이나 인천의 발전사에 있어 큰 역할을 담당해 왔던 전초기지였다. 그러던 중 인천의 항구기능을 대대적으로 송도 신항으로 이전하기로 하면서 중국을 비롯해 전 세계로 사람들과 물자를 실어나르던 연안부두의 국제여객터미널도 송도로 이전하게 되었고, 그렇지 않아도 기울어 가던 항구는 더 힘을 잃었다.

이러한 연안부두의 쇠퇴를 마주하며, 인천시는 여러 가지 고민들을 해 왔고, 2016년에는 법정계획인 인천도시재생전략계획을 통해 연안부두 일원을 도시재생 활성화지역으로 선정하였다. 특히 그 역할과 위상을 감안해 제물포, 부평, 송림동과 함께 중심지형 도시재생사업을 추진하기로 하였다. 인천의

경우 행정구역 내 131개 읍면동 중에 63.4%에 해당하는 83개동이 쇠퇴지역으로 파악되었고, 전체 인구의 절반이 넘는 인구가 쇠퇴지역에 거주하는 것으로 파악되고 있다. 이에 따라 인천시는 주민과 함께 하는 '삶터 재생', 경제기반 구축을 통한 '일터 재생', 지역자원을 활용한 '쉼터 재생', 지역역량 강화를 통한 '공동체 재생'을 비전으로 제시한 바 있다. 이에 따라 총 열두 개의 도시재생 활성화지역을 선정하였고, 그중 경제기반형이 한 개소(개항창조도시), 근린재생 중심시가지형이 네 개소(연안부두, 제물포, 부평역, 송림오거리), 그 외 근린재생 일반형이 일곱 개소(신흥동, 강화군 교동 외)다.

특히 연안부두와 같이 기존에 지역경제를 견인해 왔으나 쇠퇴한 지역들을 중심시가지형 도시재생 활성화지역으로 선정함으로써, 고용을 창출하고 친수공간을 되살리려는 노력을 기하고 있다. 중심지형 도시재생은 종래 기성 시가지에서 중심적인 상업이나 산업기능을 담당했던 지역이 쇠퇴하게 되자 이를 다시 위상에 걸맞게 끌어올리자는 것으로, 특히 해당 지역이 지

인천의 도시재생 활성화지역(총 열두 개소)(인천광역시 제공)

니고 있던 특성들을 다시 회복하는 것이 주요 목적이다.

현재 연안부두 일대는 현재 도시재생 활성화계획을 수립 중이며, 그 간 주민을 대상으로 하는 도시재생대학을 운영하고 주민협의체 구성을 추진하고 있다. 연안부두 도시재생의 주요 이슈들을 언급하면 다음과 같다. 첫째, 주거와 공업, 상업 등 도시의 여러 활동들이 다소 정리되지 않은 채 혼재되어 있다. 둘째, 공장이나 창고 등 기존에 산업기능을 담당했던 많은 시설들이 쓰이지 않고 방치되어 있다. 셋째, 바다에 접하고 있으나 항구 접안시설, 송유관 등 실제 접근 가능한 수변공간이 매우 협소하다. 넷째, 상가나 공장을 운영하는 사람들과 거주하는 사람들을 비롯해 많은 사람들이 오가고 있으나 아직까지 이 지역의 미래에 대한 고민과 참여는 부족하다.

금번에는 연안부두 일원의 도시재생에 참여하면서 느낀 점을 토대로 중심지형 도시재생의 몇 가지 방향을 제안하고자 한다.

먼저, 미래의 새로운 공간과 활동을 창출하기 위한 산업 및 상업생태계의 조성이 필요하다. 이미 쇠퇴를 겪고 침체되어 있는 지역에 새로운 바람을 불어넣기란 여간 힘든 일이 아니다. 따라서 과거에 지역을 이끌었던 기간산업과 현재도 명맥을 잇고 있는 특화산업들을 면밀하게 검토하여 무엇이 이 지역을 살릴 수 있는지를 고민해 봐야 한다. 특히 이미 쇠퇴를 겪고 있는 곳에서 예전과 같은 방법으로 산업이나 상업을 살리기는 매우 어렵다. 이미 쇠퇴한 곳들은 저마다 쇠퇴한 사연들을 가지고 있기 때문이다. 이러한 상황에서 산업 및 상업생태계의 복원은 사회적 경제에서 해법을 도모해 볼 수 있다. 지역에 입지한 기업이 지역민을 고용하고, 수익의 일부를 지역에 환원함으로써 얻어지는 가치는 단순히 금전적인 것만이 아니다. 희망을 잃거나 실의에 빠져 있는 지역민들에게 신뢰의 사슬을 복원시켜 주고, 서로 간에 희망을 품게 만드는 것, 이것이야말로 사회적 경제가 지니고 있는 참다운 경쟁력이라 할 수 있다.

다음으로는, 중심지 도시재생의 기반을 튼튼하게 만들어 주는 것은 유휴공간 재생을 통한 지역재생이다. 유휴공간遊休空間이란 말 그대로 놀거나 쉬고 있는 공간으로, 산업이나 상업이 쇠퇴한 지역에서는 가장 두드러지게 발견되는 것이 바로 공가나 폐가, 나대지와 같은 유휴공간이다. 종래에는 유휴공간이 곧 그 지역 쇠퇴의 상징이고, 쇠퇴를 가속화하는 장소들이었다고 한다면, 도시재생에서는 이 유휴공간이야말로 소중한 흙 속의 진주들이다. 경우에 따라 값싸게 활용이 가능할 수도 있고, 도시 내에 활력을 불어넣어 줄 수 있는 크거나 아기자기한 공간들을 새로 이식할 수 있는 기회의 장이다. 특히 연안부두와 같이 바다에 인접하여 많은 유휴공간이 분포해 있는 지역의 경우 수변공간과 연계한 워터프런트 도시재생에 이러한 유휴공간이 큰 역할을 할 수 있다.

마지막으로 중심지형 도시재생에서도 근린형 도시재생과 마찬가지로 주민참여는 여전히 필요하다. 다만 그 방향이 더

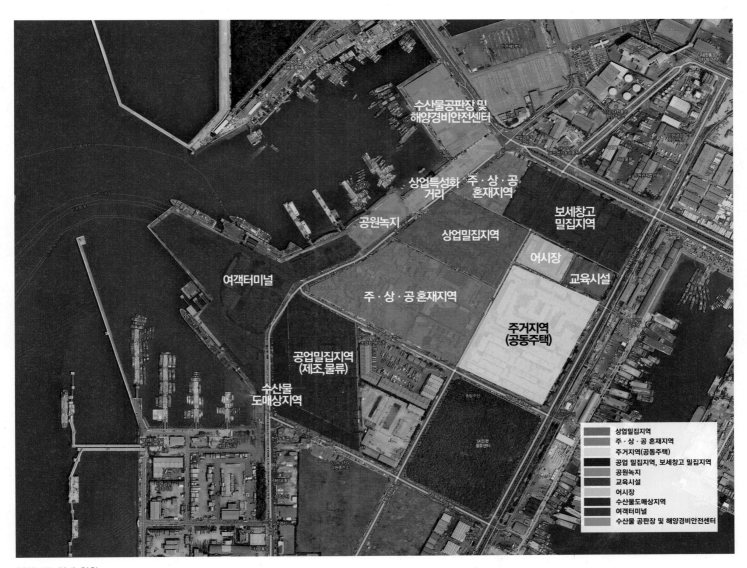

연안부두 일대 현황

연안부두 내에 버려져 있는 유휴공간들

욱 중요하다. 근린형 도시재생의 주민참여가 무엇보다 커뮤니티의 회복을 목표로 한다면, 중심지형 도시재생에서는 미래의 도시환경에 대한 주민들의 비전과 일거리에 대한 주민들의 중지를 모아야 한다. 한때는 잘나갔던 시장이나 상점들이 문을 닫고, 많은 사람들이 일하던 일터들이 사라져도 주민까지 떠나게 해서는 안 된다. 변화된 산업 및 상업 환경에 맞추어 새로운 공간과 활동들을 만들어 낼 수 있도록 주민들의 협력이 절실하다. 특히 사회적 경제가 작동할 수 있도록 사회적 기업, 협동조합, 마을기업에 참여하고자 하는 활동가들에게 적합한 교육들이 이루어지고 지역주민과 교류의 기회가 충분할수록 이해관계자들의 역량은 증진된다.

도시재생은 종래 우리가 40여 년간 실행해 왔던 재개발을 반성하면서 새롭게 진행하고 있는 시도다. 많은 사람들에게 집과 일터를 마련해 주고, 재산 형성에도 기여해 왔던 재개발이지만, 다른 한편으로는 세입자나 영세 소유주들을 강제로 퇴거시키고, 우리의 추억과 흔적이 남은 도시의 풍경을 말소했던 재개발이기에 도시재생은 지역주민들이 합의를 통해 직접 우리가 원하는 도시의 모습을 관리해 나가자는 것이 그 출발인 것이다. 그러나 다른 한편으로는 짧게는 5년, 길게는 10년간 추진해 온 우리의 도시재생이 과연 그러한 주민참여와 지속가능한 도시를 만들고 있는지에 대해서는 의구심이 드는 것도 사실이다. 정부 예산에 대한 과도한 기대, 4년 또는 임기 내 성과 달성을 위한 성급한 사업 추진, 지역 간 정치적 안배나 지나친 경쟁구도로 때로는 모두에게 실이 되는 비제로섬 게임, 한 번 오고 마는 관광상품의 개발이나 여기저기서 차용하는 베끼기식 또는 짜깁기식 프로그램의 양산, 보여 주기식 벽화그리기로 지역주민들이 나서서 스스로 훼손하는 등, 이러한 것들은 이미 우리의 재생현장에서 드러나고 있는 현상들이다.

특히 중심지형 재생은 삶터와 일터라는 두 마리 토끼를 잡아야 하는 대의와 숙명을 지니고 있다. 그 만큼 성공하기 위해서 난항도 많을 것이라 예상되고, 오랜 시일이 걸릴 수밖에 없다. 아직 갈 길이 멀고, 이제 시작이다. 도시재생이 진정 다시 살리기가 되기 위해서는 급하게 가서는 안 된다. 특히 얼마 전 평창에서 함께 보았던 것처럼 모든 도시들이 트랙을 경주하는 개인 기록 경기가 아니라 팀추월이나 계주처럼 서로 밀어 주고 이어주고 끝까지 함께하는 동반자가 되기를 바라본다.

제 3 장

문화경제기반 창의융합 도시재생

지역 자산을 활용한 창조적 접근과 지역 문화를 바탕으로 한 경제 활성화 및 원도심 기능 회복의 중요성을 강조한다. 아울러 지식 클러스터와 같은 창조 환경을 조성한 창업 및 일자리 창출과, 스마트시티와 같은 신기술과의 융합을 통한 미래지향적인 도시재생을 담고 있다.

다시-세운 세운상가와 경의선 숲길의 변화된 모습

문화가 바꾸는 도시공간 재생

이희정(서울시립대학교 도시공학과 교수)

과거 수십 년간의 도시 성장과 개발을 통해 우리는 지난 시대의 많은 것들을 낡고 쓸모없다고 철거해 버리고 끊임없이 새로운 무언가를 건설해 왔다. 그 결과 도시의 옛 건축물과 공간들뿐만 아니라 그 속에 함께 존재했던 특유의 사람들과 풍습, 일상적 추억이 아로새겨진 도시 가로의 공간들과 같은 인적·물적 자산 그리고 사회적 네트워크까지 상실해 버리게 되었다.

미래의 도시는 현재의 도시에 그 뿌리를 두고 있다고 할 수 있다. 즉, 도시의 미래와 현재는 지난 도시의 역사와 함께 고려되어야 할 필요가 있다는 것을 암시하고 있다. 우리는 현재 또다시 커다란 새로운 도시의 변화에 직면해 있다. 산업화 도시에서 탈산업화 도시, 나아가 정보화와 지식중심의 도시로의 새로운 변화를 준비하고 있다. 최근 다양한 관점에서 논의되고 있는 도시재생도 이러한 흐름의 하나라고 할 수 있다.

과거 한때 기존의 낡은 건축물의 개조 또는 신축이 새로운 삶을 가져다 줄 것이라는 희망을 가졌던 시절이 있었다. 그러나 현재는 사회적 수요의 감소, 저성장 시대로의 전환 그리고 무엇보다도 개발 시대에 느꼈던 다수의 박탈과 경제적 불평등에 대한 사회적 인식이 이와 같은 희망을 기대하기 어렵게 하고 있다.

하지만 노후화된 시가지와 오래되고 침체된 산업지대, 효용을 다한 철도부지와 고가도로 등 각종 산업사회의 유산들은 우리 도시 곳곳에서 사회적·환경적 문제와 함께 일상생활의 안전에 이르기까지 커다란 위협을 던져 주고 있다.

최근 이와 같이 오래되고 침체된 산업지대를 활기찬 문화공간으로 개조하는, 소위 문화를 결합한 도시 공간의 재생이 새로운 대안으로 제기되고 있다. 즉, 전통적인 제조업이 줄어든 만큼 문화산업이 이를 대체할 수 있다는 것이다. 또한 각종 산업 인프라는 문화 인프라로 재탄생함으로써 근대에서 탈근대로 도시 공간을 변화시킨 것과 같이, 새로운 미래 도시 공간으로서의 변화를 이끌어 낼 수 있다는 것이다.

이러한 대표적인 사례로 많이 이야기되는 것으로 뉴욕 맨해튼의 오래된 고가철길을 지역의 커뮤니티 공원으로 변화시킨

캐나다 그랜빌 아일랜드 문화예술공간 프로젝트

뉴욕 맨해튼 하이라인 공원 프로젝트

하이라인High Line 프로젝트와 캐나다 밴쿠버의 오래된 공장지대를 문화예술공간으로 변화시킨 그랜빌 아일랜드Granville Island 프로젝트를 들 수 있다.

문화를 활용한 도시재생은 사회적 자본과 사회적 가치에 바탕을 둔 독특하고, 지역적이며, 일상과 관련된 버려진 사물이나 공간을 다시 만드는 계획의 방법을 통해 이루어질 수 있다. 사회적 자본은 상호 간의 관계가 거의 일상화되어 있는 네트워크로 연결된 총합으로서 다양함에 바탕한 커뮤니티의 정체성과 비전이라고 정의하고, 이러한 유산을 보존, 조화, 변화시켜 나가는 사회적 관계 속에서 지역특성이 발현되며, 사회적 가치가 증진될 수 있다고 제인 제이콥스는 말하고 있다.

오래된 건축물이나 구조물과 같은 공간은 커뮤니티의 축적된 기억을 보전하며, 재미, 문화, 쇼핑을 위해 다른 곳으로 가려는 사람들을 끌어들여 커뮤니티의 후원자로 만들 수 있다. 이를 위해서는 낡은 건축물이나 구조물을 새롭고 독특한 아이디어로 이를 변화시킴으로써 장소에 대한 애착을 이끌어내면 이는 문화와 접목된 지역민의 자아 정체감과 자존감을 고양시킴으로써 사회적 가치로 승화될 수 있다는 것이다.

전 세계적으로 버려진 산업부지와 특정 구역의 이전적지 등을 활용한 공간과 건물의 재활용 사례는 매우 다양하다고 할 수 있다. 지난 산업시대의 버려진 구조물과 공간들을 유지하고 전환하는 것은 현재와 미래에 필요한 공간을 마련함과 동시

유럽의 산업시설을 이용한 문화공간 재생사례

에 역사와 환경에 관련된 독특한 장소성과 특징을 도시성과 정체성으로 재구성함으로써 커다란 잠재력을 가진 새로운 도시를 창조해 내는 것이다.

최근 우리나라의 경우도 준공업시설이 밀집한 영등포구 문래동 일대와 성동구 성수동 일대 그리고 창동지역 등에서 공장 이전적지 등을 활용한 문화창작촌이나 문화예술공간사업 등 창조적 방법으로 산업유산을 재사용하는 노력이 활발하게 진행되고 있다.

이는 우리나라에 있어서도 창의적 계층의 등장과 여가 소비에 바탕한 문화생산에 대한 수요가 나타나고 있다는 것을 의미하고 있다. 그리고 이러한 집단은 다양한 형태의 산업구조를

보존하거나 재생하는 것을 지지하고 있다. 이들은 큰 산업창고들이 혼재된 거주지에서 예술가들의 창작소, 갤러리 그리고 상업, 여가활동과 소비자의 수요에 대응한 다양한 상품들의 개발 등과 연계된 새로운 도시 공간의 허브를 탄생시키고 있다.

이와 같은 창조적인 생산과 소비를 위한 산업유산의 재사용은 점점 더 미래 도시의 개발에 있어 중요한 요인으로서 지지받을 것으로 생각된다. 이러한 문화 정체성과 압축된 시간의 틀을 새로운 공간으로 활용하는 방식은 전례가 없는 새로운 형식으로의 도시재생 가능성을 제시하고 있다. 이와 함께 이들의 제안은 미래 도시의 환경적·사회적 공유 도시로서의 가치 증진과 회복 탄력성을 고양시키기 위한 다양한 기회를 제공해

서울시 문래동, 성수동, 창동 일대의 문화공간 재생사례

줄 것으로 판단된다.

다만 이와 같은 전 산업지역이었던 공간의 활용이나 산업 인프라 시설의 입체적이고 복합적인 공간 이용에 있어서 지나치게 개발 위주의 발전과 건축을 서두르는 것은 그 장소만의 특별함을 해치거나 역사적 흔적이 가진 가치를 훼손하는 불행한 일이 될 수 있다. 이러한 공간은 기본적으로 공적 영역으로서의 공간이자, 일상생활로서의 사회적 상호작용이 일어나는 궁극적인 장소의 정체성으로 정의되어야 한다.

또한 지역 주민들과 함께 미래의 바람직한 발전의 비전을 공유하는 가운데 새로움과 독특한 도시 형태로서 진화할 수 있는 시민의 공공영역으로서의 도시 공공공간이 될 수 있도록 계획적이고 의미론적인 도시재생의 공간으로 조성될 수 있도록 다같이 노력하여야 할 것이다.

스테이블스 마켓의 동으로 만든 말 동상

지역 문화유산으로 경제 활성화를 이루다: 런던 캠든타운 도시재생

정재용(홍익대학교 건축대학 건축학부 교수)

19세기 이전부터 산업화를 주도한 영국에서 도시재생 개념은 1980년대부터 등장하기 시작하였다. 런던뿐만 아니라 영국 다수의 대도시들은 탈산업화로 인해 도시 쇠퇴가 큰 문제로 등장하였다. 영국정부의 지원과 지시에 따라 지방정부들은 도시의 경제와 사회기반을 다시 회생시키려는 노력을 기울이기 시작하였다. 지난 30년 이상 여러 재개발 방식을 경험한 영국에서는 물리적 재개발로는 도시재생이 어렵다는 것을 깨달았기 때문이다. 특히, 사회적 여건이 열악한 곳에 아무리 물리적 환경을 좋게 한들 기업과 주민들이 도시 외곽 또는 다른 도시로 떠나면 그 도시의 지속가능성은 불가능하다는 것을 경험으로 알게 되었다. 영국 대도시들의 도시재생 전략은 경제회생에 중심을 두고 있다. 물리적 도시재생 프로그램은 경제재생 전략의 일환으로 전개됐다. 런던 독랜드 도시재생London Dockland Urban Regeneration, 리버풀 알버트 독Albert Dock, 뉴캐슬-게이츠헤드 키사이드Newcastle-Gateshead Keyside 등 도시재생 사례들은 우리들에게 많이 소개되어 있다. 우리에게 주로 알려진 것은 물리적인 결과

물 중심의 내용이다. 그러나 이것은 빙산의 일부다. 영국의 성공적인 도시재생에는 지역문화 콘텐츠를 발굴하여 재생전략을 활용한 덕이라고 할 수 있는데, 우리는 그런 밑그림은 볼 수 없었다.

우리나라에서는 도시재생이 경제기반형과 근린재생형으로 크게 나눠져 있다. 정책적으로 전자는 경제를 재생하고, 후자는 주민의 노후주거를 개선하는 것에 초점이 맞춰져 있다. 그러나 지난 10년간 서울시에서 진행한 마을만들기 프로그램의 성공적 결과는 제한적이었다. 실질적으로 노후 불량주택을 개선하는 것보다는 동네 환경개선에 국한되었고, 스스로 주택을 개량하게끔 유도하는 정책은 결과가 미비하다. 낙후된 지역 주민들의 고용이나 경제 상황은 좋아졌다고 할 수 없으며, 마을만들기를 통해 제공된 커뮤니티센터는 자체적으로 운영비 조달이 어려워 사용이 안 되는 경우를 봤다. 물리적 환경개선을 위한 도시재생 내용 때문이라고 생각한다. 근린재생형 도시재생도 경제활성화 전략에서부터 도시재생 프로그램이 도출되

캠든 락과 운하를 다시 레저용으로 사용하고, 그 주변에 펍과 시장을 개설하여 사람들이 찾는 공간으로 재생하였다.

어야 된다.

경제 활성화를 통해 지역경제를 살리고, 살고 싶은 지역으로 탈바꿈한 영국 런던의 캠든타운Camden Town 지역재생 사례를 소개하고자 한다. 캠든타운은 런던 도심 북측에 위한 지역으로, 유스턴 역Euston Station과 킹스크로스 역Kings Cross Station을 지역 남측에 포함하고 북측으로는 스위스 코티지Swiss Cottage를 포함하고 있다. 캠든타운은 17세기부터 도시화가 되기 시작하였지만 19세기의 철도와 운하 건설로 산업화 시대에 중심적 역할을 하게 되면서 그 주변에는 공장, 창고가 들어섰고, 노동자계층의 주거지역으로 자리 잡았다. 북쪽의 캠든타운 지역은 교외지역을 이어 주는 주거지로 중산층이 자리 잡게 되었다. 그러나 1960년대 이후 캠든타운의 산업을 지지했던 운하와 산업의 쇠퇴는 다수의 창고와 부동산의 가격폭락 등 경제침체로 이어졌고, 인근 북측지역의 햄스테드Hampstead에 사무실과 중산층 주거의 개발로 인하여 학생, 프리랜서, 소상인 등은 다른 곳으로 밀려났다. 산업 쇠퇴로 직장을 잃은 노동자들은 직업을 구해 다른 지역으로 이주했다. 캠드타운 중심 거리와 시장 일대는 급격히 쇠퇴하였고, 범죄자, 마약 사용자, 빈곤층이 빈집을 점거하기 시작하여 캠든 도시 전체 구역의 4분의 1이 불법거주 지역으로 변모되었다. 실업자들은 지자체에서 지급하는 실업수당에 의존하면서 새로운 기회를 찾았다. 소규모 상점, 카페, 펍 등이 생겨났고, 임대료가 저렴해 가난한 예술, 인디음악 및 얼터너티브 패션 등에 관련된 사람들이 들어와 새로운 정체성을 가지게 되었다. 하지만 이 지역은 마약거래, 매춘, 도난, 강도, 폭행 등 범죄가 잦아 위험한 지역으로 낙인찍혔고, 주변 지역과 갈등이 심했다. 2001년 런던 시의회 보고서에 따르면 영국에서 33번째로 양극화가 심한 지역, 실업률은 전국평균의 2배, 그리고 영국의 '불우한' 지역 중 6곳(eg. St. Pancras ward, …)이 캠든타운 지역 안에 있었다고 보고되었다. 1980년대 이후 영국 전역에 지역의 특성을 무시한, 무분별한 도시재생이 시작되면서 캠든 주민들은 서민들을 몰아내는 도시재생을 막았다. 캠든타운만의 정체성을 유지하면서 독특한 도시를 만들기 위해 2006년 주민, 의회, 민간단체가 모여 여러 차례 워크숍을 열었고, 그 결과로 'Camden Town Vision 2025'라는 점진적인 도시재생을 계획하게 되었다.

캠든타운의 도시재생 전략과 프로그램

캠든타운의 도시재생 전략은 2010년에 최종적으로 계획이 수립되었다. 첫 번째 전략은 지역사회 안전조치를 통해 범죄지역으로 인식된 캠든타운이 안전한 곳으로 느끼도록 개선하고 나이트클럽과 인디음악으로 유명한 이 지역의 야간 경제활동이 유지될 수 있도록 지속적으로 관리하는 것이다. 두 번째 전략으로 꼽을 수 있는 것은 교통여건 및 보행환경의 개선을 통해 경제가 활성화된 주변 지역(킹스크로스, 유스턴)과 교통적으로 연결될 수 있도록 하여 많은 방문객이 쉽게 접근할 수 있도록 하는 것이었다. 세 번째로 균형 잡힌 경제 발전을 위해 소규모 상점과 시장을 활성화하고 보호하며, 창의적인 산업들이 발전할 수 있도록 지원하고, 주민들에게 창의적인 직업훈련을 통해 기회를 제공하는 것이었다. 마지막으로 역사적·문화적으로 가치가 높은 곳을 보존, 개선하여 캠든타운의 정체성을

유지하면서 특성 있는 도시로 재생하는 것이었다.

쇼핑 및 상업의 중심지 역할을 하고 있는 아가일 스트리트 Argyll Street와 머레이 스트리트 Murray Street, 역사적 가치가 있는 호스 호스피탈 Horse Hospital 그리고 운하 주변의 산업 시대 유산들을 재생하여 터널 마켓 Tunnel Market, 스테이블스 마켓 Stables Market 등 다양한 상업공간들을 만들어 경제적 기능을 강화, 활성화하였다. 도로체계와 우회로를 계획하여 도로를 정비했으며 주차공간의 사용을 극대화하기 위해 지역마다 '주차억제구역 Controlled Parking Zones'을 만들었다. 중심부에는 버스환승센터를 설치해 다른 지역과 연계할 수 있는 교통허브를 만들었으며, 도시와 공공공간의 활성화를 위해 캠든 고등학교와 온슬로 공원, 도시 중심부를 연결하는 공공공간을 배치하였다. 또한 '컬렉티브 허브 Collective Hub' 프로그램을 통해 예술가, 디자이너 등 창의적인 인재들을 위한 임시 작업실을 만들었다. 특히, 과거에 운하를 중심으로 활발한 산업활동이 있던 지역인 만큼 다양한 크기의 창고건물들이 많이 존재하였는데, 이런 창고들의 개보수를 통해 예술인들에게 저렴한 작업공간을 제공하였다. 이러한 창의적 예술인들과 기업들의 증가로 인해 캠든타운 중심거리의 상권은 풍성해졌고, 창조계급들은 거리에서 자신들의 아이디어를 시험해 보며 작품들을 판매까지 하게 되어 거리에 볼거리를 제공하여 많은 관광객들이 모여들었다. 옛 운하 관련 건물들은 다양한 시장들이 들어섰고, 선술집과 먹거리가 등장했다. 또한 역사적으로 이 캠든타운 철도와 운하에서 말들을 사용해서 무거운 화물과 기관차들을 이동시켰기 때문에 말과 연관성을 기념하기 위해 건물주는 동으로 만든 말 동상들을 많이 설치하였는데, 이를 경험하고자 더욱 많은 관광객들이 찾아왔다. 그 이후 운하지역에 시장은 상업공간인지 예술공간인지 구별할 수 없을 정도로 만들어졌다. 이러한 경제적 전략은 이 지역을 매력적인 투자지역으로 만들어 신축 오피스와 호텔, 아파트 등 건설 붐을 맞게 되었다. 그러나 신축 건물들은 기존의 도시 조직과 규모를 존중하도록 지자체에서 맥락적인 건물을 요구하고 있다.

캠든 하이 스트리트는 차로를 일방통행 1차선으로 줄이고 보행공간을 확대하여 얼터너티브 예술 및 음악 관련 상품들이 판매되는 쇼핑거리로 조성하여 경제적 재생을 하였다.

스테이블스 마켓은 동으로 만든 말 동상으로 예술공간을 꾸며 소비자와 관광객을 유도한다.

캠든타운 도시재생사업에서도 주거안정은 중요한 과제였다. 실제로 저소득층 지역은 공공이 투자를 해야 한다. 그렇지 않으면 지역경제를 되살리는 과정에서 민간자본이 중산층 주택으로 개발을 하여 저소득층인 서민들의 주거는 사라지게 된다. 캠든타운 주거계획은 빈집들을 개선하여 보급하는 방법과 환경개선의 방향으로 계획되었다. 거주자를 위한 환경개선의 최우선 순위로 사회적 안전개선과 범죄기회를 줄이는 방법이었고, 커뮤니티 시설을 활성화시키며 양질의 개방된 공간과 같은 새로운 시설들이 개발되어야 하는 방향으로 진행되고 있다. 이것과 더불어 주택문제에 1억 1900만 파운드(1785억 원)를 투자하여 2011-12 연례 보고서 기준으로 2007-08년 478가구, 2008-09년 868가구, 2009-10년 420가구, 2010-11년 539가구, 2011-12년 371가구를 보급했으며, 2012년부터 2017년까지 3325가구가 보급되었다. 2021년까지 총 6650가구를 보급하는 것을 목표로 하고 있다. 또한 방치된 주거건물의 갱신을 위해 공공에서 2008-10년에 22만 5000파운드에 달하는 84개의 보조금과 7만 4000파운드의 민간 기부금이 사회적 주거공급자들에게 전해져서 1611개의 빈집들이 매입되어 난방과 단열을 보수하여 2012년까지 176개 보수된 빈집들을 임대하였다. 이것을 점점 확대할 계획이며 노숙자, 장애인, 노인들에게 보급하는 방향으로 추진 중이다.

민관 합동 도시재생의 성과

캠든타운 도시재생은 지역주민들, 시민단체들과 함께 세미나를 통해 전략과 프로그램을 처음부터 만들었고, 민관 전문가로 구성된 지역전략협의체Local Strategic Partnership를 중심으로 지속적으로, 분야별로 협의하고 토론하였으며, 조직과 네트워크를 구성하여 많은 의견에 대한 협의와 우선순위 설정 등을 계획했다. 특히, 건강분야에서는 '지역보건협의체Local Health Partnership', '건강불균형대책위원회Health Inequalities Group', '기초건강재단 TF팀

Primary Care Trust Team'들이, 범죄분야에서는 '지역안전 파트너십', '약물대응팀Drugs Action Team'들이, 교육과 기술분야에서는 '캠든 지역 직업교육 네트워크 포럼Camden Training Network Forum'과 '청소년 전략 그룹', '교육 그룹', '일자리 기초교육부서'들이, 주택과 물리적 환경분야에서는 '지자체 주거전략 그룹Housing Strategy Group'이 도시재생사업을 진행하는 데 핵심적인 역할을 하였다. 실제 주민들의 요구 상황과 전문가들의 의견이 실현가능한 전략을 만들었고, 한정적인 재정 상황에서 사업의 우선순위를 결정했다. 민주적인 방식을 도입하여 지역사회가 계획에 앞장서고 있으며 위원회의 의사결정에 참여하고 영향을 미칠 수 있는 기회가 많아져 계획에 대한 실행도가 높았다.

2008년 도시재생사업이 시작된 이후 캠든타운은 패션과 인디뮤직 그리고 예술의 중심이 되었고, 관광객은 2008년 대비 40% 가까이 증가했다. 교육분야에서 2016년 연간 인구조사에 따르면 캠든의 취업 연령 인구의 72%는 학사학위 수준으로 자격을 갖추었으며, 2008년부터 9.2% 지속적인 증가율을 보였다. 또한 캠든의 지역경제는 법, 경영 컨설턴트, 광고 등과 같이 고기술, 고부가가치 부문의 사업에 특화되어 있으며, 대기업부터 중소기업 등 3만 900개의 기업이 입점해 있다. 특히, 2015년에 스타트업 회사는 5455개가 생겨났다. 같은 해 고부가가치 업종 비율은 38%를 나타내며 지역경제가 성장하였는데, 이것은 런던 중심부의 평균 34%보다 높은 수치로서 의미가 크다.

한편, 흑인과 아시아계 이민자, 그리고 저소득층 주거지로 알려진 캠든타운의 사회적 구성이 다양해지기 시작했다. 2011년에는 거주자 중 외국인 거주비율은 22%에서 34%의 증가를 보였고, 그중 이탈리아(13%), 프랑스(12%), 스페인(8%), 호주(5%), 미국(3%)의 외국인 비율을 나타내는 등 선진국 거주자 비율이 증가했다. 다양한 외국인 비율이 늘어나는 이유는 유럽연합과 영연방 국가에서 들어오는 고학력, 고기술 노동자들이 이 지역의 고부가가치 산업 종사자로 이주했다고 추정할 수 있다.

캠든타운의 도시재생의 경제적 성과로 고학력, 고임금 노동자의 유입은 기존의 저소득층 주민들과 사회적 양극화 현상을 야기했다. 아직 31.9%의 캠든 지역 어린이들은 저소득층 가정에 살고 있으며, 이는 런던 평균 24%와 잉글랜드 전체 평균인 20%를 비교해 보면 차이를 알 수 있다. 양극화가 감소하던 범죄율을 다시 상승하게 만든 게 아닌가 추측하게 된다. 2003년과 2016년 사이에 전반적인 범죄는 44% 감소했지만 총 범죄건수는 2014년 바닥을 친 후 다시 상승하기 시작했다. 그러나 이러한 범죄 상승에도 불구하고 캠든타운 지역은 계속 경제적·사회적·물리적 발전을 하고 있다. 저소득층 주민들이 자기 지역을 지켜 내고, 언더그라운드 문화를 활성화시켜서 영국의 문화 발전에 기여할 수 있는 장소를 유지하고 있다는 것은 연구할 만한 사례다.

캠든타운이 주는 교훈

캠든타운 도시재생 전략은 주거문제뿐만 아니라 지역의 기본적인 경제, 사회적 구조와 문제점을 바꾸면서 기존의 역량을 키우는 데 초점을 두었다. 특히, 매력적인 시장, 쇼핑거리를 엔터테인먼트 및 창의적 기업과 연계하여 지역재생을 시도했다. 이러한 전략으로 더 많은 투자를 끌어들였고, 살고 싶은 도시 지역으로 탈바꿈하여 주택시장의 활력을 도모했다. 이 지역 저소득층의 독특한 문화와 산업 시대의 물리적인 유산을 최대로 활용하였고, 과감한 거리경관에 대해 까다롭기로 유명한 영국의 도시계획 시스템은 관대하게 허용하여 관광명소가 될 수 있었다. 이것은 상인들의 자발적인 참여뿐만 아니라 그들이 가지고 있는 창의성을 지원하여 언더그라운드 문화의 메카로 발전시켰다. 지역의 지주와 건물주들도 도시재생에 참여하여 임대료를 올리지 않았으며, 자비를 투자하여 동으로 만든 말 동상들을 설치하여 상생기반을 마련하였다. 성공은 투기를 불러오기 마련이지만 지자체와 주민들은 젠트리피케이션으로 인한 투기적 개발을 통제하여 지역의 매력을 유지하고 있다.

우리나라의 도시재생에 주는 시사점은 첫째, 상업도시재생과 주거도시재생을 나눠서 할 것이 아니라 통합적으로 지역을 설정하고 전략을 마련할 필요가 있다. 둘째, 소상인들과 지역예술가들이 연계되어 생산과 판매가 연동될 수 있도록 지원해 주는 것이 중요하다. 셋째, 공공 및 문화시설 확충보다 지역주민들의 경제활동 역량을 높이고 참여기회를 높이는 쪽으로 지원하는 것이 중요하다는 것을 알려 준다. 교육, 취업 트레이닝 등 비물리적 지원을 도시재생과 연계해서 해야 한다. 우리나라에서는 도시재생이 도시계획 측면에서 접근하다 보니 물리적 해결책이 우선시되어 지역의 경제 활성화나 사회적 형평성을 도모하는 데 한계가 많다. 물리적인 해법은 경제적 전략을 뒷받침해 주는 역할을 해야 한다. 경제적 활성화나 지역의 소득 증대에 영향을 주지 못하는 도시재생은 지속가능하지 않다고 생각한다. 끝으로, 주민들의 협의하에 계획된 캠든타운을 볼 때 관은 시민들과 사회봉사단체, 분야별 전문가들이 소통할 수 있는 장을 제공하고 이끌어야 한다. 어떤 한 그룹이 주도하게 되면 공정성이 떨어진다. 캠든타운의 성공은 관의 우산 아래 주민들이 콘텐츠를 만들었고, 이러한 내용을 도시계획의 틀에서 종합적으로 접근했다는 것이 중요하다.

〈참고문헌〉

CC.(Camden Council), Camden Town Place Plan, pp.4–56, 2010.
CC.(Camden Council), Camden Neighbourhood Renewal Strategy, pp.2–42, 2003.
London Borough of Camden, Camden plan Our ambition for camden, pp.4–30, 2012.
CC(Camden Council), Camden Town Place Plan UPDATE, pp. 6–18, 2013.
CC(Camden Council), Camden 2025, pp. 3–8. 2018.
CC(Camden Council), Camden Profile 2017, pp. 2–7, 2017.
GALINA GORNOSTAEVA,NOEL CAMPBELL, THE CREATIVE UNDERCLASS IN THE PRODUCTION OF PLACE : EXAMPLE OF CAMDEN TOWN IN LONDON ; Urban Affairs Association, pp.7–11. 2012.
London Borough of Camden, Camden Local Plan 2017, pp.27–303, 2017.

크게 그린 그림:
영국 뉴캐슬 도시재생사업

김경원(조선대학교 건축학부 건축학 교수)

재생은 현재 세계의 많은 도시들이 갖고 있는 공통의 과제 중 하나다. 한국 역시 도시가 가지고 있는 과거 모습으로부터 현대 변화에 적응하고, 미래에 대응하기 위해서 다양한 접근을 시도하고 있다. 특히 지방도시 재생은 지난 수년 동안 가장 중요한 과제 중 하나가 되어 시민들의 관심과 함께 다양한 정책들이 제시되고 진행되어 왔는데, 광주 또한 예외가 아니다. 광주는 '예향', '맛의 도시', '민주인권의 도시', '아시아문화 중심도시'로 불리고 있는 문화도시다. 광주의 도시 규모로는 지지하기 어려운 아시아문화전당이라는 큰 문화시설을 갖고 있다는 점에서 관광객을 오도록 하는 문화와 예술 중심의 도시재생은 매우 중요하다. 문화와 예술 중심의 재생이 관광객을 오도록 한다는 결론을 내리기는 쉽지만, 다양하고 복잡한 방문객의 활동과 소비특성을 직접적으로 보여 주는 정량적 증거를 확인하기는 어렵다. 그렇지만 도시의 경제적·사회적인 문제 해결을 위해서 도시가 갖고 있는 문화와 도시재생을 결합하는 시도는 세계 많은 도시에서 시도되고 있고, 영국의 잉글랜드 북부

도시 뉴캐슬Newcastle upon Tyne도 그중 하나다. 번영과 쇠퇴를 경험한 뉴캐슬은 문화예술 중심의 도시재생으로 관광객을 모으고, 도시를 활기로 채우고 있다.

번영－쇠퇴－재생의 도시

최근 우리나라 축구선수의 이적과 함께 유명해진 뉴캐슬은 현재 약 165만 광역인구를 가지고 있다. 18세기 영국 전통 조지안 스타일의 건축물, 박물관, 미술관 등을 중심으로 쇼핑, 예술, 스포츠, 유흥문화와 함께 영국에서 가장 활기찬 도시 중 하나로 성장했다. 그러나 산업혁명의 중심도시 중 하나가 되면서 뉴캐슬 역시 부흥과 쇠퇴의 시기를 겪었다. 뉴캐슬은 19세기 후반에서 20세기 초까지 조선업과 탄광업으로 호황기를 누렸지만, 제2차 세계대전 이후 제조업의 쇠퇴와 함께 그 경쟁력을 점차 잃게 되었다. 영화 〈빌리 엘리엇〉(2000)에서처럼 1970-80년대 영국 산업의 붕괴에 따른 실업문제와 함께 침체기를 맞으면서, 희망이 없는 도시 이미지를 갖게 되었다. 대부분의 쇠퇴된 산업도시들이 그러했듯, 1980-90년대의 뉴캐슬은 문화나 관광지로서는 전혀 인기가 없는 도시였다. 그러나 재생을 위해 수십 년 동안 노력한 결과, 20세기 후반에 들어와서부터 상업과 레저, 그리고 주거중심의 도시로 변화되면서 적극적인 투자와 함께 도시부흥이 일어나게 되었다. 최근에는 문화 중심의 강변 개발, 다양한 축제와 행사, 전통과 현대건축물의 조화와 함께 매년 방문객 수가 증가하면서 영국 북부의 중심도시로서 확고한 자리매김을 하게 되었다.

도시 구성요소를 존중하는 전체적인 접근

뉴캐슬의 도시재생 기본방침은 기존 도시가 가지고 있는 풍부한 역사적 공간구조를 유지하면서도 변화를 유도하는 도시재건이다. 영국 문화재청과 함께 보존중심의 프로그램을 만들었고, 이 프로그램의 실현을 통하여 지역의 건축물이 가지는 지속가능성의 가치를 더욱 증가시켰다. 뉴캐슬의 재생 프로그램 중 하나인 그레인저 타운Grainger Town은 뉴캐슬 시내에 위치하고 있으며, 뉴캐슬 역사의 중심지다. 중세 교회, 역사적 도시성벽의 잔재, 19세기 건축물 등의 전통건축과 현대건축이 섞여 있는 그레인저 타운의 구성요소를 존중하는 전체적인 접근의 도시재생을 기반으로 하여, 도시 쇠퇴의 문제점을 파악하고 극복하고자 1997년에 정부 보조금, 공적자금, 영국 문화재청 자금 그리고 지방자치단체 보조금을 기반으로 시작되었다. 지역에 대한 세부 건축 분석을 포함한 심층 분석을 통하여 재생전략을 수립하였다. 이를 토대로 비즈니스 개발, 공공주택 개발, 공공환경 개선, 비주거 부동산 개발, 일자리 창출과 기회의 접근성 증대, 예술문화 관광의 육성, 문화유산에 대한 투자 증대라는 일곱 가지 주제를 가진 도시재생 프로젝트를 시작하였다. 이는 적절한 홍보와 마케팅을 통해 투자와 부동산 개발을 끌어내면서 지역에 대한 인식을 향상시킨 성공적 프로젝트가 되었다. 그 결과, 현재 그레인저 타운은 다양한 역사성을 가진 건축물이 입지한 뉴캐슬의 역사 중심지가 되었다.

문화중심의 도시재생

세계의 많은 도시에서 문화와 예술 중심의 재생이 도시 이미지 변화에 성공할 수 있는지에 대한 의문이 있어 왔다. 의문이 있어 왔다는 것은 그만큼 성공이 많지 않았다는 의미다. 그래서 뉴캐슬은 문화예술이 도시를 재생시킬 수 있는 예시로써 의미가 크다. 문화가 주도하는 도시재생 접근법은 뉴캐슬이 가졌던 기존의 산업적 이미지를 벗고, 새로운 도시 이미지를 갖는데 큰 역할을 하였다. 뉴캐슬의 또 다른 재생 프로젝트이자, 가장 가시적인 재생정책은 2000년에 뉴캐슬 시의회가 뉴캐슬과 타인 강 사이에 있는 게이츠헤드Gateshead와 강변Quayside을 문화재

뉴캐슬 시내 전경

생의 중심지로 홍보하기 위한 협력관계를 체결한 것이다. 이로 인해서 강변은 기존의 산업 중심의 창고와 공장을 현대건축과 21세기 서비스 산업으로 대체하면서 보행문화 중심의 새로운 스타일로 재탄생하게 되었다. 강 건너 게이츠헤드 쪽으로는 영국 건축가 노먼 포스터가 디자인한 세이지 게이츠헤드 콘서트홀The Sage Gateshead Hall이 다양한 음악공연과 교육장소를 제공하고, 그 옆에 위치한 1950년에 건축된 제분소는 2002년에 발틱 현대미술관Baltic Centre for Contemporary Art으로 탈바꿈하여 다시 문을 열었다. 뉴캐슬 강변 쪽에는 위풍당당하게 서 있는 법원건물을 중심으로 오래된 빌딩과 창고가 현대식 아파트들로 리모델링되었고, 다양한 유흥업소와 호텔들이 들어서면서 관광명소가 되었다. 뉴캐슬과 게이츠헤드를 잇는 여러 개의 다리는 마치 과거와 현대가 만나는 듯한 '성공적' 기술과 디자인으로 건축되면서 과거와는 전혀 다른 강변 분위기를 만들어 냈다. 이러한 도시 경관 형성의 노력과 함께, 공공과 민간의 협력을 통해 지역문화 콘텐츠를 유치하면서 다양한 계층의 방문객들이 늘어났다. 뉴캐슬과 게이츠헤드의 두 도시가 문화, 비즈니스, 관광 산업으로 결합되어 하나의 도시가 되는 '뉴캐슬 게이츠헤드'라

발틱 현대미술관 세이지 게이츠헤드 밀레니엄 다리

는 브랜드까지 만들면서 다양한 음악과 예술이 연계되는 이벤트를 추진하고 유치하여 영국의 예술 수도로 선정되기도 했다. 2016년에는 국제 축제와 행사의 도시로 선정되어서 시민과 관광객들에게 다양한 세계적 문화, 스포츠, 컨벤션, 전시 등을 제공하고 있다. 뉴캐슬은 시민들의 단합과 유대감을 만들어 내기 위해서 문화적 자원을 통한 이벤트와 축제를 행하는 문화 프로그램을 진행하고 있다. 특히 행정에서는 이러한 응집을 위해 필요한 중요한 요소가 젊은층의 참여임을 인식하고, 지역재생 프로젝트에 청년층의 참여를 적극적으로 보장하고 있다.

이제 도심이 가지고 있는 자산과 문화를 도시재생과 연결시키는 고리가 무엇인지에 대한 고민이 필요하다. 지금 도시를 채우고 있는 건축물의 표면적인 모습이 아닌 도시의 내면적 모습에 보다 민감하고 섬세한 접근이 필요하다. 이러한 접근방법으로 지속적인 정책을 통해서야만 디테일이 간과되지 않은 도시가 될 수 있음을 뉴캐슬이 말해 주고 있다.

(사진출처: Getty Images Bank)

성공적 도시재생

도시재생과 함께 도시 이미지의 긍정적 변화와 평판이 좋아지게 되면 도시에 대한 시민들의 인식도 변화된다. 이것은 지속적 도시재생사업에 중요한 영향을 미친다. 뉴캐슬은 역사성을 가지고 있는 건축물과 새로운 건축물이 균형을 이루고 있다. 또 도시가 보다 안전하고 생동감 있고 친환경적이 되도록 하는 속에서 그 도시만이 가지고 있는 각별한 유산을 시민들과 함께 자축할 수 있는 정책을 펼쳐 오고 있다. 동시에 일자리 창출, 관광의 성장과 함께, 시민들의 응집력을 높이고, 도시 이미지를 향상시키는 정책을 시행하고 있다. 그 결과, 과거의 쇠퇴한 도시에서 다양하고 풍부한 건축과 문화적 매력의 도시로 다시 태어났다. 또 사회적·경제적 문제를 해결하고 회복하는 데 큰 기여를 하였고, 도시의 이미지에 긍정적 역할을 하고 있다.

현재 우리가 사는 도시는 시가지의 확장과 라이프스타일의 변화로 이웃을 알아볼 수 있는 시점을 넘어선 지 오래됐다. 150만 명의 시민과 함께 호남권 거점도시 역할을 하고 있는 광주경우는 1990년대 이후 지속되어 왔던 도시계획으로 새로운 시가지가 생기면서 면적이 확장되어 왔다. 그러나 구도심은 재개발 등으로 파괴되고 있긴 하지만, 아직까지 많은 건축물이 수십 년 동안 크게 변화하지 않은 스카이라인을 만들고 있다.

나가노 젠코지 앞 거리 풍경

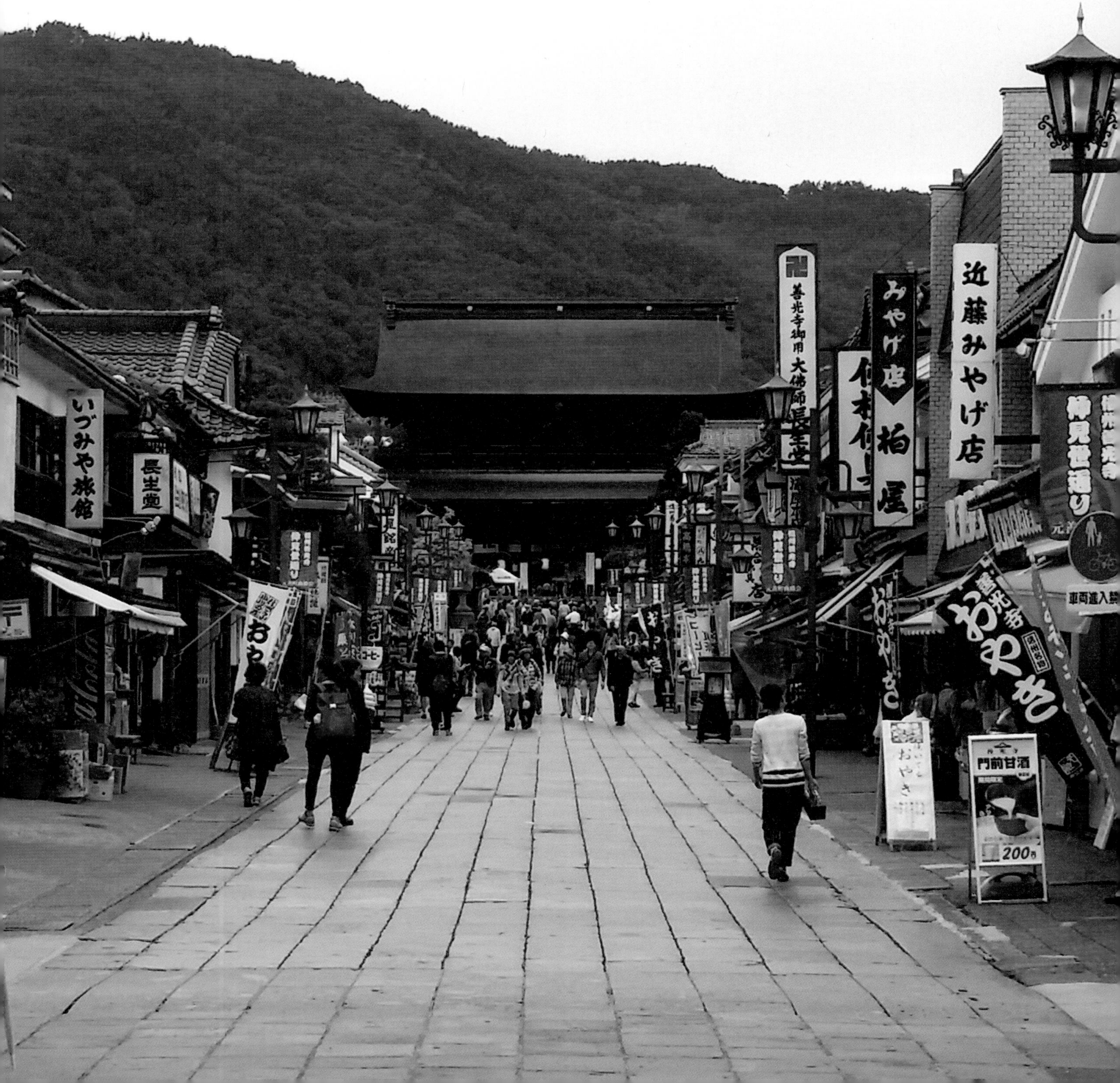

왜 원도심 도시재생인가: 국내외 사례들

구자훈(한양대학교 도시공학과 교수)

중소도시 원도심의 현황 및 중요성

국토교통부가 정한 쇠퇴 기준에 의하면 우리나라 전국 3450개 읍면동 중에서 64.5%가 쇠퇴했거나 쇠퇴가 진행 중에 있다. 2017년에 발간된 《지방도시 살생부》(마강래 저)에 의하면 2040년이 되면 현재 중소도시 중에서 30%는 인구감소로 소멸될 것으로 예측하고 있다. 특히 중심시가지였던 원도심은 대부분 쇠퇴해 있고, 이와 같은 쇠퇴는 앞으로 가속될 것이라는 전망이다.

중소도시의 인구가 줄고 원도심이 쇠퇴하는 첫 번째 원인은 인구감소 현상이다. 1970년 우리나라의 출산율은 4.53명이었다가 점차 감소하여 2010년에는 1.29명이었고, 2017년 말에는 1.05명으로 감소하였다. 즉, 우리의 인구는 현재 인구를 유지할 수 있는 출산율인 2.1명의 절반밖에 되지 않고, 한참 인구가 늘어나던 때인 1970년대와 비교하면 4분의 1 수준으로 감소했다는 것이다. 중소도시 쇠퇴의 두 번째 원인은 산업구조의 변화다. 산업구조가 2차산업 중심에서 3차산업 이상의 지식서비스 산업으로 바뀌면서 1차, 2차산업의 중심지였던 중소도시의 일자리가 줄어서 청년들은 3차산업 이상의 지식서비스 산업이 증가하고 있는 대도시로 이주하고 있기 때문이다.

중소도시의 인구가 전체적으로 감소하기 전에도, 중소도시의 원도심은 쇠퇴하기 시작했다. 중소도시의 원도심이 쇠퇴하기 시작한 원인은 첫째 도시로 인구가 몰리던 도시화 시기에 시가지의 외곽에 많은 아파트 중심의 신시가지를 만들어 외곽으로 주거지를 옮겼기 때문이다. 둘째는 자동차 시대가 도래하면서 외곽의 신시가지나 나대지에 대형 판매점이 들어서면서 원도심 상권의 경쟁력을 잃어 버렸기 때문이다. 세 번째 이유는 신시가지를 개발하던 시기에 지방정부는 원도심의 낡은 청사를 버리고 외곽으로 공공청사를 옮겼음은 물론이요, 교육시설, 병원이나 복지시설과 같은 교육편의시설을 외곽 신시가지로 옮기는 정책을 폈기 때문이다.

원도심 쇠퇴의 내부적인 요인으로는 첫째 원도심의 상점들

영국 최대 규모의 버밍엄 도서관

은 대규모 판매점에 비해서 대부분 소규모이고 영세한 점포라는 점이다. 둘째는 상점 운영자들이 대부분 고령화되었고, 점포도 노후화되었다. 셋째는 상점가 조직체계는 대규모 할인점에 대응하기에는 매우 복잡하고, 조직적인 측면에서 근본적인 한계가 있다.

중소도시에서 원도심을 살리는 정책은 매우 중요하다. 원도심 지역은 그 도시의 중심에 위치해 있고, 역사문화자원이 여전히 집중해 있는 곳이며, 사람들의 만남과 교류를 촉진시킬 수 있는 다양한 공공기반시설이 여전히 잘 갖추어진 곳이기 때문이다. 우리보다 인구감소를 먼저 겪었던 일본의 경우는 줄어드는 도시 인구문제를 해결하기 위해서 도심기능과 주거기능의 재배치를 위한 입지정적화 계획을 수립하고 있다. 이를 요약하면 첫째는 원도심에 새로운 공공기능과 기존 행정, 상업, 주거 등의 도심기능을 재집중시키는 것이다. 둘째는 주거기능도 몇 지역으로 집중화시키고 원도심과 대중교통체계로 연결하는 정책을 실천하고 있다.

불링 지구의 백화점과 상업몰

영국과 일본의 중심시가지 활성화 정책

1980년대에 영국의 보수당 정부는 제조업의 몰락에 의한 기존 도시의 경제 침체를 벗어나기 위해서 각종 개발규제를 완화하고 외곽지역에 신도시 개발과 대형 판매점 개발을 장려한 결과, 기존 원도심 지역은 급격한 쇠퇴를 경험하게 되었다. 이 문제를 해결하기 위해서 1993년에 정책·계획 가이드라인(PPG 6)를 개정하여 교외개발 규제를 강화하는 안을 만들었다. 1996년에는 중심시가지 우선정책Town Center First Policy으로 방향을 전환하였다. 이 정책을 요약하면 공공이 주도하여 공공 및 민간의 도심기능을 확충하는 계획과 사업을 추진하고, 조직적으로 대형 판매점에 대응할 수 있도록 중심시가지 내 상점가 활성화를 위한 민관 파트너십 조직인 TCMTown Center Management 지원제도를 도입하여 큰 성과를 내었다.

일본의 중심시가지 활성화 정책은 WTO에서 1998년 '대규모 소매점포의 활동 조정에 관한 법률'을 폐지하라는 권고를 받으면서 시작되었다. WTO 권고의 의도는 서구 및 일본 대기업의 대규모 점포의 확산을 촉진하기 위해서 일본법을 바꾸라

는 것이었다. 이때 일본은 WTO의 권고를 따르되 원도심이 타격을 받을 것을 우려하여 1988년 마치즈쿠리 3법을 만들어 정책적으로 대처했다. 정책 대응의 핵심은 첫째, 국가적 차원에서 법으로 대형 판매점을 규제하지 못하더라도 필요하면 지방정부가 조례로서 제한할 수 있도록 했으며, 둘째, 대규모 점포입지 시 기존 전통시장에 미치는 영향을 고려하도록 하는 조치를 만들고, 셋째, 중심시가지 활성화법을 만들어서 원도심 지역에 상업 활성화와 환경 개선을 지원하는 법을 만들었다. 같은 시기에 우리나라의 경우에는 별다른 정책적 대안을 만들지 않고, 대규모 점포의 입지를 허용한 것과는 대비가 된다.

일본의 중심시가지 활성화법에 의하면 지방정부는 중심시가지 활성화 기본계획을 수립해야 하고, 이 계획에 따라서 중심시가지 활성화 구역 안에 집중적으로 도시재생 및 정비사업을 할 수 있도록 하였다. 2006년에는 중앙정부에 중심시가지 활성화본부를 설치하고, 규제 특례, 세제 해택, 보조금 지급 등을 집중적으로 지원하고 있다. 개정된 중심시가지 활성화법의 내용은 시가지정비 개선사업, 도시복리시설의 정비, 마을 안 거주의 추진, 상권 및 상업 활성화 지원, 대중교통 편의 증진 등 복합적인 처방에 의한 다양한 사업을 담도록 하고 있다.

영국과 일본의 중심시가지 활성화 사례

영국 버밍엄은 20세기 초까지 1000개의 직업이 있는 도시라는 말이 있을 정도로 번성하였으나, 20세기 후반 산업구조의 전환으로 경제활동이 침체하면서 인구가 줄었다. 또 도심지 주변에 조성된 자동차중심의 순환도로로 도심지는 급속히 쇠퇴하였다. 이 문제를 해결하기 위해서 버밍엄 시는 도심지 활성화전략을 수립하였다. 이를 요약하면 첫 번째는 예술과 문화의 중심지 조성전략이다. 도심지역에 1500명을 수용할 수 있는 심포니 오케스트라를 위한 음악당을 짓고, 영국 최대 규모의 공공도서관을 지어 도심으로 사람을 끌어들였다. 두 번째는

◀ 재활성화된 몬젠플라자
▶ 지하주차장을 확충한 도이고 방송국 및 시민교육시설

나가노 중심가로 풍경

순환도로의 일부를 지하화하고, 도심 운하 주변을 대대적으로 개발하여 새로운 업무중심 공간과 호텔, 상점, 컨벤션 공간을 연계하여 일자리를 끌어들이는 전략을 수립했다. 세 번째 전략은 쇼핑기능의 강화다. 전통시장이 있던 불링 지역에 철도역과 보행축을 연계하여 도시의 랜드마크가 된 셀프리지 백화점과 쇼핑센터를 짓고, 전통시장과 연계하여 다양한 이벤트와 쇼핑 기회를 제공하여 도심재생에 성공했다.

일본의 나가노 시는 유서 깊은 유적인 젠코지라는 절이 원도심 한편에 있는, 인구 40만 명 정도의 중규모 도시다. 이 절은 1년에 관광객만 600만 명이 오는 유명 사찰이다. 예전에는 대부분의 관람객은 기차로 나가노 역에서 내려서 젠코지까지 주오도리라는 거리를 약 10-15분 오가면서 식사도 하고 선물도 사가지고 가서 원도심 상권 활성화에 큰 역할을 했다. 그런데 사람들의 통행 패턴이 기차에서 자동차로 바뀌면서, 젠코지에서 사찰 인근에 대형 주차장을 갖추자 쇠퇴하기 시작하였다. 또 1998년 나가노 동계올림픽을 치르면서, 차량 위주의 외곽 우회도로를 확충하면서 원도심은 쇠퇴의 길을 걷게 되고, 급기야는 원도심에 있던 백화점 두 개가 문을 닫으면서 나가노 시는 큰 문제에 봉착하게 되었다.

나가노 시는 나가노 마치즈쿠리라는 중간지원 조직을 정부의 중심시가지 지원금을 활용해서 만들고 본격적인 도심재생 활성화사업을 추진했다. 첫 번째 추진 사업은 문을 닫은 8층짜리 백화점을 마치즈쿠리 회사가 매입하여 활성화시킨 몬젠플라자 사업이다. 초기에는 1층 식료품 상점 기능을 회복시키고, 2-3층을 어린이시설, 육아지원시설, 시니어 창업지원 등의 시민을 위한 공공시설로 활용하여 도심 기능을 유지했고, 나중에는 공공기능을 확충하고 NTT 등 민간 기업을 유치하여 전 층을 활발히 활용하고 있다. 두 번째는 문을 닫았던 또 다른 백화점 건물에 도이고 지방방송국을 유치하고 나머지 공간을 나가노의 다양한 계층을 위한 시민교육기관을 유치하여 도심 기능을 활성화했다. 또 이 건물 지하에 대규모 주차장을 유치하여 젠코지 이용자를 위한 주차공간으로 활용하게 하였다.

세 번째는 젠코지 앞에 있던 매물로 나온 창고건물을 리모델링하는 파티오 다이몬 사업이다. 대부분의 건물을 소유주와 20년 차지권 계약을 맺어서 매력 있는 상가와 식당가로 개조하는 재생사업을 추진하였다. 건물 개조비는 도시재생 성격의 국가 및 나가노 시의 보조금을 활용하여 명소로 만들었다. 이렇게 도심의 집객 기능을 회복하여 사람이 먼저 모이게 하고 나서, 경관도로사업을 추진하고 축제와 이벤트를 지속적으로 추진하여 원도심 활성화에 성공하였다.

우리나라의 중소도시는 거의 모든 도시가 원도심 쇠퇴현상을 맞고 있으며, 많은 지방정부가 중심시가지형 도시재생사업을 유치하여 활성화를 꾀하려고 노력하고 있다. 그런데 우리나라 지방정부의 중심지 활성화계획을 요약해 보면, 첫째 청년창업을 통한 전통시장의 상권 활성화, 둘째 시가지 매력을 증진시킨 경관도로나 광장조성사업, 그리고 커뮤니티 활성화사업을 추진하고 있다. 이는 성공한 영국과 일본의 재생사업의 경우와는 핵심적인 부분에서 차이가 있다. 즉, 외국의 선진 도시들은 원도심의 도심 기능 회복을 통해 도심 방문객과 거주자가 증가시키는 사업을 추진하고 나서 상권 활성화나 경관개선사업을 추진했다는 점이다. 도심 기능 회복과 같은 근본적인 문제의 해결 없이, 상권 활성화나 경관개선사업으로 기존 원도심을 활성시키는 것은 불가능하다.

구사마 야요이의 〈노란 호박〉. 버려져 사용되지 않던 부두잔교가
이 조각작품으로 인해 사람들이 찾는 새로운 명소로 바뀌었다.

있는 것을 활용하여
없는 것을 만들다:
나오시마

조용준(조선대학교 건축학부 명예교수)

기업의 공익자본주의 경영이념이 나오시마를 재생시키다

근래 많은 지역들이 인구감소와 고령화, 지역 활력 저하에 직면하면서 지역 활성화를 위한 다양한 노력들을 하고 있다. 특히 새로운 문화 · 예술 자원을 발굴 · 재생 · 창조하고, 이를 지역과 결합하여 흡인력 있는 매력을 갖게 한 지역도 많은데, 이런 지역 중의 하나가 나오시마다. 나오시마는 일본의 가가와 현 나오시마 정에 속한 면적 약 8제곱킬로미터의 작은 섬이다. 이곳에는 나오시마 이외에도 데시마 미술관이 있는 데시마, 세이렌쇼와 이에집 프로젝트로 유명한 이누지마가 인접해 예술섬의 네트워크를 형성하고 있다. 나오시마는 한때 "제련소가 있는 민둥산의 섬"으로 불렸다. 섬의 북쪽에 나무를 시들게 하는 유독가스를 배출, 많은 피해를 입힌 미쓰비시 제련소가 자리하고 있어서였다. 거기에 1990년대 초까지 인접한 섬인 데시마에 불법으로 버려진 산업 폐기물의 무해화 처리장소로 지정되면서 '회색 이미지'가 더욱 짙은 섬이 됐다.

이랬던 나오시마가 근래에는 다른 섬에서는 볼 수 없는 많은 사람들이 방문하는 '예술의 섬'이 되었다. 인구는 1994년 4300여 명에서 2018년에는 3098명으로 매년 조금씩 줄었지만, 방문객 수는 반대로 매년 늘어 1994년 약 4만 4000여 명에서 2018년에는 54만 명에 달하였다. 방문객 중에는 친지나 가족 등을 만나기 위한 경우도 있겠지만, 이 섬에 거주하는 인구수를 고려하면 방문객의 대부분은 아트 프로젝트를 보려는 것으로 추정된다.

나오시마는 섬들이 갖고 있는 공통점이기도 한 파도가 넘실되는 바다와 자연지형이 결합한 아름다운 경관 이외는, 많지 않은 인구의 대부분이 고령화되어 있고, 국경 너머에 있는 관광객을 끌어들일 만한 역사적 · 문화적 매력은 물론, 교통 이점도 많지 않은 '회색의 작은 섬'이었다. 이런 섬에 기업이 거액을 투자하고, 세계적인 건축가가 미술관을 설계하고, 유명한 화가의 작품이 전시되고, 노후 건물이 아트와 결합하여 창조적 재생이 되고, 이를 보려고 일본 밖의 지역에서까지 발길이 이어지고 있는 모습은 일반적 논리로는 이해하기 어렵다. 흡사 사람들이 주차장도 잘 마련된 웅장하고 근사한 식당이 있는데도 굳이 가는 길이 험하고 주차장도 변변하지 못한 작고 허름한(나오시마는 허름하지는 않지만) 소문난 맛집에 모여드는 것 같은 느낌이다. 여기에는 사람들을 오게 하는 뭔가의 매력이 있기 때문인데, 나오시마가 그러하다.

무엇이 나오시마에 오게 하는 것일까? 여기에는 베네세 홀딩스(주) 후쿠다케 소이치로 이사장의 경영이념이 자리하고 있다. 기업이 재단을 설립하고, 그 수익금으로 예술활동을 지원한다는 사회공헌 이념이다. 그는 현대사회는 자원 부족에도 불구하고 기존의 것을 부수고 새로운 것을 짓고 다시 허무는 작업을 반복하지만, 나오시마에서는 있는 것을 활용하여 없는 것을 만든다고 말한다. 또 와서 봐야만 느낄 수 있는 체험예술의 장으로 만든다고 한다. 이는 나오시마, 이누지마, 데시마에 있는 버려진 근대 산업시설은 물론, 오랜된 주택을 미술관이나 아트 시설로 만든 아트 프로젝트를 보면 이해할 수 있다. 이 경영이념이 사람들이 나오시마를 찾게 하고 있는데, 아트 프로젝트 작업이 주변 섬들로까지 확대되어 입소문이 퍼지면서 방문객 수는 지속적으로 늘고 있다. 섬이 많은 우리나라에는 새로운 관점이고, 기대다.

지구촌 반대편에서까지 찾아와 체험예술을 즐기는 서구 관광객들

오오타케 신로의 '아이러브유' 목욕탕

분산입지와 느림미학이 나오시마를 재생시키다

나오시마는 인접해 있는 데시마, 이누지마와는 달리 살찐 고구마처럼 생긴 섬이다. 크게는 나오시마를 방문하는 이들이 배에서 내리면 만나는 미야노우라 항이 있는 섬 서쪽의 미야노우라 구역, 그 반대쪽 해안의 혼무라 항이 있는 혼무라 구역, 그리고 미야노우라 항 아래쪽 해안의 언덕에 접해 있는 예술구역이 삼각형의 꼭지점에 입지해 있는 섬이다. 미야노우라 구역에는 나오시마의 상징처럼 되어 있는 빨간 호박과 대중목욕탕이 있고, 예술구역에는 지중미술관·이우환미술관·베네세 하우스

뮤지엄이 자리하고 있으며, 오래된 마을인 혼무라 구역에는 고오진자, 하이샤, 고카이쇼 등이 있다. 세 구역 사이의 이동은 물론이고, 예술구역 안에 있는 미술관 등을 둘러보는 데에도 자전거, 마을순환버스를 이용해야 할 정도로 각기 떨어져 있는데, 이러한 분산입지가 섬 전체의 체험 유도와 함께 체험이 만드는 활력이 섬 전체를 순환하는 효과를 만들고 있다. 더구나 이들 구역을 연결하는 길의 형태와 폭은 오지奧地의 길처럼 지형에 순응하면서 최소의 폭을 유지하고 있어서 눈에 거슬리는 법면도 보이지 않는다. 지형을 따라 형성되어 있는 좁은 길은 빠름에 익숙한 도시 사람들에게 느림의 미학을 체험할 수 있게

미술관, 식당, 호텔이 어우러진 베네세 하우스 뮤지엄의 입구

한다. 도시에서는 불편하다고 불평을 할 법도 한 이 환경이 여기에서는 오히려 복고적 느낌과 신성함을 주기까지 한다.

거기에 건축의 규모와 형태도 사람들의 관심을 끌 만큼 크거나 위압적이지 않고 자연에 순응하는 '눈에 잘 띄지 않는 작은 건축'이다. 이는 시설들이 집약적으로 배치되고 복합용도로 쓰여야만 흡인력과 활력이 상승작용을 하고 이용자도 편리하며 다양성을 즐길 수 있다는 일반적인 계획논리를 완전히 뛰어넘는 것이다. 이처럼 나오시마는 일반적인 계획논리와 생각을 뛰어넘기 때문에 사람들이 찾고 있는 것이다.

환경공생형 건축물, 예술, 낡은 건물이 나오시마를 재생시키다

나오시마는 단순히 미술관에 전시되어 있는 작품만을 관람하는 곳이 아니라, 섬 전체를 돌면서 자연 속 예술을 체험하는 '장소 지향적 체험'이 잘 구현된 섬이다. 특히 자연경관, 예술작품, 자연에 순응하고 있는 건축물, 동네가 어우러져 체험을 이끄는 섬이다. 체험이 사람, 토지, 동네의 관계성을 회복시킨 것이다. 이 때문에 나오시마를 세계적인 브랜드화시킨 일등공신은 '체험'이라고 말하는 이들도 있다. 여기에는 근래 여행 패턴이 역사적 유적 등을 탐구하는 지식습득형에서 여가나 휴

지중미술관과 베네세 하우스 뮤지엄 사이의 바다가 인접한 골짜기에 숨어 있는 듯한 이우환미술관의 입구 광장

식, 가벼운 체험 등 삶과 문화를 즐기는 힐링형으로 변화한 것도 한몫을 하고 있다.

나오시마 재생은 1992년 세계적인 건축가 안도 다다오가 설계한 미술관, 식당, 호텔이 어우러진 베네세 하우스 뮤지엄이 주변 바다를 조망할 수 있는 위치에 문을 열면서 시작되었다. 노인 인구가 대부분인 작은 섬에 세계적 거장이 설계하고 세계적 작품이 전시되는 현대미술관을 만든다는 것 자체가 일반적이지 않은 일인데, 이는 경제적 이득의 추구보다는 자신의 철학이나 신념의 실현을 중요시하는 기업가가 있었기에 가능한 일이었다.

오오타케 신로가 빈 치과의원을 작품으로 재탄생시킨 하이샤

1997년에는 혼무라 구역의 오래된 주택과 사찰, 신사 등을 현대 미술작품으로 재생하는 이에 프로젝트가 이루어졌다. 주민들과 함께 200여 년 된 민가 등 역사성이 있는 일곱 채의 주택을 생활과 예술로 결합한 재생작업을 통해 체험의 폭을 더 넓혔다. 이는 주민들에게 예술에 대한 이해 폭을 넓히고, 공유인식을 갖게 함은 물론, 외부 자본이 만든 예술섬 작업에 반감이나 무관심에서 벗어나 적극적으로 참여하는 계기가 되었다.

2004년에는 땅속 미술관인 지중미술관이 개관했다. 안도 다다오가 설계하고 클로드 모네, 월터 드 마리아, 제임스 터렐의 작품이 전시된 지중미술관은 이들 거장의 이름 자체가 정보 발신과 활력 재생의 중추적 역할을 하고 있다. 2008년에는 머지 않아 무인도가 될 것 같은 느낌을 줄 정도로 적은 거주 인구의 대부분이 노인인 이웃 섬 이누지마까지 예술섬 작업을 확대했다. 건축가 산부이치 히로시와 아티스트인 야나기 유키노리가 협업하여 이누지마에 방치돼 있던 구리제련소를 활용해 미술관을 개관했는데, 자연 에너지를 이용해 냉난방을 해결한 세이렌쇼 미술관이 그것이다. 이 섬에는 목조가옥을 개조해 전시공간으로 만든 '이에 프로젝트'도 있다.

2009년에는 오오타케 신로의 나오시마 목욕탕 '아이러브유(I♥湯)'가 개장해, 재생을 섬 입구에 있는 마을까지 확장시켰다. 다음해에는 지중미술관과 베네세 하우스 뮤지엄 사이의 산골짜기에 역시 안도 다다오가 설계한, 자연 속에 숨어 있는 듯한 이우환미술관이 문을 열었다. 한 화가의 작품이 자신의 철학과 일치한다는 기업가의 예술적 안목과 확신도 놀랍지만, 이를 이유로 특정 화가 이름의 미술관을 만든 것도 놀랍다. 미술품 구입 등에 공평성이 중시되는 행정에서는 상상할 수 없는 일이다. 나오시마보다 훨씬 큰 섬으로 산업 폐기물이 불법으로 버려져 있던 인접 섬 데시마에도 미술관이 문을 열었다. 건축가 니시자와 류예가 설계한 이 미술관은 섬이 갖고 있는 풍부한 물을 바탕으로 부족한 식량과 에너지를 테마로 승화시켜서 이 섬에 대한 새로운 인식과 함께 활력을 불어넣었다. 그해에 세토 내해 일곱 개 섬과 나오시마행 페리선 항구인 다카마

즈 항에서 처음으로 국제예술제가 열렸다. 두 번째인 2013년에는 이누지마의 '이에 프로젝트'가 공개되고, 국제예술제가 두 개 항구와 12개 섬으로 확대되었으며, 개최 시기도 봄, 여름, 가을로 나누었다. 방문객의 분산을 위해서였다. 이제 나오시마는 주변의 섬들과 함께 '예술섬'의 지위를 확고히 하고 그 범위를 넓혀 가는 양상이다.

행정과 NPO, 주민, 대학이 나오시마 재생을 지원하다

나오시마 재생의 또 다른 특징은 한 기업의 프로젝트에 행정, NPO, 대학, 주민들이 적극적으로 협력하고 있다는 점이다. 행정은 기업가의 철학을 존중해 간섭은 하지 않고 지원만 한다. 방문객 급증에 대비한다는 이유로 자연을 파괴해 도로를 확장하거나 숙소 등 관광 관련 지원 시설을 만들지도 않고 있다. 개발밀도를 크게 증가시켜 본래의 자연 모습을 잃게 하는 것이 아니라, 오히려 방문객 수를 조절하여 본래 모습을 그대로 간직하고 있는 섬이다. 본래 모습을 간직하고 있다는 것은 섬이 갖고 있는 지형 등이 훼손되지 않고 그대로라는 의미다. '개발이 곧 수익'이라는 등식에 익숙한 산업사회에서는 쉽지 않은 일인데, 쉽지 않은 모습을 나오시마에 가면 볼 수 있는 것이다. 행정은 대신 종합계획을 수립해 자원 및 수용체제 정비, 젊은이 정착을 위한 현지산업 육성을 통한 고용창출, 귀향 희망자의 거주 정보 제공, 학생 학자금 대여(섬 내 취업 시 상환면제), 공가 정보 제공 시스템 구축 등 지원만을 하고 있다.

NPO법인 나오시마 관광협회는 관광 안내, 재단 소유의 나오시마 목욕탕 관리, 미쓰비시 메디리알(주) 공장 견학 예약, 공영버스 운영, 특산품 판매 등을 위탁받아 운영하고 있다. 가가와 현립대학 학생들은 빈집을 빌려 카페를 열고, 나오시마 산産 재료로 메뉴를 개발해 지역경제에 도움을 주고 있다. 또 축제 등의 이벤트가 열릴 때에는 노점을 열고 적극 참여하는 등 주민 친화적 활동에 힘쓰고 있다. 특히 초기에 혼무라 구역

주민들은 화장실을 빌려주고, 관광 자원봉사를 할 정도로 적극적으로 지원했는데, 지금은 주민들도 민가를 고쳐 숙박시설이나 아트 카페를 만들고 있다.

세토우치 국제예술제는 나오시마 방문객에도 영향을 미쳐 2009년에 36만 명이던 관광객이 국제예술제가 열린 2010년에는 64만 명, 2012년에는 43만 명에서 국제예술제가 열린 2013년에는 71만 명, 2015년에는 50만 명에서 국제예술제가 열린 2016년에는 73만 명에 달했다. 당연한 이야기지만 국제예술제가 나오시마 방문객을 크게 늘리는 또 다른 재생 매체가 되고 있는 것이다. 전입해 오는 사람들이 늘고 있다는 주민의 말이나, 2016년을 기점으로 초등학교 학생 수가 매년 조금씩 늘고 있는 것은 '예술섬' 작업이 가치 지향적으로 가고 있음을 의미한다. 전입자가 늘고 있다는 것은 재생에서는 매우 의미 있는 일이다. 섬사람들 스스로가 활력을 만드는 요소가 자연스럽게 생성되게 하기 때문이다. 이처럼 나오시마 재생에는 기업, 행정, NPO, 대학, 주민의 협력이 있다. 도시재생의 생명력은 활력이 지속될 수 있는 다양한 자생력에 있고, 이는 지속적인 내발적 발전 요인을 매체로 하는데, 나오시마가 그러하다. 분명한 철학을 바탕으로 주민의 적극적 지지나 참여를 이끌어내고 있는 나오시마의 창조적 재생은 눈여겨볼 만하다.

우리나라는 섬이 3215개로, 이 중에서 494개가 유인도이고, 2721개는 무인도다. 전남지역만 해도 2210개의 섬들 중에서 유인도가 278개, 무인도가 1688개에 달한다. 머지않아 유인도는 더욱 줄어들고, 무인도는 더욱 늘어날 것이다. 이런 상황에서 '나오시마 예술섬'이 시사하는 바는 크다. 많은 사람들이 다녀 갔고, 많이 알려져 있는 나오시마를 새삼스럽게 꺼내는 이유는 우리 섬들이 처한 위기에 대한 불안감과 함께 새로운 관점의 기대감이 있기 때문이다.

2018년 10월, 고려대학교 대학가인 안암동 참살이길에서 열린 대학-지역 연계 축제 '끌어안암'에서
고려대 농악대가 풍물놀이 무대를 선보이고 있다.

캠퍼스타운 재생을 통한 도시 살리기

김세용(서울주택도시공사 사장)

도시재생 뉴딜과 캠퍼스타운

저출산·저성장에 따른 도시의 쇠퇴를 회복시키고자 도시재생법이 제정된 지 어느덧 6년이 훌쩍 지났다. 지난 6년간 중앙정부의 주도로 선도지역과 일반지역을 통해 실증되어 온 도시재생정책은 오늘날 '도시재생 뉴딜'이라는 이름으로 이전보다 한층 더 체계적이고 정교하게 진행되고 있다. 이전의 도시재생사업이 노후주거의 정비와 거점산업기능의 회복 등 도시의 정비를 목표로 추진되었다면, 오늘날의 도시재생 뉴딜사업은 '정비'의 개념에서 벗어나 창업과 일자리 창출을 통해 도시의 경쟁력을 높이는 '도시혁신'을 목표로 삼고 있다는 점에서 이전 정책과 큰 차이를 보인다. 2018년 1월, 통계청에서 우리나라의 2017년 12월 청년층(15-29세) 실업자는 전년동월대비 3만 명 이상 증가하였고 취업자는 6만 명 이상 감소하였다는 보도가 있었듯이, 사회 속에서 청년들의 설 자리가 좁아지고 있다. 급속도로 발전하는 기술과 격변하는 사회·문화를 누구보다도 빠르게 습득하고 적응하여 이를 주도할 수 있는 세대는 바로 청년층임에도 불구하고 이들에게 적합한 일자리는 충분히 제공되고 있지 못한 것이다. 청년실업의 문제가 우리 사회의 미래와 직결되는 중요한 사안으로 등장하였음을 감안할 때 창업과 일자리 창출을 목표로 삼은 도시재생 뉴딜의 정책방향은 시의적절하다고 보인다.

2017년 9월 국토부에서 발표한 도시재생 뉴딜의 사업구성 가이드라인을 살펴보면, 사업구성의 네 가지 유형 중 상업·산업·문화 기능의 활성화를 목표로 하는 '일자리 창출' 유형이 있다. 일자리 창출이 도시재생 뉴딜에 있어서 비중 있게 자리하고 있음을 확인할 수 있는 대목이다. 이 유형에는 전체 57개의 사업모델안 중 14개의 모델이 포함되어 있는데, 복합시설 개발, 골목경제 활성화, 구도심 정비 등 이미 추진해 오던 개발·정비 사업들이 다수 포함되어 있다. 기능적으로 쇠퇴한 지역을 개발·정비하여 새롭게 활성화시키겠다는 전략이다. 한편, 이번에 새롭게 추진되는 사업도 있다. 그리고 그 중

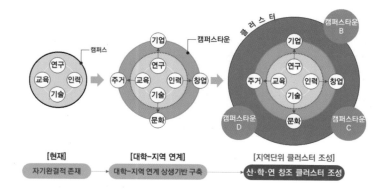

캠퍼스타운의 개념

심에는 인적人的 · 물적物的 · 지적知的 자원을 풍부하게 보유하고 있는 '대학'이 자리매김하고 있어 대학을 통한 도시재생에 이목이 쏠리고 있다. 바로 캠퍼스타운 조성사업이다.

캠퍼스타운 개념

'캠퍼스타운'은 아직 법적 정의가 정립되지 않았지만 유사한 개념으로 영미권에서 사용하고 있는 'college town', 'university town' 등의 용어가 있다. 이 용어들을 바탕으로 '캠퍼스타운'은 대학과 지역이 상호협력적 관계를 통해 사회 · 경제적으로 상생기반을 구축하여 지역의 성장동력을 지속해 나가는 창조적 클러스터로 정의할 수 있다.

지금까지의 대학시설과 대학 인근 지역의 기능을 되짚어 보자. 그동안 대학은 교육과 연구를 중심으로 인력양성소의 역할을 해 왔다. 매년 대규모의 입학생들이 교육을 받아 우수한 인력으로 성장하여 졸업생으로 배출된다. 한편, 대학 인근 지역은 대학이 제공하지 못하는 대학생 및 교직원들의 의 · 식 · 주 수요를 충족시키는 공급자로서 역할을 해 왔다. 즉, 대학과 지역이 상호 간에 수요-공급자로서 뚜렷한 구분 없이 하나의 공동체로 상생해 온 것이다. 이는 '대학'이 당초 교육자와 피교

육자로 구성된 조합의 의미를 띠고 있었을 뿐 공간적 경계의 의미는 담기지 않았으며, '대학'을 의미하는 'university'의 어원인 'universus'가 '공동체society', '조합guild' 등을 의미한다는 사실과도 일맥상통한다. 대학은 지역사회와 공간적으로 맞닿아 있을 뿐 아니라, 사회 · 경제적으로도 깊은 관계를 맺고 있기 때문에 대학과 지역 간의 협력적 관계를 구축하는 것은 자연스러운 현상이며, 지역사회의 성장에 있어서도 매우 중요한 사안이다. 그러나 오늘날 대학과 지역의 관계를 면밀히 살펴보면 대학과 지역이 주거와 문화 등 다양한 지역현안 문제로 상호갈등을 겪고 있다는 소식을 종종 접하게 된다. 이는 대학이 시설규모를 지속적으로 확장하여 지역사회가 담당해 오던 공급기능을 대학 내부로 흡수함으로써 점차 자기완결적인 시설로 변모하였기 때문이다. 자기완결성이 높아짐에 따라 점점 뚜렷해지는 대학과 지역 간의 경계로 대학과 지역이 분리되어 결국 상호관계가 약화되고, 이로 인한 지역기능의 쇠퇴가 장기적으로 지역 성장의 걸림돌이 되어 사회문제로까지 확대되는 가운데 캠퍼스타운 조성이 그 대안으로 등장하였다.

캠퍼스타운의 사례

해외에서는 대학과 지역의 상호협력적 관계를 구축하기 위해 크게 두 가지 방법을 활용하고 있다. 첫 번째는 대학이 직접 지역에 성장동력을 제공하는 방법이다. 이는 지역에 교육 및 연구를 위한 대학시설을 확장 및 신축하여 연구개발을 통한 경제동력과 더불어 지역 커뮤니티를 위한 교육공간을 제공하는 등의 물리적HW인 방법과 지역과 연계한 마을장터나 문화행사를 개최하는 등의 비물리적SW인 방법으로 세분된다. 미국 콜롬비아 대학의 '맨해튼빌manhattanville'과 펜실베이니아의 '대학도시College Town', 일본 와세다 대학의 '상점가 마을만들기' 등이 대표적인 사례다. 다른 하나는 대학이 간접적으로 지역에 성장동력을 제공하는 방법이다. 공공의 주도나 대학과 민간기업 간의

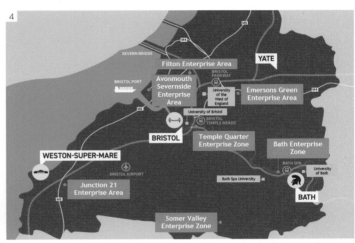

1. 콜롬비아 대학의 '맨해튼빌'　　2. 펜실베이니아의 '대학도시'　　3. 바르셀로나의 'PCB'　　4. 영국의 'UEZ'

파트너십을 통해 추진되는 이 방법은 기업이 대학의 내부 또는 인근 지역에 입지하여 산·학·연 연구개발 클러스터를 형성함으로써 지역에 산업경제부흥을 비롯한 다양한 서비스를 제공하고, 나아가 기업의 기부 및 지역의 재투자를 유도함으로써 지속가능한 일자리 창출을 도모한다. 대표적인 사례로 스페인 바르셀로나의 'PCB^{Parc Científic de Barcelona}', 영국의 'UEZ^{University Enterprise Zones}', 이스라엘의 'HAIFA Technion' 등이 있다. 이 두 방법들은 모두 대학의 직·간접적인 공급을 통해 지역이 대학과 상생기반을 구축한다는 점에서 공통분모를 갖는다.

캠퍼스타운 사업의 발자취

도시재생 뉴딜의 관점에서 바라보는 캠퍼스타운은 앞서 소개한 해외의 캠퍼스타운 사례와 유사하면서도 한편으로는 차별된 특징이 있다. 해외의 캠퍼스타운이 '무엇을' 조성하는지에 초점을 맞추는 프로그램 중심적 관점이라면, 도시재생 뉴딜에서의 캠퍼스타운은 '누가' 조성하는지에 초점을 맞추는 주체 중심적 관점에 가깝다. 따라서 캠퍼스타운 사업은 사업의 추진도 중요하지만 그 이후의 운영과 관리를 참여주체들이 어떻

캠퍼스타운 핵심주체 및 참여주체

게 지속적으로 이어갈 것인지도 중요하다. 즉, 시행주체가 상호 어떤 관계를 구축하여 캠퍼스타운을 조성하고 지속적으로 운영해 갈 것인가가 중요한 요소인 것이다. 도시재생 뉴딜사업 가이드라인에서 캠퍼스타운 조성사업의 시행주체 조직부터 각 주체별 역할에 이르기까지 다양한 고려가 반영되어 있고, 시행주체의 범위도 주민, 단체, 민간에서부터 공기업과 지방정부에 이르기까지, 여타 사업모델보다 광범위하게 제시하고 있다는 점에서 이를 확인할 수 있다.

캠퍼스타운 사업에 대한 고민은 2013년 서울시에서 발표한 '지역과 상생하는 대학가(캠퍼스타운) 조성 기본계획'으로 거슬러 올라간다. 서울시에서는 캠퍼스타운이 도시재생 뉴딜에 포함되기에 앞서 사업을 구상해 왔으며, 2016년부터 자체적으로 캠퍼스타운 사업을 본격 추진해 오고 있다. 사업을 추진하기에 앞서 서울시에서 발표한 '2030 서울플랜'은 저성장기조 속 증가하는 공공정책 수요를 대응하기 위해 한정된 자원을 효율적으로 이용하기 위한 성장전략을 설정하고 있다. 또한, ICT 기반의 4차산업혁명 시대가 도래하면서 도시의 협업생태계가 강조됨에 따라 일자리 창출과 창의·혁신에 기반한 글로벌 경제도시로의 도약과 산·학 연계 활성화를 통한 융·복합적 창의성 제고를 도모하고 있다. 서울형 캠퍼스타운 사업은 이러한 2030 서울플랜의 기조를 반영하여 창업육성을 핵심 추진목표로 설정하고 있다. 특히 청년·대학생들이 창조·혁신의 주축이 되어 대학과 지역의 상생성장과 미래가치를 창출하도록

도모한다. 이러한 목표로 2016년 고려대학교가 캠퍼스타운 우선사업지로 첫발을 내딛어 사업을 활발히 추진하고 있으며, 그 뒤로 열세 개 대학이 각기 특성을 반영한 캠퍼스타운으로 서울 각지에서 사업을 추진하고 있다. 최근에는 세 개의 기관이 추가로 선정되어 청년창업을 중심으로 사업추진을 준비하고 있으며, 서울시는 앞으로도 꾸준히 대학을 선정하여 캠퍼스타운 조성에 박차를 가하겠다는 계획을 세우고 있다.

캠퍼스타운 사업의 성과 및 기대효과

캠퍼스타운 사업은 2016년에 활성화계획 수립부터 사업 실행에 이르기까지 순차적으로 진행되고 있기 때문에 지금 이 순간에도 사업의 성과가 꾸준히 나오는 중이다. 현재 캠퍼스타운 사업을 추진하는 서울시 소재 대학들을 대표해서 고려대학교의 사업성과를 살펴보자. 고려대학교 안암동 캠퍼스타운은 'Smart'를 핵심어로 선정하여 스마트 기술을 기반으로 캠퍼스타운을 조성하기 위해 다양한 사업을 추진 중이다. 하드웨어적 사업 중 하나로 'Smart Start-up Studio'와 'Smart Start-up Square(창업카페)'를 조성하여 청년·대학생들의 창업활동을 지원하기 위한 공간을 제공하고 있다. 또한 대표 대학가인 참살이길은 'Smart Street'로 조성되어 가로공간과 인근 상점에서 관측·수집되는 정보 데이터베이스를 통해 향후 지역 수요시설

◀ 대학 · 지역 연계수업
▶ 캠퍼스타운 토론회

을 공급하거나 매장의 판매전략을 고도화하는 등 다양한 창업 활동을 장려할 수 있다. 창업거점센터는 개발부터 실증을 거쳐 사업화와 홍보 · 체험에 이르는 일련의 창업과정이 집약되는 공간으로 새롭게 탄생할 예정이다. 이외에 소프트웨어적 사업으로 '지역연계수업'과 '지역연계축제'를 비롯하여 지역주민의 창업이해도를 증진시키는 '캠퍼스타운 아카데미' 등 다양한 역량강화 사업을 운영하고 있으며, 지역주민들과 청년 · 대학생들의 다양한 아이디어를 실현할 수 있도록 수차례 '창업 경진대회'를 추진해 오고 있다.

현재 고려대학교 안암동 캠퍼스타운에서는 약 3년간 사업을 추진해 온 결과, 2019년 9월 기준 730명이 넘는 직 · 간접 일자리가 창출되었다. 창업지원을 받은 창업자들의 매출창출 및 자본유치 규모는 약 116억 원, 사업자 등록 28건, 특허 및 상표의 등록 · 출원 등 지적재산권 52건이라는 괄목할 만한 성과를 창출해 내었다. 이외에 국내외 언론 및 기관에서도 고려대학교 캠퍼스타운을 선도사례로서 큰 관심을 보이고 방문하거나 인터뷰하는 등 자연스럽게 대외적으로 홍보도 활발히 이루어지고 있어 앞으로의 전망도 기대된다.

2016년 서울시에서 처음 시작된 캠퍼스타운 사업은 이제 막 걸음마를 떼기 시작하여 도시재생 뉴딜을 통해 전국적으로 확산될 예정이다. 앞으로도 고려대학교를 필두로 전국 곳곳의 캠퍼스타운 사업지에서 눈부신 창조적 성과가 나올 것으로 기대하고 있다. 이러한 성과는 창업과 일자리 창출의 초석으로서 도시의 경쟁력을 높이고 궁극적으로는 도시재생을 혁신적이고 성공적으로 이끌 것이다. 특히, 캠퍼스타운을 추진하기 위해 다양한 주체가 참여하여 공동체를 형성하고 지속가능한 활성화 기반을 구축한다는 점에서 캠퍼스타운은 자발적 참여와 지속적 자족성을 요구하는 오늘날의 도시 패러다임에 적합한 모델이기도 하다. 캠퍼스타운이 창업과 일자리 창출의 메카로서 앞으로 도시재생 뉴딜이 나아가야 할 궁극적인 방향을 제시하는 도시혁신의 선도모델이 되리라 기대해 본다.

켄달 스퀘어 전경(출처: KSURP Map & Kendall Cambridge Redevelopment Authority)

캠브리지 켄달 스퀘어 도시재생이 시사하는 것들

김우영(성균관대학교 건축학과 교수)

서론

켄달 스퀘어Kendall Square는 유서 깊은 캠퍼스타운의 흔적을 간직하고 있다. 1793년 보스턴 다리로 비콘 힐Beacon Hill과 캠브리지 East Cambridge가 연결된다. 이후 뉴잉글랜드의 첫 번째 철도가 운행되면서 캠브리지 터널로 하버드 스퀘어와 켄달 스퀘어에 철도역이 개통된다.

산업시대 캠브리지의 중심지역 켄달 스퀘어는 제2차 세계대전 이후 1950년대 후반 다른 대다수 도시와 마찬가지로 대공황의 피해에서 완전히 회복하지 못한 채 황폐화된 도심과 마주하게 된다.

캠브리지 도시재생

1964년 연방정부는 1949년 주택법의 규정에 따라 창설된 캠브리지 재개발 당국CRA: Cambridge Redevelopment Authority이 요청한 켄달 스퀘어 재생계획에 착수한다. 1965년 켄달 스퀘어 도시재개발계획이 캠브리지 지역 기획위원회 및 시의회, 매사추세츠 주정부 도시재생부서 및 연방정부 주택 및 도시개발부의 승인을 완료하게 된다.

1967년 미항공우주국NASA 이전 부지 및 골든 트라이앵글에 대한 개념계획이 1973년 시의회에 보고되고, 복합용도개발에 대한 집약적 용도계획이 CRA 주도로 검토된다. 1974년 특별위원회 이사회에서 채택된 복합용도 근린계획Neighborhood Plan은 1975년 프로젝트 교부금 1500만 달러를 확보하게 된다. 환경영향조사 착수 등을 거쳐. 1976년 CRA는 도시토지협회Urban Land Institute에서 진행된 프로젝트 검토를 담아 복합용도 권장사항을 제출한다. 1977년 시의회는 만장일치로 켄달 스퀘어 도시재생계획Kendall Square Urban Renewal Plan과 구역조례수정Zoning Ordinance Amendment 승인을 통해 복합용도 개발지구를 확정한다.

1978년 사업 개발자로 보스턴 프로퍼티즈Boston Properties, Inc.을

캠브리지 켄달 스퀘어 도시재생이 시사하는 것들   153

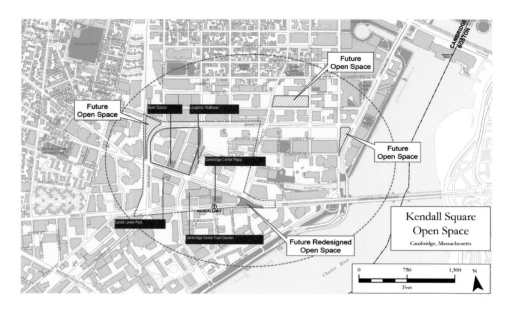

켄달 스퀘어 오픈 스페이스 계획(출처: Kendall Square Urban Renewal Plan KSURP Open Space 2016.03.16)

선정, 1979년 CRA는 사업 개발자와 개발계약을 체결하고 약 14만 제곱미터 대상 부지에 민간개발자금 조달을 확정한다. 이로써 15년에 걸친 켄달 스퀘어 재생사업이 현실화된다. CRA는 새로운 거리 네트워크 및 토마스 공원 건설, 기존 공간 조경, 중간 스트립 설치, 벽돌 보도 및 보행자 전용통로를 아우르는 프로젝트 영역 전반에 걸쳐 기본적인 공공시설 개선사업을 추진한다.

2000년 캠브리지에서 개발지로 채택된 토지 이용에 대한 포괄적 연구를 통해 2001년 기획위원회와 시의회에 1만 8580제곱미터 규모의 주택용도 승인 신청이 추가로 제출된다. 2002년 CRA는 주택 및 오픈스페이스 연합Housing and Open Space Coalition 자문단 소집을 통해 권위자 권고안을 제출, 환경 업무 집행 및 추가 프로젝트에 대한 주택 및 지역사회 개발부의 승인을 획득한다. 2006 켄달 스퀘어의 거리개선사업 예산 75만 달러 승인으로 오픈스페이스 개발을 위한 프로젝트의 디자인을 진행하게 된다.

공터 활용 복합용도 개발

최근 도시재생에 따른 첨단 분야의 산학 클러스터가 지역의 개발 수요를 촉진시켜, 약 90만 제곱미터의 켄달 스퀘어 도시재생계획이 추가로 추진 중이다.

켄달 스퀘어 도시재생계획은 도시계획위원회와 CRA의 공동 청문회를 거치게 되며, 두 기관이 사업부지에 대한 관할권을 공유하고 해당건물의 디자인 계획 승인을 담당하게 된다.

새로운 상업 및 주거 혼합개발의 특별허가 사례인 켄달 스퀘어 복합용도지구the Kendall Square Mixed Use Development District(이하 복합지구) 계획은 복합용도 공터개발 개념계획the MXD Infill Development Concept Plan(이하 개념계획)으로 연면적 약 31만 제곱미터 사업에 대한 캠브리지 용도지역조례 14조 및 수정조례 10항에 따른 켄달 스퀘어 도시재생계획을 다루고 있다.

개념계획안은 켄달 중심지역의 네 개 복합용지에 약 10만 제곱미터 건설사업을 위한 조닝 조례 변경을 포함한다. 계획안은 캠브리지 CRA 승인 및 도시계획위원회 특별허가를 얻어 사업 권한을 부여하는 일반적인 순서로 진행된다.

보행자용 오픈 스페이스(출처: Kendall Square Urban Renewal Plan KSURP Open Space 2016.03.16)

보행자용 오픈 스페이스 옥상공원 조경(**출처:** Kendall Square Urban Renewal Plan KSURP Open Space 2016.03.16)

핵심사업인 공터활용개발계획Infill Development Concept Plan은 보스턴 프로퍼티즈에 의해 추진 중이며, 위키드 로컬 캠브리지 뉴스에 따르면 약 5만 6000제곱미터의 상업공간과 3만 7000제곱미터의 주거공간이 비니 거리와 갈릴레오 거리 교차 지역에 추가될 것으로 보인다. 재생사업은 2016년부터 2024년까지 단계별로 진행될 계획이다. 초기 단계는 부지개발과 연계된 자전거와 보행자 경로를 개조하는 것을 포함한다. 완성 단계에서는 주차시설의 상부에 소득수준별로 차별된 소형 임대주거들이 조성된다. 사업자는 주거 규모와 수준을 고려하여 전체에 걸쳐 400채의 주택을 보급한다. 이 중 20%는 저렴한 주택으로, 5%는 중간소득계층으로, 최소 20%는 소유용 주택으로 관리될 계획이다. 이는 캠브리지 주정부와 연방기금으로 운영되거나 규제받는 저렴한 주거비율을 반영하고 있다.

계획승인이 이루어지면, 각 건축행위에 대한 특별허가를 생략하고 유연하게 개발사업을 허가할 수 있다. 현재 진행 중인 사업과 미래 개발될 사업 모두에 적용되는 도시 맥락과 개념을 제공하게 된다. 복합용도 공터활용개발 개념계획은 조닝 적합성, 오픈 스페이스 계획, 상가계획, 교통 및 기반시설, 환경영향, 지속가능계획, 단계계획, 디자인 지침 등으로 구성된다.

개념계획안에 대한 위원회는 오픈 스페이스의 개념과 지속가능한 전략, 매스 형태 및 지속가능성 업데이트, 기존 공원 상태, 도로진입 가능 여부, 보행통로 인접 여부, 보행자 휴식공간 여부, 행사의 가변적 프로그램 운영 여부, 지상건물 공원연계 여부, 양지바른 공간과 음영 공간의 미세기후 디자인 반영 여부, 인접 건물에 대한 비례 및 연관 관계, 보다 상위의 지속가능 디자인 전략과의 정합성 등을 다루게 된다.

에코 디스트릭트

친환경디자인을 위해 켄달 스퀘어 도시재생사업KSURP: Kendall Square Urban Renewal Project은 2016년 연례보고서에서 지속가능 도시의 건물단위 기본구상을 에코 디스트릭트Eco District로 명명하여 별도로 다루고 있다. 에코 디스트릭트는 지속성을 가속시키는 올바른 스케일을 강조한다. 충분히 작은 스케일의 혁신도 신속히 반영하고, 충분히 큰 스케일에서 의미 있는 영향을 유도할 수 있도록 유연한 지구단위계획을 운영하는 목적을 지닌다.

근린단위 스케일에서 건물과 기반시설 사업, 커뮤니티와 개별 행위 등을 연계하는 동시에, 지구단위 스케일 사업, 지구 에너지, 그린 가로, 스마트 그리드, 수요 관리 및 자원 공유 등을 통합하는 것으로 알려져 있다. 사업 시행 정책의 부족이나 도시 차원의 규제 등 개발을 느리게 하는 장애요인을 개선하도록 광범위한 전략의 전개를 권장하고 있다.

에코 디스트릭트 사업에서는 근린단위 특성과 커뮤니티의 우선순위를 적극 반영하는 동시에 향후 진행될 잠재적 사업에 대응하기 위한 세부사항을 다루고 있다. 대표적인 사항은 지구단위 에너지 및 물 관리, 자전거 공유, 빗물 취수 등 스마트 그리드 조성, 지구단위 퇴비, 폐기물 에너지 전환 등 제로폐기물 프로그램, 도시농업, 식재 캠페인, 녹지 지도 등 그린(녹지) 가로조성, 자동차 공유, 자전거 길, 보행로 향상, 안전 통학로, 복합 운송 등 교통수요 관리 등의 구체적인 지침을 포함한다.

에코 디스트릭트에 대한 기획, 실행 및 운영을 위해 포틀랜드 지속(가능)협회Portland Sustainable Institute가 2009년 조직된다. 협회는 현재 진행 중인 아홉 개 지역을 대상으로 특화된 비전과 목표 및 지침들을 통해 지역별 사업이행 장애들을 제거하고 근린단위에서 지속가능성을 가속시키는 실행전략을 개발한다. 사업성공을 위해 실현 가능한 해결방안 등에 능동적인 커뮤니티의 참여를 유도하는 역할도 수행한다. 이는 세부항목들에 대한 평가에서 새로운 방식의 자본 및 공공정책 지원 등을 포함한다.

에코 디스트릭트 사업지구의 평가 및 사업 타당성 검토부터 지구개발 및 관리 등의 과정에서 포틀랜드 지속협회는 대상 사업들이 도시의 지속가능성을 근린단위에서 구체화할 수 있도록 이해관계자의 입장을 조정한다. 이 과정에서 사업의 효과 및 이익이 합리적인 스케일에서 검토될 수 있는 새로운 의사결정 방식을 개발하는 부분도 핵심적인 업무다.

에코 디스트릭트 사업은 합작투자 조직개발을 적용해 민간 자본을 근린단위 사업으로 유도한다. 에코 디스트릭트 실행 협의체에서는 사업에 필요한 우호적 공공정책 창안을 위해 근린단위 지역과 사업자 간의 커뮤니케이션을 담당한다. 에코 디스트릭트 수행 지역에서는 개발과 관련된 철저한 협의 과정을 거쳐 지속가능한 개발 전문가의 의견을 반영하고, 수행지역의 세부적 계획이 국제적 인증 및 등급 시스템에 의해 정확히 평가되어 정보로 공개되도록 사업의 객관성과 투명성을 제고하고 있다.

결어

브렌트 라이언Brent Ryan 교수는 도시건축이론에 기초해 훌륭한 건축물이 도시를 부흥시킬 수 있다고 역설한다. 2012년 저서 《쇠퇴기 이후의 디자인Design After Decline》은 산업화의 주요 에피소드가 끝난 후 도시로 되돌아가려는 도시계획의 새로운 움직임을 부각하고 있다.

"디자인은 사회 개선에 기여할 수 있는 많은 힘 중 하나로 … 대부분 사람들의 삶의 한 부분으로서 매우 중요하다"는 라이언의 일갈은 도시재생을 통해 최근 진행되는 경제적 쇠퇴를 뒤집을 수는 없지만 적어도 밀도와 이동을 기반으로 도시의 새로운 가능성을 되짚어 볼 수 있다는 점을 시사하고 있다.

도시 생태계와 스마트시티의 만남을 통한 지속가능 도시재생

김도년(성균관대학교 건축학과·미래도시융합공학과 교수)

스마트시티는 우리에게 없는 거창하고 복잡한 기술이나, 새로운 거대 도시를 만드는 것이 아니다. 다시 말해 영화와 같이 현란하고 깜짝 놀랄 만한 도시를 만드는 것이 아닌, 현재 우리가 보유한 기술을 통합하여 좋은 도시를 만들어 가는 과정이다.

도시의 역사는 스마트시티의 과정이다. 도시는 기존 문명에 그 시대의 새로운 기술을 더하며 진화해 온 문명과 문화의 누적체로 인류 역사를 상징한다. 오늘날의 도시는, 도시 문제를 해결하고 새로운 수요에 대응하기 위해 그 시대의 첨단 지식과 기술, 제도를 현명하게 사용해 온 과정과 결과의 축적이다. 결국 도시의 역사는 각 시대의 스마트시티를 만들어 온 역사라 할 수 있으며, 이 과정에서 스마트시티를 가능하게 한 기술과 산업을 선점한 도시들이 세계의 문명과 문화를 주도해 왔다.

스마트시티의 개념은 우리 삶 속에서도 항상 존재해 왔다. 스마트시티의 핵심가치는 시대가 지향하는 환경·사회·경제적으로 지속가능한 발전을 목표로, 첨단기술을 활용하여 각 도시에 적합한 건강한 성장과 다음 세대를 위한 도시로의 진화를 실현해 가는 데 있다. 더 적은 자원으로 더 많은 것을 할 수 있어야 하고, 더 적은 공간에서 더 다양하고 좋은 활동이 일어날 수 있어야 한다. 결국 스마트시티와 도시재생은 현재의 문제를 해결하고 새로운 수요에 대응하여 모두의 행복과 삶의 질 향상에 기여하는 좋은 도시환경을 만드는 것이다.

최근 스마트시티에 세계적 관심이 집중되는 이유는 오늘날의 ICT, IoT, AI와 빅데이터로 대표되는 첨단기술들의 발전 속도와 성능, 잠재력이 현재 우리 시대가 직면한 각종 문제와 새로운 수요에 대응할 수 있는 가능성을 급격하게 높여 주고 있기 때문이다. 그 결과, 스마트시티는 인류 미래를 위협하는 기후변화와 도시화를 동시에 해결할 수 있는 대안으로 여겨지고 있다. 또한 기존 도시의 생태계를 회복하고 더 나아가 포용도시의 가치를 실현할 수 있는 방안이자 사람들의 삶의 질을 향상시킬 수 있는 가능성이 높은 모델로 평가되고 있다.

◀ 1997년 난지도
▶ 2017년 상암디지털미디어시티

도시 산업기능의 회복을 통한 주거 · 일 · 여가의 도시 생태계 재생

스마트시티는 도시의 생산기능, 특히 첨단제조업을 회복시켜 도시 생태계를 재생시킬 수 있는 가능성이 높은 도시 모델로 인식된다. 도시는 살고 일하고 또 여가와 문화를 즐기는 기능이 조화롭게 공존하는 장소다. 주거, 일, 여가의 장소가 통합되고 균형을 이루면 교육과 산업이 촉진되어 도시 생태계가 조성된다.

지난 세기, 도시의 공장들은 환경 · 사회 · 경제적 문제로 인하여 도시 외곽으로 이전되었다. 따라서 도시 내 주요 생산기능은 축소되었고, 도시는 소비와 서비스 중심으로 재편되었다. 이미 뉴욕과 런던, 파리 등 주요 도시들의 제조업 비율은 5%를 넘지 않고, 서울 역시 지속적으로 감소하고 있다. 이러한 도시 산업구조는 더 나은 삶과 일자리를 찾아 도시로 몰려온 인재들의 기회를 감소시켜 왔다.

그러나 21세기에 접어들어 디지털 기술의 혁신적 발달과 함께 첨단제조업으로 대표되는 도시 생산기능의 중요성이 재인식되고 있다. 디지털 기술의 발달로 첨단제조업이 도시 내에 입지할 수 있게 되면서 도시 생산기능을 회복할 수 있는 가능성이 열린 것이다. 따라서 세계 주요 도시들은 스마트시티와 도심재생을 연계하여 도시 내 첨단제조업을 기반으로 창조적 인재가 어우러진 산업생태계 회복이 지속가능한 성장과 미래 경쟁력 확보에 가장 중요한 조건이라 말한다.

도시재생과 스마트시티를 접목한 상암디지털미디어시티 DMC는 5만 개의 일자리를 창출한 도시생산 공동체의 성공사례로 널리 알려져 있다. 창업 단계의 스타트업부터 대기업까지 1000개의 기업이 매년 20조의 매출과 1100억의 세수를 창출하는 지속가능한 모델이다. 낙후된 항만지역을 혁신지구로 재생시킨 보스턴의 이노베이션 디스트릭트innovation district는 개발 이후 약 1년 동안 700여 개의 신생기업을 창출했으며, 3만 개의 일자리 창출과 연 6700만 달러의 세수가 기대되고 있다. 이들 사례는 도시 내 생산기능과 창업활동이 창조적 인재 유입의 기반이 되고, 다양한 정보와 지식의 공유를 통한 혁신 활동과 새로운 자원의 지속적 생산 · 축적으로 도심재생의 가능성을 높일 수 있음을 보여 준다.

결과적으로 스마트시티와 도시재생은 제조업 쇠퇴와 도심 활력 저하라는 기존의 도시 문제를 해결하여 도시 생산기능을

◀ 아이디어를 시제품으로 쉽게 만들 수 있는 스마트 메이커 스페이스 '디지털 대장간'
▶ 협업이 자유롭고 자연스럽게 개방되는 투명한 공간구조

회복하고, 궁극적으로 주거, 일, 여가·문화의 기능이 어우러진 건강한 도시 생태계 조성과 미래 세대의 요구에 대응하는 지속가능한 도시 발전의 기반이 될 것이다.

포용 도시의 가치 실현과 생활공동체 회복

도시 내 주거지에서는 기초적 생활이 어렵다. 생활 인프라의 부족으로 안전문제와 위생문제 등 거주환경의 질 저하가 지속적인 문제로 대두되어 이로 인해 생활공동체의 붕괴가 가속화되고 있다. 최근까지 사회적 부작용과 부담이 있음에도 불구하고 아파트 재개발이라는 전면적인 환경 교체를 통해 이러한 문제를 해결해 왔다.

스마트시티는 스마트 커뮤니티로 주민 간의 소통과 공동체의식 함양, 그리고 맞춤형 생활 인프라의 공급과 공유를 통해 도시 생활공동체를 회복할 수 있는 가능성을 제시하고 있다. 첨단기술과 빅데이터 기술을 활용해 주민들의 수요를 실시간으로 파악하고 부족한 토지와 공간자원을 효율적으로 사용한다면 안전문제와 더불어 주차, 쓰레기 처리 등의 기초적 생활문제를 해결하고 삶의 질 향상을 위한 실효성 있는 해법을 마련할 수 있다.

특히 스마트시티는 시민 간 커뮤니티 공동체의 소통을 향상시켜 주민참여를 보다 활성화시킬 수 있다. 이제 디지털 기술은 장소, 시간 등 소통의 한계를 극복할 수 있다. 홈 네트워크 시스템과 AI를 결합한 IoT 플랫폼을 저층주거지에 접목한다면 다양한 의견 제시와 상호 소통을 도와 실질적인 주민 참여와 함께 공동체 형성을 가능하게 할 것이다. 또한 사람과 기계, 기계와 기계 간의 소통을 통해 그간 실현하기 어려웠던 실시간 관리Realtime management가 가능하다. 스마트시티는 거주, 일, 여가와 문화가 어우러진 도시생태계와 생활공동체를 회복하여 포용도시 개념의 도시재생을 실현할 수 있다.

최근 국가적 차원에서 진행하고 있는 도시재생 뉴딜사업에 있어 중요한 것은 도심 주거지 재생의 실현이다. 그동안 소외되었던 노후화된 저층주거지의 환경을 개선하여 차별 없이 모두가 접근 가능한 도시 환경을 조성하는 동시에 도시의 혜택을 고루 제공하기 위해서도 스마트시티의 도입은 필요하다.

대한민국 IT를 이끌어 온 낡고 오래된 용산전자상가에서 재생의 가능성을 보여 주는 창업과 해커톤의 요람 그리고 혁신창업 플랫폼인 용산 Y밸리 상상가

스마트시티와 도시재생의 경험과 역량

스마트시티는 세계적으로 상당 부분 검증된 미래 도시의 방향이다. EU와 미국이 핵심 정책분야로 채택하였고, IBM, CISCO, 지멘스와 구글 등 세계적 기업들이 이미 상품화를 위해 경쟁하고 있다.

많은 국가와 도시, 기업들이 스마트시티에 대해 가장 경쟁력 높은 국가로 우리나라를 꼽고 있다. 이미 우리나라 도시 곳곳에는 첨단정보통신ICT 인프라가 설치되어 있고, 기업 및 생산 활동뿐만 아니라 일상생활 곳곳에 스마트시티 기술들이 상용화되어 있기 때문이다. 우리가 가진 세계적인 수준의 건설산업 역량과 ICT, IoT, 소재, 전자, 통신기술산업을 융합하여 스마트시티라는 상품으로 패키지화하고 이를 도시재생과 연계한다면 세계 스마트시티 시장에서 충분한 경쟁력이 있다.

스마트시티 기술과 도시재생의 가치 실현을 위해 접목과 융합은 필수적이다. 좋은 도시를 만들고 가꾸기 위해서 첨단기술을 활용하는 계획 태도와 정책기조가 매우 중요하며 세계적 담론을 주도하기 위해서 작은 성공 사례들이 중요하다.

최근 서울시는 컴퓨터 · 전자제품 유통단지인 용산 전자상가를 도시재생사업을 통하여 디지털 메이커 시티로 재탄생시켜 나가고 있다. 용산 전자상가 일대에 5G와 드론, 가상현실과 같은 신산업을 유치하여 디지털 산업 및 신산업과 기존 산업의 융 · 복합이 활발하게 이루어지도록 유도하고, 창업 및 교육시설, 창업주거 복합시설 등의 인프라 구축이 더해져 청년 일자리와 주거가 어우러지는 도시 환경으로 재생시키기 위함이다.

상암 DMC와 용산 전자상가 재생 사례처럼 국가적으로 추진하는 여러 사례를 살아 있는 실험실과 체험 가능한 테스트베드화할 수 있는 공감대 형성이 필요하다. 또한 광역시와 지방 도시에 적합한 맞춤형 모델 마련이 필요하다. 특히 생활공동체 회복을 위한 모델은 지속가능한 도시나 포용 도시의 가치 실현을 위한 기초단위가 된다는 점에서 매우 중요하다.

도시재생과 포용 도시, 스마트시티의 융합

도시 생태계를 회복하는 '도시재생', 다양한 사람들이 도시에 어우러져 살 수 있도록 서로 소통하는 공동체 회복과 '포용 도시'의 개념, 첨단 디지털 기술을 활용하여 도시 문제를 해결하고 새로운 수요에 대응하는 '스마트시티'가 융합된 모델은 현재 우리나라가 가장 유리한 여건을 가지고 있다. 이제 우리가 미래도시의 방향을 제시하고, 선도적 모델을 주도해 갈 수 있는 기회의 시점이다.

앞으로는 광주와 같은 지역적 거점에서 성공 사례를 만들어내는 것이 중요하다. 광주 일대의 혁신도시와 도시재생, 신도시와 원도심, 주민참여와 공동체 형성 등은 분리할 수 없는 복합적이고 통합적인 이슈다. 이러한 복합적 문제는 기존의 도시재생 · 관리방식과 함께 스마트시티의 디지털 인프라를 활용한다면 더욱 효율적으로 해결할 수 있다.

최근 광주 · 전남 공동혁신도시 오픈랩 조성사업 계획이 발표되었다. ICT 기반 에너지 융 · 복합 산업을 육성하고, 도시 내 지역기업 및 창업자들을 위한 개방형 실험실open lab을 구축하는 것으로 지역의 산업생태계 회복에 중요한 역할을 할 것이다. 이와 같은 사례가 성공적으로 실현된다면 지역경제 발전뿐만 아니라 국가의 미래 성장동력으로 거듭날 수 있다.

이 시대가 지향하는 개방, 참여, 공유, 분배를 통해 공유경제 · 포용 도시의 가치를 실현하고 궁극적으로 혁신지구와 스마트시티가 동시에 실현될 수 있도록 새로운 도시문화를 창출해야 한다. 스마트시티와 도시재생을 통해 기후변화와 도시화라는 세계적 문제해결에 대한민국이 앞장서고 인류의 미래를 위해 한 차원 높은 가치를 창조하는 기회로 삼기를 희망한다.

제4장

협치행정과 시민에 의한 도시재생

열린 행정을 통한 관 주도에서 시민 중심의 도시재생 그리고 지속가능한 도시재생 방안
으로 시민주도형의 지역 활성화 수법과 민관 협력을 통해 지역공동체와 함께 만들어 가
는 도시재생을 담고 있다.

조치원 왕성길 도시재생 전(상)과 후(하)

행정의 변화가 우리나라 도시재생 모델을 만든다: 세종시

황희연(충북대학교 도시공학과 명예교수)

우리는 세종시를 신도시 지역으로 알고 있다. 하지만 세종시에는 연기군, 청원군, 공주시의 기존 시가지가 공존한다. 국토균형발전을 위한 교두보로 건설 중인 세종시. 알고 보면 신도시 건설 지역과 기존 지역 간 불균형 문제로 시달리고 있다. 가뜩이나 낙후된 조치원에 있던 시청사, 교육청 등 주요 공공시설을 신도시 지역으로 이전해 갔으니 주민들의 상대적 박탈감이 극에 달했다. 세종시가 2015년부터 원도심(조치원) 살리기 사업을 본격적으로 시행한 이유다.

현재 인구 5만 명이 채 안 되고 노령화지수가 120%가 넘은 조치원 지역을 2025년까지 인구 10만 명이 살 수 있는 경제중심축으로 육성하기 위한 '청춘조치원 프로젝트'는 널리 알려져 있다. 이 프로젝트는 13개 부처 사업이 포함된 65개 사업으로 구성되어 있다. 2019년 7월 현재 35개 과제가 완료되고, 30개 과제가 추진 중이다. 매년 신규 사업도 발굴하고 있다.

왜 세종시 도시재생이 전국 모델이 되어 가고 있는가

세종시 도시재생은 다른 지역과는 확연하게 다르다.

첫째, 어느 지역보다 현장중심적 행정체계를 구축하였다. 도시재생 행정전담 조직인 '청춘조치원과(현 도시재생과)'를 현장에 배치시켜 도시재생 관련 업무를 총괄하고 있다. 여기에서 여러 부처 사업을 청춘조치원사업으로 통합하여 집중적으로 추진한다. 부서 간 협업과 조정도 함께 하고 있다.

둘째, 격주로 이루어지는 '청춘조치원과' 주간업무회의에 주민대표를 참석시켜 행정과 주민대표가 함께 업무협의를 한다. 2주간 추진했던 사업과 향후 2주간 추진할 사업을 보고한 후 토의를 거쳐 조정하고 보완하여 실행한다. '화요회의'로 불리는 이 회의는 2015년 7월에 시작하여 2019년 7월 현재까지 70회를 넘어섰다.

셋째, 주민·행정·전문가 100인으로 구성된 '조치원발전위원회'가 직접 의사결정을 한다. 실질적 거버넌스 행정체제를

도시재생 전의 마실골목

다시 탄생한 마실골목에서 진행된 마실수업

◀ 시장과 주민대표가 공동 주재하여 쟁점사항을 결정하는 나눔회의
▶ 도시재생대학에서 다문화팀의 활기찬 참여 모습

운영하고 있는 것이다. 도시재생, 경제 활성화, 문화재생, 공간디자인, 청년·교육문화 다섯 개로 구성된 분과위원회에서 도시재생사업의 발굴, 자문, 의결이 모두 이루어진다. 주요 사안은 전체 위원회를 열어 결정한다. 2019년 7월 현재까지 총 100회가 넘는 회의가 진행되었다.

넷째, 중간지원조직인 도시재생지원센터는 주민 스스로 자기 지역을 재생해 갈 수 있는 기틀을 만들어 준다. 주민역량 강화나 도시재생사업의 지원을 넘어 주민이 직접 재생사업을 추진할 수 있도록 뒷바라지하고 있다. 도시재생대학을 통한 주민교육과 함께 시범사업을 추진하고, 세종시가 지원하는 주민제안사업을 추진하도록 도와준다. 어느 수준에 이르면 중앙부처의 소규모 사업을 유치하여 추진하도록 지원한다. 중앙부처의 중·대규모 사업을 유치하여 추진하는 것이 최종단계에서 이루어진다. 이 과정에서 주민 스스로 사업 발굴, 사업계획서 작성, 예산 집행 및 정산 등을 하게 된다. 세종시 도시재생지원센터는 공동체 활성화 사업, 마을경제 활성화 사업을 도시재생과 연계하여 통합적으로 운영하기도 한다. 여러 부서 간 협력 사업을 기반으로 사업의 효율성을 높일 뿐만 아니라 주민의 폭넓은 참여를 꾀하고 있다. 도시재생대학의 열성적인 수강생을 중심으로 실습과정을 포함한 2년 코스 도시재생 코디네이

터 양성교육(2019년 7월 현재 40명)도 운영한다. 도시재생 전문 인력을 자체적으로 길러 내고 있다는 얘기다.

다섯째, 실무적으로 부서 간 합의를 이루지 못한 사항이 생기면 시장과 주민대표가 함께 주재하는 '나눔회의'를 개최한다. 해당 부서 담당자는 물론 주민대표들이 참여하여 자유로운 토론을 통해 이견사항을 조정한다. '나눔회의'는 2015년 7월에 시작하여 2019년 7월 현재 30회를 넘어섰다.

이뿐만이 아니다. 청춘조치원사업에 관련된 세종시 12개 부서 실무책임자와 주민대표가 참여하는 청춘조치원 프로젝트 점검회의를 분기별로 시장이 주재한다. 청춘조치원과, 지역공동체과 등 세종시 도시재생 관련 부서는 사안별로 전문가와 주민이 참여하는 협의체 23개도 운영하고 있다.

주민들이 달라졌다

주민의 자율성과 책임의식이 높아진 것이 무엇보다 큰 변화다. 주민 스스로 자기 지역의 발전과제를 발굴하고 추진하고 있다. 장기간 도시재개발지역으로 묶여 있다가 사업 추진을 못해 불만이 고조되었던 신흥리 주민들의 달라진 모습을 사례

로 들어 보자.

주민들은 도시재생대학을 통해 시범사업비 500여만 원을 받아 동네박물관을 만들기로 한다. 주민들이 직접 마을회관을 단장하고 집에 있던 오래된 물건이나 자료들을 모은다. 어설프게 시작했지만 전국에서 한 곳을 뽑는 국가기록원 '기록사랑마을' 사업에 발탁되어 탄력을 받는다. 공동체가 회복되고 노하우가 축적되니 농림부 '창조적 마을만들기', 행안부 '희망마을만들기' 사업을 연거푸 유치하여 추진하기도 한다. 2018년 12월 인근에 들어서고 있는 공공 실버주택 운영과 연계(노인일자리, 식자재 등 제공)한 협동조합을 설립하여 운영하고 있다.

매상이 떨어진다고 불평을 늘어놓던 상인들도 달라졌다. 조치원역 건너편 옛 왕성극장 골목 상인들 이야기다. 이 지역 상인들이 도시재생대학에 참여하면서 변화가 일어난다. 시범사업비 600여만 원으로 골목길 가드닝 사업을 시작했다. 바로 이어서 생활공예 중심 목요마켓을 운영한다. 농림부 읍소재지 정비사업 중 일부를 유치하여 경관협정으로 진전시킨다. 최근에는 행안부 '안전한 보행환경 조성사업'을 유치하여 '젊음의 거리'를 조성하고 있다.

소상공인인 열세 명이 협동조합을 만들어 20년 이상 모든 상가가 닫혀 있던 시장 가장자리 작은 골목길을 활기찬 거리로 바꾸어 놓는가 하면, 이곳에 다문화가정 주부들이 다문화 체험관 협동조합을 만들어 둥지를 튼다. 원도심 철로변 개선팀, 평리팀, 침산리팀, 아파트공동체팀 등 다양한 공동체가 자체적으로 움직이고 있다. 그 중심에는 항상 도시재생지원센터가 운영하는 도시재생대학(11기까지 운영 완료)이 있다.

상대적 박탈감과 행정에 대한 불만에 쌓여 있던 주민들도 마음을 열기 시작했다. 2018년 1월 2일 조치원역 광장에서 주민들이 마련한 청춘조치원과장 송별식이 있었다. 200명에 가까운 주민이 모여 송별사를 낭독하고 감사패와 꽃다발을 증정했다. 두 줄로 나열하여 떠나가는 과장에게 진심어린 박수를 치는 모습에서 그간 추진했던 도시재생사업에 대한 주민들의 마음을 느끼게 했다.

세종시는 전통적으로 행정이 가지고 있던 권한의 상당 부분을 주민들에게 넘겨주었다. 세종시의 행정방식 변화는 괄목할 만하다. 도시재생 관련 행정을 현장중심으로 통합하여 운영한 점, 민간중심 조직인 '조치원발전위원회'를 행정체계 속에 받아들인 점, 거버넌스 행정 시스템인 화요회의와 나눔회의를 실질적인 협치기구로 운영한 점 등은 우리나라 도시재생 행정의 새로운 지평을 열었다.

중앙정부도 바뀌어야 한다

세종시는 도시재생사업 추진을 위한 주민중심 협치체제를 적극적으로 운용하고 있다. 여러 정부부처 사업을 통합적으로 추진하여 상당한 성과도 거두었다. 하지만 아직도 풀어야 할 과제가 있다. 정부부처별로 사업지침이 따로 있고 사업추진 부서가 나누어져 있어, 여러 부처 사업을 통합적으로 일관성 있게 추진하는 데 구조적 한계가 있다. 예를 들어 농림부 사업은 교육회수 중심의 정량지표를 운용하는 경우가 많다. 이에 비해 행안부 사업은 마을공동체를 강조한다. 더구나 각 부처는 개별 시스템으로 해당 사업을 관리한다. 다른 부처사업과 연계되는 것 자체를 꺼려하는 일까지 발생한다.

이는 우리나라 예산제도가 지닌 구조적 문제다. 제도적으로 풀어가야 할 사안이다. 앞으로 여러 부처 도시재생 관련 사업들을 현장중심으로 연계·통합하여 추진할 수 있는 제도적 장치가 있어야 한다. 무엇보다 도시재생 관련 여러 부처 예산을 연계하여 운영하는 통합예산제를 도입해야 한다. 계획인증제와 같은 통합적 계획체계를 마련하고, 계획인증제를 적용할 도시재생특별계획구역과 같은 공간단위 운영도 요구된다. 여기에 이를 효과적으로 통괄하는 국가 차원의 기구는 필수적이라 하겠다. 이제 중앙정부가 바뀌어야 할 때가 되었다.

개항의 길. 1911년에 개설되어 1985년까지 기차가 다니던 임해부의 철로를 중심으로 사쿠라기초 역에서 미나토노미
에루오카 공원까지 3.2킬로미터의 프롬나드는 근대와 현대의 누적적(累積的) 워터프론트의 풍경을 체험할 수 있다.

창조적 문화행정이
도심부를 재생시키다:
요코하마

조용준(조선대학교 건축학부 명예교수)

왜 요코하마인가

인구 370여만 명의 요코하마는 공간과 시간이 함께 만든 도시미와 다양성은 물론, 공공성도 쉽게 느낄 수 있는 매력적인 도시다. 광주와는 제1회 동아시아 문화도시에 함께 선정돼 정부간 문화교류를 했던 이 도시는 다양한 문화예술의 수집, 가공발신은 물론, 아티스트와 크리에이터를 육성하고 있는 창조도시기도 하다.

　일본의 대표적 거리가 된 바샤미치 거리, 이세자키몰, 일본대로, 개항의 길 등 요코하마를 걸어 보면 이 도시가 다양한 인간관계를 형성하고, 풍요로운 감정을 느낄 수 있는 도심부 공간을 만들기 위해 얼마나 많은 노력을 해 왔는가를 실감하게된다. 또 근대건축을 얼마나 소중히 여기며, 도심부 재생의 화룡점정 요소로 삼고 있는지도 알게 된다. 특히 해안을 따라서입체적으로 조성된 약 3.2킬로미터의 '개항의 길'을 걸어 보면이 도시가 사람 냄새 나는 도심부를 만들기 위해 도시디자인에 기울인 노력을 느낄 수 있다.

요코하마는 미국에 개항한 1854년엔 겨우 100여 가구가 살고 있던 작은 마을이었다. 개항과 함께 지금은 도심부가 된 간나이에 외국인 거류지가 형성되면서 서양 건축물들이 들어서고, 연극공연장 등 여러 문물이 들어와 이색적 거리 표정을 만들었다. 그 후에는 관동대지진과 대공습으로 도심부 대부분이 파괴되기도 했고, 제2차 세계대전 후에는 미군이 도심부 시설을 장기간 접수하여 도심부 부흥이 늦어지고 경제적 활력이 저하되기도 했다. 또 도심 임해부에 있던 조선업의 불황과 교외 녹지의 난개발에 의해 도시적 과제가 속출하기도 했다. 이러한 요코하마가 지속적으로 창조적 문화행정을 전개하여 지금은 매력적인 도시가 되었는데, 특히 도심부가 그러하다는 평가를 받고 있다.

도심부 재생의 매체가 된 협의형 도시디자인

요코하마는 협의형 도시디자인을 통해 자연과 역사, 사람이 공생하는 도시가 된 것으로 유명하다. 이미 1965년에 일본 최초의 도시미 대책 심의회의가 설치되어 일찍부터 질 높은 도시공간 만들기에 관심을 가졌는데, 도시디자인의 역사는 1968년에 설치된 기획조정실에서 본격적으로 시작되었다. 자립적 도시 만들기와 분야별 사업을 횡적으로 연결하는 종합 조정형 실천적 도시 만들기를 목적으로 설치된 기획조정국은 때로 국가 제도나 사업방침에 반기를 들기도 했다. 구체적 사업으로는 녹지의 보존, 택지개발의 운영 등의 개발 컨트롤과 도심부 강화 등 '6개 도시사업'의 공적 프로젝트 실현이었다. 1971년에는 도시공간 질의 향상, 개성 창출을 담당하는 '도시디자인'이 세 번째 업무로 추가되면서 도시공간의 디자인이 시작되었는데, 그 주요대상이 도심부였다.

1971년에 기획조정실의 팀 신설을 거쳐 1982년부터는 도시계획국 도시디자인실로 확대, 개편돼 현재에 이르고 있다. 이팀이 창설될 때에 촉탁연구원으로 입청하여 정년퇴임 때까지 40여 년간을 도시디자인실에서만 근무했던 구니요시 나오유키 전 도시디자인 실장(전 광주 도시디자인 자문관)은 도시디자인 실현을 위해 국장 진급을 포기하고, 의회 등의 압력에도 굴하지 않았음을 자주 이야기하곤 한다. 어려운 상황이나 여러 압력에도 도시디자인을 일관성 있게 추진했다는 이야기다. 요코하마 도시디자인을 30여 년간 봐 오면서 느낀 것도 시장市長의 창조적이고 미래지향적인 도시 식견과 공무원들의 책임의식, 장인정신이 지금의 요코하마를 만들었다는 데에 대한 공감이다.

요코하마의 도심부를 걸어 보면 이 도시가 도시디자인 목표로 설정했던 일곱 개 항목이 도시공간에 아주 잘 스며들어 있음을 실감할 수 있다. '▲보행활동을 보호하며 안전하고 쾌적한 보행환경을 확보한다, ▲지역의 역사적·문화적 자산을 소중히 한다, ▲사람들이 접할 수 있는 장소와 커뮤니케이션의 장을 증대한다, ▲형태적·시각적 아름다움을 추구한다, ▲지역의 지형이나 식생 등의 자연적 특징을 소중히 한다, ▲오픈스페이스나 녹지를 풍부하게 조성한다, ▲바다나 하천 등의 수변공간을 소중히 한다'의 실현이다.

이는 도시 차원에서 시책으로 설정한 도시디자인의 목표가 분명하지 못하고, 개발계획을 수립할 때마다 각기 목표를 설정하는데다가, 이마저도 실행하지 못한 채 캐비닛 프로젝트가 되고 마는 경우가 많은 우리 도시들에 시사하는 바가 많다.

이 도시의 도시디자인은 먼저 대상지역의 디자인 정책을 정하고, 개발사업 주체와 지속적인 협의를 통해 실행하는 협의형이다. 최초의 도시디자인 사업은 도쿄 올림픽을 앞두고 중앙정부가 계획한 수도권 고속도로가 요코하마 앞의 공중을 통과하게 되자 도시경관을 저해한다며 중앙정부를 끈질기게 설득해 고속도로를 지하화한 것이었다. 이후 바다에 접한 야마시다 공원에 800미터의 산책로를 만들고, 가이칸 거리에 자리한 산업무역센터와 가나자와 현민홀의 벽면을 3미터 후퇴시켜 보도폭을 확대했다. 또 두 건물의 모퉁이에 하나의 광장(페어광장)을 설치했고, 우편저축회관 건물의 벽면을 후퇴시켜 갤러

▲▲ 요코하마 항 국제여객터미널. 현상 설계를 통해서 건축된 이 건물은 독특한 디자인과 옥상광장으로 인해 요코하마의 명소 중 하나가 되었다.
▲ 모토마치 상점가. 마치즈쿠리 협정에 의해 1, 2층의 벽면 후퇴와 용도 및 건물색채 지정, 간판의 위치와 크기 규제 등 건축물에 제한을 두고 있는 요코하마의 대표적 상점가다. 1년에 한 번씩 명품을 대폭 할인하는 등 전국적인 세일 행사를 열어 현지인은 물론, 관광객들도 많이 찾게 하고 있다.

리를 설치했는데, 이 모두가 협의형 도시디자인의 결과였다. 이후 협의형 도시다자인은 바샤미치를 비롯해 이세자키몰, 간나이 지구, 모토마치 거리, 중화가 남부, 개항광장은 물론, 미나토 미라이 21MM21 등 도심부에서 과시적 성과를 내면서 도시문화로 정착했다.

2001년부터 시작된 트리엔날레도 첫 개최 전에 도시디자인 관계자들이 광주를 방문하여 도시디자인과 연계 방안을 모색하는 등, 모든 도시 이벤트를 도시디자인과 관련시키고 있다. 특히 도심 임해부에 있는 조선소에 의해 도심부가 역사적 도심인 간나이와 신도심인 요코하마 역 주변으로 분리되어 있었던 것을, 조선소를 이전시키고 그 자리에 MM21을 만들어 도심부를 일체화시킨 것도 그러했다. 특히 조선소가 이전한 지역을 중심으로 186만 제곱미터의 공유수면 매립과 항만정비 및 토지구획 정리사업을 통해서 만든 MM21은 MM21형의 도시디자인, 공공시설 디자인, 복합도심과 도심주거의 유도, 조선소 1·2호 독dock 등 근대자산과 현대 활력을 결합하여 도심부 재생에 결정적 역할을 했다는 평가를 받고 있다. 입주기업 1770개, 고용인원 10만 2000명, 연간 방문객 7600만 명이라는 성과와 함께 이 지역의 스카이라인이 요코하마를 상징하는 경관이 되고 있다는 점에서도 알 수 있다.

요코하마 도심부 재생은 긴 기간에 단계적으로 치밀하게 진행되어 온 도시디자인의 공헌이 크다. 필자가 초청받았던 2014년 요코하마에서 열린 '도시를 디자인하는 업무(부제: 요코하마 도시만들기)' 주제의 학술행사에서 요코하마 시립대의 스즈키 노부하라 교수는 지난 40년간의 요코하마는 "암묵지暗默知로써 도시디자인, 토지이용 컨트롤과 도시디자인, 도시정책의 혁신으로써 도시디자인 등 다양한 역할을 해 왔다"고 했다. 요코하마는 도시디자인을 빼놓고는 말할 수 없는 도시다.

문화행정 전개와 근대 자산을 활용한 도심부 재생사업

요코하마는 도심부를 중심으로 창조적 문화행정을 지속적으로 전개해 온 도시다. 이 도시는 '전위예술 중시, 대체공간 활용(재생), 민간 활력 도입'을 지향점으로 삼고 차근차근 실현해 왔다. 1970년대 중반에는 시민실행위원회와 함께 연극과 콘서트의 일부를 유료화하고, 공연의 대부분을 도심부에 자리한 역사적 건물이나 창고 등에서 진행했다. 민간 건물 신축 때는 건물주와 협의해 용적률을 높이고 건물 일부를 문화시설로 활용하도록 했는데, 여기에는 연극공연의 비극장화, 대체공간의 상영화 시책이 있다. 특히 1987년에 민간 빌딩 지하에 개관하여 댄스, 연극 등 다양한 장르에 걸쳐 많은 공연과 아티스트를 배출한 80여 석 규모의 'ST스폿 요코하마'는 개발자와의 협의를 통하여 용적률을 높이는 대신 일부 공간을 무상으로 빌려 문화시설로 활용하도록 한 정책 결과다.

이후 지정관리사 제도를 도입해 문화시설을 관리·운영하도록 하면서 시민중심의 재생사업이 본격화됐다. 1985년에는 문화 관련 부서의 확대 개편과 함께 트리엔날레, 요코하마 박람회, 아카렌가소고(붉은 벽돌 창고) 재생 등이 포함된 요코하마 문화 기본구상을 발표했다. 이에 따라서 도심부의 역사적 건축물과 임해부의 창고를 창조공간으로 재생시켰고, 대학과 연대한 민간주도의 추진과 시민들의 코디네이터와 서포터 활동이 이루어지게 했다. 옛 은행건물은 물론, 이외의 근대건물을 대상으로 문화예술 활용사업을 하는 운영단체를 공모하고 2년간 사업 후 평가제도 시행했다. 이같이 요코하마는 일찍부터 역사적 건축물을 시민활동의 거점으로 활용해 왔는데, 가장 눈에 띄는 성과는 새로운 장소로 이전한 후 증축해 창조 센터로 활용한 옛 제일은행 지점, 도쿄 예술대학원 영상연구학과가 입주한 옛 후지은행 지점, 옛 일본 유센郵船 주식회사 물류창고를 임대하여 뱅크아트 스튜디오NYK로 사용하고 있는 '뱅크아트 1929'사업이다. 이는 이전의 시설과는 다른 콘셉트로 새로운 문화예술의 장이 되고, 창조도시 형성을 견인하면서 세계적 주

▲ 고가전철 아래에서 불법으로 유흥업을 운영하던 250여 개의 소규모 점포를 환경정화추진취원회와 NPO법인인 에리어(타운) 매니지먼트 센터가 중심이 되어 재생사업을 운영하고 있다.

▶ 폐철로와 호텔건축의 공존. 임해부의 근대산업을 지지하던 철로의 흔적을 보존하기 위해 건물의 가운데 부분을 비웠다. 이 호텔에서는 주변에 있는 붉은 벽돌 창고 등 다양한 근현대 풍경을 한눈에 조망할 수 있다.

◀ 뱅크아트 스튜디오 NYK. 옛 물류창고(일본 유센 주식회사 창고 및 자료관)의 큰 공간에 갤러리, 스튜디오, 도서관, 큰 홀 등을 만들어 선험적 예술문화를 발신하는 장소로 이용하고 있다.
▶ 바샤미치 거리에 있는 옛 니혼교우가 바샤미치 빌딩. 일본 최초의 가스등이 설치된 이 거리의 니혼교우가 바샤미치 빌딩은 경관적 가치가 인정되어 소유자와 협의를 통해 보존활용계획을 수립한 인증 제1호 건물이다.

목을 받았다. 이밖에 고가전철 아래에서 불법으로 운영되던 유흥업소인 250여 개 소규모 점포를 환경정화추진위원회와 NPO법인 에리어(타운) 매니지먼트 센터가 중심이 되어 재생한 사업을 비롯한 여러 재생사업을 진행·운영하고 있다.

2004년에는 본부장 중심의 소수 인원이 기동력을 발휘해 목표를 달성한 후에 해체하는 시한부 조직인 문화예술도시 창조사업본부가 '역사건축물 보존 및 활용(재생)과 문화예술과 관광진흥에 의한 도심부 활성화 검토위원회' 설치를 제안했다. 이 제안에 따라서 거리의 역사경관이나 서양관 등 개별 건축물은 물론, 토목구조물까지 역사유산의 범위가 확대되고 활용의 폭도 증가했다. 특히 인정건축물, 등록 역사건조물을 지정하고, 보전·수리나 유지·관리에 재정도 지원했다. 이들 시설에 시민활동 및 자원봉사활동 거점인 시민지원센터를 개설하고 NPO 등 시민단체에게 저렴하게 빌려주었다. 도심부 활성화 검토위원회는 아티스트나 크리에이터가 살고 싶은 창조환경 조성, 창조산업 클러스터 형성에 따른 경제 활성화 유도, 매력적인 지역자원 활용, 시민이 주도하는 문화예술창조의 도시 조성을 도시 목표로 설정했다. 또 창조지역 형성(문화정책), 영상문화도시 실현(경제정책), 내셔널 아트파크 구상(공간계획 정책)을 중점 프로젝트로 제안하고, 실행했다. 그 결과, "도심부에 문화예술의 새로운 활동거점이 형성되고, NPO도 효율적인 시설 운영과 경영을 했다"는 평가를 받았다. 이는 민간소유 시설의 재생을 불러오기도 했다. 또 영상문화 관련 시설, 영상연극학교 등 인재육성기능을 담당하는 기관들이 들어서 콘텐츠 생산을 선도했으며, 영화·비디오, CG게임, 애니메이션 등 제작 관련 기업은 물론, 이를 지지하는 산업까지 입지해 도시 활력을 만들었다. 또 포트 사이트 지구에서 야마시타 부두까지의 여섯 개 워터프런트 구역을 관광거점 지구로 설정한 후 정비하여, 역사적 건물과 항구 풍경이 결합된 창조지역을 만들었다. 최근에는 야마시타 공원 등에서 매년 스마트 일루미네이션 요코하마를 개최하고 있고, 일본 정부의 스마트 커뮤니티 실험도시로 선정되어 CO_2 감소를 위한 실험을 하는 등 보다 미래지향적 도시로 그 범위를 확대하고 있다.

도심부 재생에 공헌한 창조적 시장과 스태프들

"도시 수준은 지자체장의 수준"이라는 말이 있다. 우리가 모범적 창조도시라 부르는 도시들을 보면, 거기에는 항상 창조적 아이디어를 내거나 창조적인 스태프들의 제안을 적극적으로 받아들이고 실현한 시장이 있는데, 요코하마가 그러했다.

이 도시의 도심부 재생에는 두 명의 창조적 시장과, 그들과 함께 입청했던 스태프들의 공헌이 있었다. 시장 중 한 사람이 1963년부터 4선을 한 아스카타 이치오 시장이다. 사회당 국회의원이었던 그는 두 명의 스태프와 함께 시청에 들어가 다양한 창조적 문화행정을 모색하여 '아이디어 시장'으로 불렸다. '근대적 시민 생활 우선, 민주적 평등, 공공적 계획성, 주체적 자치'의 4대 원칙을 시정 철학으로 정한 그는 일본 최초로 도시디자인을 도입했다. 특히 기획조정실을 신설하여 수직적 조직관계를 탈피하고, 독자적 도시를 추구한 것도 그였다. 또 '국제문화도시'라는 콘셉트 설정과 함께 도심부 강화사업 등 6대 도시사업도 이때 선정됐다. 이 사업은 전후 요코하마에 있어서 도시계획의 대전환점으로 평가되고 있고, 요코하마의 골격이 되었다. 창조적 문화예술도시의 골격을 만든 시장으로 평가받는 그는 1978년 사회당 위원장으로 중앙정치 무대에 복귀했다. 이후 20년간은 중앙정부 고위행정관료 두 명이 시장으로 근무했다. 요코하마 도시디자인실의 한 공무원은 내게 이 기간에 시정의 정보 발신력이 감퇴되고, '시민을 위해 일하자'는 탈관료주의의 개혁 마인드도 사라져 보통 도시로 전락했다고 평가하는 사람도 있다고 말했다. 지자체장의 식견이 얼마나 중요한가를 보여주는 대목이다.

2002년 무소속인 37세 나카타 히로시 시장이 당선되면서 창조도시 행보가 다시 진행됐다. '민간의 힘을 충분히 발휘할 수 있는 요코하마 실현, 비성장·비확장 시대에 대응하는 행정 전개'라는 두 가지 슬로건을 걸고 부흥계획을 발표한 그는 두 명의 스태프를 입청시켰다. 뉴 퍼블릭 매니지먼트NPM를 도입하고 도시경영 전략회의(시장 중심의 중요정책 토론)와 도시경영 집행회의(부시장 중심의 중요국 시책 토론)도 설치했으며, 정책 결정 과정을 시 홈페이지에 게재해 모두 공유하도록 했다. 본부장 중심의 사업본부제도 그의 재임 때다. 많은 공헌을 남긴 문화예술도시 창조사업본부의 성과도, 뱅크아트 1929도 그가 재임하던 때였다. 여기에는 시장 스태프로 입청한 도쿄 대학 도시공학 전공의 기타자와 다케루 교수의 역할이 컸다. 그는 "현대 도시공간은 시민적 지지, 대중적 문화, 상업주의적 색채를 인정해야 한다"면서 "도시디자인은 도시를 재편하는 매니지먼트 역할은 물론, 코디네이터 역할도 해야 한다"고 했다. 나카타 시장은 2009년 7월 개항 150주년 기념행사를 앞두고 시장직을 사퇴했다. 이후 다국적 기업 BMW 임원출신인 하야시 후미코 시장이 취임하였는데, 그는 '사람의 마음을 중요시하는 따뜻함이 있는 시정'으로 정하고 문화행정을 이어가고 있다.

짧은 역사의 요코하마가 세계적 문화예술도시가 될 수 있던 것은 ▲공무원들이 자유로운 분위기에서 도시에 대한 창조적 토론은 물론, 시민을 위해서 일하자는 적극적 마인드와 장인정신을 갖게 한 시장의 창조적 비전과 리더십, ▲도심부에 있는 은행, 창고 등 근대건축물을 보존·재생하여 문화예술인들이 안정적 활동을 할 수 있도록 한 지속적이고 창조적 도시디자인 전개, ▲행정은 지원만 하고, 민간이 중심이 돼 문화예술 활동을 하도록 하는 창조적인 문화행정의 전개다. 오사카 대학 나루미 구니히로 명예교수는 문화도시의 조건으로 '문화예술인의 지원, 도시환경의 문화적 정비, 종합적 문화행정 전개'를 들었는데, 요코하마가 그러하다. 급격한 인구감소로 인해 집약형 도시구조로 변화하고 집약함으로써 도심부 및 기성 시가지의 기능 강화가 필요한 우리 도시들에게 요코하마 도심부 재생은 시사하는 바가 많다.

지역 활성화를 위한 타운매니지먼트

이정형(중앙대학교 건축학부 교수)

오늘날 우리나라 인구의 80% 이상이 도시에서 살아가고 있다. 도시의 시대라 할 수 있겠다. 도시공간의 복잡함에 대한 회의적인 시각도 있지만 도시의 본질적인 매력은 활기찬 도시문화의 축척에 있다. 이러한 도시공간이 가진 활기로움과 문화적 매력을 어떻게 만들어 갈 것인가가 중요한 사회적 이슈가 되는 이유다. 지역 활성화를 통한 도시의 매력을 생각해야 할 시대인 것이다. 도시의 재미는 도시의 '공공Public'공간에서 이루어진다. 도시의 일상생활, 삶의 문화가 도시의 공공공간을 통해 투영된다. 우리가 해외의 많은 도시를 방문했을 때 그 도시의 활성화된 문화적 매력은 그 도시의 공공공간, 공공시설에서 체험하게 된다. 길, 도로, 공원, 박물관, 도서관, 노천카페, 가로상가 등을 통해 도시의 감성과 즐거움을 느끼게 되는 것이다. 도시를 디자인(설계)한다는 것은 도시공간을 대상으로 다양한 삶의 문화를 향유하면서 삶의 질을 향상시키는 도시 활성화를 위한 일련의 노력들을 의미한다.

최근 이러한 통합적 지역 활성화의 수법으로 '타운매니지먼트Town Management'가 국내외에서 주목받고 있다. 특히 도시재생시대를 맞이하면서 도시공간을 단순히 만드는 차원을 넘어 지속가능한 도시공간의 관리, 활성화 수법으로서 타운매니지먼트 수법이 주목을 받고 있는 것이다. 즉, 도시개발 시대와는 달리 도시재생 시대에는 도시계획 또한 종전의 규제적 도시계획에서 탈피해 도시공간의 유지 · 관리까지 포함해 지속적인 도시 활성화 수단을 필요로 하게 된다. 지금까지 공원, 가로공간 등 도시공간의 활성화와 유지 · 관리는 공공(지자체)이 공공의 재원(세금)으로 충당해 왔다. 하지만 지자체의 공공재원에는 한계가 있다. 방치된 지역의 근린공원 등에서 알 수 있듯이 공공이 주도하는 도시공간의 활성화에는 한계가 있다. 시민이 주도하는 도시 활성화 방안이 필요한 상황인데, 타운매니지먼트는 시민주도형의 도시 활성화 수법으로 이해될 수 있다.

보다 구체적으로 타운매니지먼트가 필요한 이유는 다음과 같이 정리될 수 있다.

첫째, 도시화 시대에 지역 간 경쟁, 도시 간 경쟁은 피할 수 없는 현실적 문제다. 지역경쟁력 확보를 위해 지역의 매력을 향상시켜 나갈 필요가 있다. 지역 간의 경쟁은 국가 간의 글로벌한 경쟁뿐만 아니라 한 국가 내에서도 대도시 간의 도시 경쟁을 의미한다. 그 경쟁에 살아남기 위해서는 타운매니지먼트를 통한 지역의 부가가치 향상에 민간(시민)의 적극적인 참여가 필요한 상황이다. 지역 간 경쟁을 전개하는 도심부의 매력 향상은 지역의 지속적인 발전, 활성화를 위한 시설의 유지·관리나 홍보활동, 문화활동 등을 포함하는 폭넓은 타운매니지먼트 활동을 필요로 하고 있다.

둘째, 지역 활성화 대책은 단순한 경제적인 시점에서의 대안 마련으로는 한계가 있다. 경제적 대응과 더불어 지역이 가지고 있는 문화와 역사적 자원을 활용하는 협업 시스템을 구축해 경쟁력을 향상시켜 나갈 필요가 있다. 최근 많은 도시에서 전개되고 있는 재래시장 활성화사업의 노력도 이러한 시도의 일환으로 이해될 수 있을 것이다. 이는 단순히 환경정비 등 물리적 공간환경의 정비차원을 너머 보다 다양한 주체가 참여하는 통합적 지역(타운) 매니지먼트의 필요성을 의미한다. 일본, 미국, 유럽 등 우리보다 앞서 도시재생 시대를 경험한 대부분의 선진국에서는 이미 지역 활성화 수법으로 타운매니지먼트가 실행되고 있다. 예를 들면 미국, 영국 등의 중심상업지활성화지구BID: Business Improvement District, 커뮤니티활성화지구CBD: Community Benefit District 등과 일본의 에리어 매니지먼트는 이미 널리 알려져 있는 시민주도형 타운매니지먼트 수법이다.

타운매니지먼트는 조직, 재원, 활동의 세 가지 요소로 구성된다. 시민주체의 조직과 재원을 바탕으로 지역 활성화 활동을 전개하게 된다. 이 과정에 공공(관)은 이러한 조직과 재원 마련 및 활동을 행정적으로 지원하는 역할을 맡게 되며 전문가(학자 등)는 지역 활성화의 기술적인 조언을 하게 된다. 시민주체의 조직과 재원을 바탕으로 공공과 전문가가 지원(협업)하는 시스템이다.

첫째, 조직의 설립은 시민(민간)주도형 타운매니지먼트 활동의 가장 기본적인 사항이다. 타운매니지먼트 활동조직은 협

도쿄 미나미 이케부쿠로 공원 레스토랑

의체(임의단체), 일반 사단법인, 주식회사, 민간비영리단체(사회적 기업 포함) 등 다양한 형태로 구성된다. 초기에 임의조직인 협의체로 운영되다 차츰 법인조직으로 발전해 가는 경우가 대부분이다.

둘째, 재원은 타운매니지먼트 실행을 위해 가장 중요한 요소가 된다. 민간협의체가 자발적으로 회비(세금)를 납입해 재원을 마련하거나 자체적인 수익사업을 통해 재원을 마련하게 된다. 시민주도형의 조직(협의체 등)이 자력으로 재원을 마련하기 위해서는 타운매니지먼트 지구에 특별세를 부과하는 것이 가장 확실한 방안이다. 하지만 우리나라 현실을 감안할 때 당장 특별세를 도입하기에는 한계가 있다. 따라서 검증된(공인된) 시민조직 등이 재원을 마련하기 위해서는 도시 공공공간을 자원화(수익화)하는 방안이 검토될 수 있을 것이다. 예를 들면, 공

도쿄 우에노 공원 카페

원, 가로공간, 공개공지, 공공기여시설 등 지역의 공공공간을 인증된 조직(시민협의체, 사회적 기업 등)에게 수익을 창출할 수 있도록 제도적으로 뒷받침하고 공공공간을 통한 수익이 지역 재생과 활성화에 다시 사용되도록 하는 선순환구조를 만들어 주는 것이다. 예를 들면 최근 일본에서는 도시 공원에 카페, 레스토랑 등 수익시설을 적극적으로 유치하고 수익금의 일부를 공원의 유지·관리 및 활성화에 활용하도록 하고 있다. 미국 뉴욕의 브라이언트 파크의 경우 민간 수익시설을 유치해 타운매니지먼트 재원으로 활용하고 있다.

셋째, 지역 활성화 활동이다. 이 활동에는 정해진 범위는 없으며, 지역 활성화를 위한 다양한 활동이 포함된다. 지역의 환경개선을 위한 청소, 경비, 방범 등의 활동을 추진하고, 지역을 활성화하기 위한 다양한 이벤트(지역축제, 일요마켓 등)를 개최해 지역의 지속적인 활성화를 이끌어 간다. 또 지역의 홍보 활동을 위한 세미나, 홍보지 발간 등도 포함된다.

이처럼 타운매니지먼트는 지역주민에 의한, 지역주민을 위한 지역 활성화 수법으로 요약할 수 있다. 하지만 우리나라에서 보다 적극적으로 타운매니지먼트가 시민주도형 지역 활성화 수법으로 활용되기 위해서는 많은 과제도 남아 있다. 시민조직의 재원 마련을 위해서는 공공공간의 활용(수익사업 등)이 필요하나 아직 제도적으로 기반이 마련되어 있지 못하다. 또 공공과 민간 그리고 전문가의 역할 분담 또한 명확한 규정이 부족하다. 하지만 민간주도형 지역 활성화로의 패러다임을 변화시켜 가는 과정에서 타운매니지먼트는 매우 유용한 수단이 될 것이다.

종로구청 Jongno Dist Ofc
6 종로1가 Jongno 1(il)-ga
31 청계광장 ← ↑ → 광교
Cheonggye Plaza 청계천로 Gwanggyo
110m

다동길
Dadong-gil

무교 테라스

한국 타운매니지먼트의
실험: 서울 무교다동

이운용(중앙대학교 건축학과 강의전담교수)

서울시청 후면부를 통칭하는 중구 무교다동 지구는 1960년대부터 1970년대까지 명동과 함께 서울의 금융과 유흥의 중심지였다. 무교동하면 낙지를 떠올릴 만큼 특색 있는 요식업종으로 알려진 지역이기도 했다. 전통과 활기가 공존하는 서울의 대표적인 도심이었던 무교다동은 1980년대 강남지역 개발 등의 여파로 격동기를 거쳐 오면서 구도심 상권의 특성이 많이 사라졌다. 특히 도심재개발에 따른 대형 빌딩 저층부에 금융시설과 권위적인 로비, 형식적인 전면공지와 공개공지가 배치되어 강북 구도심의 정체성이 사라져 갔다. 이처럼 상권도 업무도 이렇다 할 특성 없이 지나온 지 십수 년, 무교다동은 업무시간이 끝나면 활력도 사라져 버리는 도심공동화 현상에 빛을 잃어 가고 있었다. 그러던 중, 2000년대 들어 청계천 복원사업과 도시환경정비사업이 실행되면서 청계천과 세종대로에 연접한 무교다동 지구 활성화의 중요성이 재조명되기 시작하였다. 지역의 비전 부재 극복, 서울 도심의 교두보적 입지 재조명, 대형 업무건축군과 소상권의 공존 등 여러 이슈들을 해결하고, 무교다동의 기능과 활력을 회복하기 위해 서울시와 전문가가 제안한 해결책은 '타운매니지먼트'였다.

타운매니지먼트는 지역이 직면한 현안에 유동적이고 신속하게 대응하기 위해 해당 지역 내 민간주체들이 주도적으로 지역 활성화를 위해 협업하는 수법이다. 무교다동과 같은 도심부 활성화를 위해 특히 중점을 두는 활성화 대상은 지역 내 잘 이용되지 않거나 거점으로 기능할 수 있는 잠재력을 지닌 도시의 공공공간이다. 따라서 무교다동 지구의 공공공간을 효율적으로 활용하고 지속적으로 운영할 조직과 재원을 마련하기 위해 다양한 공공공간을 활용하는 타운매니지먼트 수법이 전개되었다.

2016년부터 서울시 도시재생본부에서는 민간주도형 도시재생수법의 일환으로 타운매니지먼트의 가능성에 주목해 본격적인 학술연구를 착수하게 되었다. 시범대상지구로 무교다동을 선정해 타운매니지먼트 도입을 시도하기로 하였다. 학술연구를 통해 관련 연구와 이론에서 습득한 정보, 해외 사례를

어린이재단 앞 공간이 소광장으로 정비되었다.

살펴보고, 국제 심포지엄 등을 통해 우리나라에서 적용 가능한 타운매니지먼트의 가능성을 모색하게 되었다. 우리가 당장 할 수 있는, 우리의 현실에서 시도 가능한 서울형 타운매니지먼트 추진방안을 찾아 실험하는 것을 목표로 설정하였고, 2016년 5월부터 약 1년 반 동안 무교다동 타운매니지먼트 사업을 진행하였다.

현재 무교다동 지역은 서울형 타운매니지먼트 1호 모델 지구로 지속가능한 운영체계 구축을 위해 다각적인 노력을 이어 오고 있다. 무교다동 타운매니지먼트 사업을 통해 민간기업들을 모아 기업협의체를 구성하여 기업이 지역 활성화 주체로 참여할 수 있는 발판을 마련하고 있다. 또 민간과 공공의 협력을 통해 '서울형 도심활력 프로젝트'라는 시범사업을 성공리에 마쳤다. 이 두 가지 성과를 중심으로 무교다동 타운매니지먼트 착수부터 그간의 과정과 노력을 공유하고자 한다.

무교다동은 세종대로, 을지로, 남대문로, 청계천로 주변에 총 27개의 업무건축물이 위치하고 다동길 등 지구 내부에 약 200여 개의 소규모 음식업 및 도소매업종이 위치하고 있다. 이 소상공인들을 중심으로 '다동·무교동 관광특구협동조합'이 활동을 이어 오고 있는 반면, 기업체들은 각각의 기업이 하나의 조직이었다. 기업마다 각자의 관심사가 있었고 참여하는 창구도 방식도 달랐다. 이러한 상황에서 타운매니지먼트를 위해 가장 먼저 시작한 일은 지구의 협의체를 구성하는 일이었다. 기존의 소상공인을 위한 조합을 상가협의체로 계승하고, 기업들은 별도의 기업협의체를 구성해 '무교다동협의체'로 통합 운영하는 형태로 협의체를 구성했다.

무교다동 협의체 구성 이후 가장 먼저 진행한 내용은 지역 내 공공공간 현황 파악과 조사를 실시하고, 공공공간 활용 가능성을 제시하는 공간 마스터플랜을 구상하는 것이었다. 공간 마스터플랜을 구상하여 유휴지, 비활용 공공공간의 개선방향을 제시함으로써 공간 활용이 가져올 변화에 대해 지역의 공감대를 형성하는 수단으로 간담회, 설명회 등을 위한 자료로 활용하기 위함이었다. 한편 공간 마스터플랜에 무교다동이 나아가야 할 미래상과 도시재생 비전도 제시되었다. 무교다동 도시재생 비전은 시민이 만들고, 시민이 가꾸어 가는 활력 도심으로 첫째, 업무지구와 관광지구의 특성을 강화하여 지역거점으로 정체성을 강화하는 것, 둘째, 기업과 소상공인이 협력·상생할 수 있는 운영방안을 마련하는 것, 끝으로, 역사와 미래가 공존하는 지역으로 특성을 지속해 나가는 것으로 세부적인 달성방안이 협의체 회의에서 논의할 주제가 되었다.

여러 차례 협의체 간담회를 가지면서 무교다동 지역 활성화 필요성과 기여에 관한 공감대를 형성해 나갔고, 열한 개 기업에서 동참하여 무교다동 기업협의체가 구성되었다. '기업협의체 창립총회'가 개최되었고, 기업협의체의 대표자를 선임하여 정관내용을 협의하였다. 나아가 서울시, 중구(자치구), 무교다동 기업협의체, 다동·무교동 관광특구협동조합(상가협의체)이 참여하는 4자간 MOU를 체결하면서 타운매니지먼트 활동을 위한 공식 채널이 마련되었다. 무교다동 타운매니지먼트 기획 후, 약 1년여 만에 이룩한 성과였다.

MOU 체결식은 협의체 출범을 알리는 사회실험인 '서울형 도심활력 프로젝트'와 함께 기획되었다. 이 프로젝트는 무교다동 내 공공공간을 활용하여 지역 활성화 잠재력을 기회로 전환하고, 타운매니지먼트에 필요한 재원 마련과의 연계 가능성을 판단할 목적으로 실시하였다. 무교다동 지구 내 '무교로'라는 도로공간은 청계천에서 서울시청 앞까지 무교다동을 남북으로 관통하는 2차선의 일반통행 도로다. 가장 넓은 면적에 상징성이 큰 공간이면서 무교로 변에 연접해 있는 작은 공간들의 통합적 활용까지 고려할 수 있는 이점이 있었다. 무교로의 차량통행을 한시적으로 통제하고, 보행자를 위한 도심 속 힐링 테라스 공간으로 조성하는 것이었다. 평일 점심시간 동안 누구나 쉽게 앉아서 쉴 수 있는 간이 탁자와 의자, 파라솔 등을 설치하여 어반 테라스Urban Terrace를 조성하고 다양한 문화행사를 열고 체험할 수 있는 기회도 제공하였다. 무교로 일부 구간에서는 전통놀이가 열렸고, 어느 구간에는 테이블, 의자, 파라솔을 비치해 직장인들이 도시락과 햄버거를 먹는 풍경이 펼쳐졌

다. 지역주체들은 추진했으면 하는 이벤트를 직접 신청하거나, 판매나 홍보 등으로 참여하였고, 지역 주도의 도심활력사업에 대해 시민들은 긍정적인 호응을 보여 주었다.

도심활력 프로젝트 내 실질적 환경개선이 이루어진 공공공간도 있었다. 어린이재단 앞 도로공간으로 불법 오토바이 주차장 등으로 점유되던 작은 공간이 초록의 커뮤니티 소광장으로 정비되었다. 중구와 서울시, 재단에서 정비비용을 마련하고, 어린이재단에서 필요 시 공간을 활용하는 동시에 유지·관리를 담당하도록 협약하였다. 이 사업이 의미를 가지는 것은 우리나라의 공공공간 관리의 한계를 민간이 대체하여 일상적인 유지와 활용을 병행한다는 데 있다. 지금까지 공공공간 조성목적이 공익적 활용인 이유로 사적 활용에 대해 배타적인 규제를 적용해 왔다. 하지만 이번 협약을 통해 기존의 관념을 깨고 지역주체들이 상생하면서 공공공간을 효율적으로 관리하여 활용하는 선례가 되었다.

이 외에도, 심포지엄, 공연, 지역매거진, 홍보 리플릿 등 다양한 방식으로 프로젝트를 알리고 시민들과 소통하고자 하였고, 지역주체들이 마음을 모아 침체된 지역을 활성화하고자 하는 노력을 담았다. 타운매니지먼트 수법 중 특히, 자체적인 재원 마련을 위한 기반이 마련되어 있지 않은 상황에서 공공(서울시와 중구청)의 전폭적인 지원이 많은 도움이 되었다. 도로공간 점용, 사업비 마련 등 여러 측면에서 한계가 있었지만 무교다동 타운매니지먼트를 구축해 나가는 과정에서 공공과 민간의 협력 시스템을 구축해 갈 수 있었다.

이처럼 무교다동 도심활력 프로젝트의 실험을 통해, 향후 다동·무교동 내 기업과 상인들이 어떻게 지역을 활성화해 나갈 수 있을까에 관한 공통의 관심사가 생겼고, 이를 실행할 방법에 대한 본격적인 논의를 시작한 것이 프로젝트에서 얻은 가장 큰 의의인 것 같다. 십시일반 회비를 납부해 지역발전, 지역문화행사를 위한 비용으로 사용한다거나 도심활력 프로젝트의 정기적 추진을 통한 명소화, 도심문화축제나 기업 이벤트와의 연계방안, 공간 개선 및 유지·관리를 위한 공공과의 협업체

도심활력 프로젝트의 기업체 홍보 참여

계 구축 등 지역 주체들이 자체적으로 지역을 운영·관리할 수 있는 자생력을 확보해 나갈 불씨가 만들어졌다.

우리나라에서 타운매니지먼트를 시도한 첫 번째 사례로 무교다동의 사회실험은 많은 가능성를 보여 주었다. 하지만 과제도 제시하고 있다. 무엇보다 중요한 사항은 자체적인 재원조달 방안의 문제다. 지역 활성화를 위한 재원조달을 공공의 지원에만 의지하기보다 민간협의체가 자력적으로 재원을 마련할 수 있는 수단을 마련하는 일이다. 이 부분에 대해 의무와 책임을 부여함으로써 균형적·환원적 지역운영을 시도하여야 활동의 지속가능성을 담보할 수 있다. 따라서 향후 재원마련의 수단인 공공공간의 민간 활용에 있어 보다 유연한 제도적 접근과 개선이 수반되어야 할 것이다. 무교다동의 실험적 시도를 시작으로 향후 다양한 지역에서 타운매니지먼트가 도입될 것으로 기대된다. 각 지역의 특성과 활성화 이슈에 대응한 다양한 타운매니지먼트 수법과 사회실험이 민간주도형 도시재생, 도시 활성화 수법으로 활용될 수 있기를 기대해 본다.

삿포로 시 아카프라 광장

일본 타운매니지먼트의 어제와 오늘

송준환(일본 야마구치 국립대학 공학부 부교수)

일본은 세계 최초로 급격한 인구감소를 경험하고 있는 나라다. 2004년에 1억 2784만 명으로 정점을 찍고, 이후 전체 인구는 감소추세로 전환되었다. 이러한 인구동태는 일본의 도시 정책 및 계획 방향에도 큰 영향을 미치고 있다. 2000년대까지의 도시계획에 관련된 법·제도들은 '성장'을 전제로 하였다. 도시계획 관련법에 근거한 뉴타운사업, 택지개발사업, 구획정리사업 등을 통해 개발된 지역에는 외부로부터 인구가 유입되고, 토지가치가 상승하게 된다. 이는 곧 주민세와 재산세 등 행정의 세수 증가로 이어지기 때문에 이러한 각종 도시개발 사업들이 성립되어 왔다. 또한, 이러한 개발 사업들은 도로, 하천, 상하수도, 공원 등 공공 인프라 시설의 정비에 기여하였고, 이는 새로운 도시의 확장을 가져오는 선순환구조가 성립되어 왔다고 볼 수 있다.

하지만 '저성장 성숙사회'에서는 이러한 논리가 적용되지 않는다. 인구감소로 세수 증가가 불확실한 가운데, 개발 포텐셜이 높은 도심부 이외에는 좀처럼 도시개발사업이 성립되지 않

는다. 이에 도로, 하천, 상하수도 등, 도시공간의 각종 공공 인프라 시설들이 노후화되고 빈집·빈 점포들이 늘어나고 있어, 이를 어떻게 잘 관리하고 유지해 나갈 것인가가 지역사회의 큰 과제로 대두되고 있다.

이렇듯 인구감소와 저출산·고령화가 지속되는 가운데, 지역사회가 지속가능한 발전을 유지해 나가기 위해서는 '지역'을 하나의 군群으로 인식하고, '지역을 경영한다'라는 개념이 요구되는 시점에 와 있다. 이를 위해서는 획일적 기준으로 사업을 집행해 왔던 행정만이 아니라 지역의 주체적인 움직임이 요구된다. 일반적으로 회사를 경영하기 위해서는 이윤을 창출해야 하고 이를 위해서는 독자적인 사업계획과 운영방안이 요구되듯이, 지역경영 또한 마찬가지다. 지역의 경영을 위해서는 비즈니스의 개념이 요구되고, 지역조직들이 스스로 자립하기 위해서는 시대적 흐름에 빠르게 대응하고 변화하여야 하며, 지역자산의 독창적 개발 및 활용, 그리고 지역만의 운영방침이 요구된다. 이러한 배경 속에서 일본에서는 지역 주체들이 중심

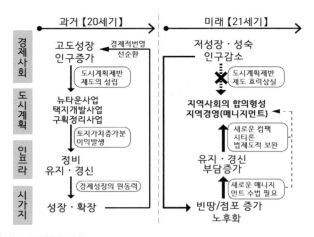

<table>
<tr><td>경제사회</td></tr>
<tr><td>도시계획</td></tr>
<tr><td>인프라</td></tr>
<tr><td>시가지</td></tr>
</table>

과거【20세기】

고도성장
인구증가 — 경제적번영
선순환

↓ 도시계획제반
제도의 성립

뉴타운사업
택지개발사업
구획정리사업

↓ 토지가치증가분
이익발생

정비
유지·경신

↓ 경제성장의 원동력

성장·확장

미래【21세기】

저성장·성숙
인구감소

✕ 도시계획제반
제도 효력상실

지역사회의 합의형성
지역경영(매니지먼트)

↑ 새로운 컴팩
시티론
법제도적 보완

유지·경신
부담증가

↑ 새로운 매니지
먼트 수법 필요

빈땅/점포 증가
노후화

일본의 도시정책적 배경

이 되어 도시를 가꾸어 가는 에리어 매니지먼트, 이른바 타운 매니지먼트 수법이 주목을 받고 있다.

타운매니지먼트는 지역 시민 또는 민간이 주도적으로 지금까지 잘 정비해 온 공공공간을 활용하여 지역 활성화를 유도하고, 각종 수익사업 등을 실시하여 그 수익금을 바탕으로 지역 미화활동, 방범·방재활동 그리고 지역적 과제의 해결을 위한 각종 제반비용으로 재투자하는 시스템을 지향하고 있다. 최근의 대표적인 사례로서 삿포로 시의 아카프라 광장(2016년 완공)을 들 수 있다. 홋카이도 도청건물 앞 도로공간의 차량통행을 막고 광장화하여 사람들을 위한 공간으로 탈바꿈하였는데, '광장조례'와 '지정관리자제도'를 통해 지역의 타운매니지먼트 조직(札幌駅前通りまちづくり株式会社)이 본 광장의 운영 및 관리를 전담하고 있다. 이 조직은 각종 이벤트 주최자들에게 광장공간을 제공하고 광장면적에 따른 이용료(1일 전면적(1290제곱미터) 휴일기준: 54만 1800엔)를 받아, 이 수익금을 통해 질 높은 광장 관리와 함께 지역의 공적 활동비용을 충당하고 있다. 이외에도 본 타운매니지먼트 조직은 지하상가 내 광장 및 가로 공간 등을 활용한 이벤트 사업 및 광고사업 등을 실시하고 있으며, 이에 매 주말에 지역의 여기저기에서는 마르쉐, 음악회 등의 각종 볼거리가 제공되고, 지역 전체의 활성화로 이어

지고 있다.

실제로 일본의 에리어 매니지먼트라는 명칭은 2002년 'NPO 법인 다이마루유大丸有 에리어 매니지먼트 협회(이하, DMU협회)'에서 처음 도입되었다. 120만 제곱미터의 도쿄 역 주변 지구를 대상으로 하는 본 지구는 1988년의 '다이마루유 마을만들기협의회'를 시작으로 물리적 정비를 실시하였고, 기반정비가 어느 정도 완료된 시점에서 역앞 광장 및 가로공간 그리고 공개공지 등의, 만들어진 공공공간을 활용하여 각종 이벤트 및 지역사회활동을 실시하기 위한 조직으로 DMU협회를 설립하였다. DMU협회의 회원에는 지구 내의 기업 및 종사자, 시민 등 누구든 참여할 수 있으며, 행정 보조금 없이 연간회원들의 회비와 미쓰비시지쇼三菱地所의 활동지원금을 바탕으로 각종 사업을 추진하고 있다. 특히, 재원 확보를 위해서 메인 스트리트와 역앞 광장에서의 옥외광고 및 마르쉐 등을 통한 수익사업을 실시하고 있으며, 미쓰비시지쇼의 사회공헌CSR 활동의 일환으로 시간대별 보행자천국 및 오픈 카페 등을 실시해 기업 종사자와 시민들에게 다양한 볼거리와 활기 있는 공간을 제공하고 있다.

이렇듯, 부동산 디벨로퍼 등의 민간 기업이 주도적으로 참여하는 유형과 지역 상점가 또는 제3섹터가 중심이 되는 유형, 그리고 대학 등이 연계하는 유형 등, 지역 고유한 특성과 관련 주체들의 속성에 근거하여 임의단체에서 민간비영리단체, 주식회사 등 다양한 조직형태로 전개되고 있다. 중요한 것은 지역재생 및 활성화를 위해 지역 관련 주체들이 지역기반 조직을 구성하여, 주요 공간적 자원을 발굴하고 이를 잘 활용할 수 있는 사업계획을 수립해 수익활동을 실시하고, 이를 지역을 위한 각종 공적 활동(미화, 방범·방재, 정보발신 등)을 위한 재원으로 재투자하는 선순환 구조를 만들어 단발적 활동이 아닌, 지속가능한 지역경영을 추진해 나가는 것이다.

일부 특정 조직들의 이익만을 위한 것이 아닌가라는 의구심이 들 수도 있으나, 이를 보완하기 위해서는 먼저, 제도적 뒷받침이 우선되어야 할 것이다. 일본에서는 2011년 '도시재생추

◀ 도쿄 역 앞 나카도오리 가로
▶ 미나미이케부쿠로 공원의 다양한 활동

진 법인제도'를 도입하여, 지역에서 활동하는 조직이 지자체에 의해서 인정을 받으면 공식적 조직으로 승격되어 각종 공공공간의 활용에 있어서 혜택을 받게 된다. 뿐만 아니라, 일본에서는 공공공간에서 수익사업을 실시하는 민간사업자 등에 대해서 지역의 공공공헌을 유도하는 등, 공공성 확보를 위한 노력도 기울이고 있다. 예를 들어 미나미이케부쿠로南池袋 공원의 경우, 행정만의 관리로는 불가능한 질 높은 잔디광장을 유지하고 있고, 이에 많은 이용객이 찾는 공원으로 탈바꿈한 선진 사례로 잘 알려져 있다. 카페를 운영하는 민간사업자가 행정의 공원관리비에 더해 추가비용을 부담하여 공원을 관리하고 있는 것은 물론, 매상의 0.5%를 지역환원금으로 지역조직(南池袋公園をよくする会)에 환원하여 각종 지역 공공적 활동비로 충당하고 있다. 이외에도 공원 유지 · 관리비의 100%를 민간사업자가 직접 충당하고 있는 아라이1호공원, 매상의 8%를 공익환원금으로 지역의 방재훈련 등의 활동비용으로 충당하고 있는 고마자와 올림픽공원 등, 일본에서도 공공공간에서 이루어지는 민간의 수익금에 근거한 각종 지역의 공공적 공헌활동에 대한 다양한 메뉴를 만들어 가고 있는 실정이다.

인구감소는 우리나라 또한 예외가 아니다. 점차 심각해지고 있는 행정의 재정난과 함께, 개개의 지역에서 노후화되고 있는, 국토의 25%를 차지하는 공공공간을 어떻게 지역의 유효재원으로 잘 활용할 것인가, 그리고 이를 통해 지역을 어떻게 활기 있는 도시로 재생해 나갈 것인가에 대한 대안으로서 타운매니지먼트 수법은 좋은 시사점을 제시하고 있다고 판단된다. 일본에서는 2018년 6월에 지역재생법에 근거하여 '에리어 매니지먼트 분담금제도'를 창설하였다. 타운매니지먼트 활동에 있어서 가장 큰 과제라고도 할 수 있는 재원을 유연하게 확보하기 위해서 타운매니지먼트 활동에 필요한 비용을 직 · 간접적 수익자로부터 특별세 형태로 별도 징수하는 것이다. 그 비용을 타운매니지먼트 단체에 교부하는 형태로서, 안정적인 활동재원을 마련하기 위한 툴로 활용되게 된다. 이렇듯, 일본 내에서도 타운매니지먼트의 필요성이 대두되고 있고, 이에 근거하여 제도적으로 각종 보완책들이 마련되고 있는 실정이다. 이를 참고해서 우리나라에서도 빠른 시일에 선도적 모델이 될 수 있는 많은 사례들이 만들어져 우리 실정에 맞는 한국형 타운매니지먼트의 제도적 보완이 이루어지길 기대한다.

가먼트 지구 어반가든 프로젝트

미국 타운매니지먼트의 어제와 오늘

이운용(중앙대학교 건축학과 강의전담교수)

1970년대 이후 산업화 시대의 영향으로 미국도 여느 나라들과 마찬가지로 도시의 양적 성장과 재개발에 중점을 둔 도시정책을 추진하였다. 다운타운은 초고층 빌딩으로 채워졌고, 도시들이 외연적으로 확장되어 가는 스프롤 현상을 경험하였다. 이당시 도시정책의 가장 큰 문제는 기능과 합리성에 치중한 나머지 도시 내부에서 삶이 발생하는 장소, 즉, 공간에 대한 배려와 중요성을 간과한 점이었다. 도시민의 삶이 일어나는 공간이라는 무대를 자동차에 내어 주고, 건축물이 내부 지향적인 환경을 조성하자 도시는 활기를 잃어 갔고, 홈리스들과 범죄의 도시로 전락하였다. 다운타운 도심 공동화와 슬럼화가 지속되자 이를 해결해 보고자 추진했던 지방정부의 노력도 한계를 드러내기 시작하였고, 자산가치를 스스로 지키겠다고 손을 든 주체가 바로 도시 내 자산소유주, 기업 등 민간영역이었다. 자본주의적 사고에 입각한 민간의 도시경영이 발의된 배경이라 할 수 있다.

민간역량을 활용하여 도시를 경영하고 관리해 나가기 위해 미국에서 채택한 타운매니지먼트 수법은 특정 구역을 지정한 후, 구역 내 민간영역이 추가로 세금을 납부하고, 민간과 공공이 위원회를 조성하여 구역의 환경을 개선하기 위한 활동을 추진하는 것이다. 조직의 활동과 운영은 민간이 수립한 운영 계획에 의거하여 자유롭게 추진되지만 공공에서 매년 모니터링 하여 내용을 조율할 수 있다. 이러한 체계를 도입한 구역이 대부분 다운타운, 역사지구 등 도시 내 주요 상업 및 업무지구이므로 BID Business Improvement Districts라는 용어로 지정되고 있다. 현재 미국 내 대도시, 소도시를 망라하고 다운타운을 중심으로 1200여 개 이상의 BID가 지정되어 운영 중일 만큼 보편화된 민간의 도시경영수법으로 정착되었다. BID를 기본적인 틀로 커뮤니티 베네피트 지구CBD: Community Benefit Districts라든지 구역을 지칭하는 용어도 지역의 특색에 맞게 변형되고 있다.

미국의 타운매니지먼트 방식인 BID 수법은 주법령에 의거하여 구역 지정 및 해당 구역에 관한 운영방식을 구체적으로 명시하고 있다. 민간이 지역의 특성에 맞는 타운매니지먼트 조직을 구성하고, 운영수법을 개발하는 데 있어 필요한 제도를 연동시켜 지원하는 다른 나라의 운영방식과 가장 큰 차이를 나타내는 부분이다. BID가 작동하는 원리를 타운매니지먼트 조직, 재원, 활동의 틀에서 살펴보면, 조직은 구역 내 자산소유주, 지자체를 포함하여 그 외 이해관계자 등이 운영위원회를 구성하고, 이 위원회의 의사결정을 민간비영리단체가 실행하고 관리하도록 한다. 재원은 자산소유주들이 자산세의 추가조세인 특별부담금을 지자체에 납부하고 지자체에서 조직에 교부하는 절차로 고정재원화된다. 각 지자체는 특별부담금 산정 방식을 설정하는 데 있어 타운매니지먼트 활동에 따른 혜택의 크기에 따라 차별화하는 등 합리적인 조세체계를 마련하여 운영한다. 활동에서 나타나는 특성은 공공이 제공해 온 도시 서비스에 추가로 더 개선된 환경을 조성하기 위해 진행하는 활동이 기본적이다. 예를 들어, 치안 서비스 강화, 환경미화 서비스 회수 증대, 제설작업 등이 포함된다. 최근 들어 BID의 활동 영역은 지역 활성화를 위한 이벤트, 마케팅, 지역 커뮤니티 지원 프로그램 등으로 확장되어 지구의 특성 보전 및 강화 등 도시재생 측면에서 현저한 성과를 달성하고 있다.

도시재생 측면에서 뉴욕의 가먼트 지구 BID^{Garment District BID}를 일례로, 한때 맨해튼의 패션산업을 이끌었던 지구의 쇠퇴와 이를 극복하기 위한 민간영역의 재활성화 노력과 성과를 확인할 수 있다. 뉴욕 미드타운 맨해튼에 위치한 가먼트 지구는 1993년부터 BID를 지정하여 575개의 자산소유주, 6500개의 사업체에서 납부하는 특별부담금에 기반한 재원을 조달하고 있다. 비영리조직인 '가먼트 디스트릭트 얼라이언스^{Garment District Alliance}'가 운영조직으로 지구가 필요로 하는 다양한 프로그램과 활동을 추진하고 있다. 1870년대부터 뉴욕의 의류생산을 담당해 왔던 이 지구는 미국 문화 및 패션의 중심지로 끊임없이 변화하는 스타일과 새로운 수요를 창출함으로써 의류산업을 발전시켜 왔고, 1920년대부터 60년대 초반까지 미국 의류생산량의 약 90% 이상이 이 지구에서 생산되었을 정도로 전성기를 구가했었다. 그러나 저가의 해외 노동력과 생산력으로 생산라인

이 해외로 이탈하게 되었고, 지구는 산업적 특성을 잃은 채 늘어가는 산업 이탈과 높은 공실률에 급격하게 쇠퇴하였다. 이에 대응하여 지역주체들은 현재 조직의 전신인 패션센터 BID^{the Fashion Center BID}를 지정하여 지역 회복에 노력을 지속해 오다가, 1993년 가먼트 지구 BID로 변경하여 패션산업뿐만 아니라 패션과 관련 없는 산업까지 아우르는 전략지구로 지역 마케팅을 전개하였다. 산업의 이탈을 막기 위해 이들이 선택한 전략은 산업 관련 정보를 공유하면서, 주변 지역 공간과 산업을 연계하는 마케팅에 주력하는 것이다. 뉴욕의 명소인 브라이언트 파크에서 패션위크를 개최하고, 2005년 허드슨야드 재개발에 그린하우스 호텔과 주거 개발을 산업 프로그램과 연계하는 것을 추진하였다. 브로드웨이를 따라 조성된 광장도 중요한 마케팅 수단으로 활용하고 있다. 뉴욕플라자 프로그램으로 조성한 보행광장(이전 도로)에서 보행자를 위한 이벤트를 열어, 주변 상점들의 영업을 지원해 오고 있다. 2017년 하절기에는 어반가든 프로젝트를 실시하여 지속적으로 지구 내 공간 활용과 변화에 주목하고 있으며, 패션산업공간 투어 프로그램 등을 통해 지역역사와 산업특성에 관한 방문객의 인지를 환기하여 지역 본연의 특성 회복에 총력을 기울이고 있다.

이러한 노력의 결과로 상업 및 산업 매출 증가, 공실률 감소, 지역 브랜드 상승의 성과를 달성하였다. 가먼트 지구 운영위원회는 자산소유주, 상업시설 임차인, 주거시설 임차인, 뉴욕 시 지명 공무원으로 구성하여 운영 중이며, 위원회가 의결권을 가진다. 의결권은 없으나 커뮤니티 관련자들도 위원회에 포함되어 다양한 지역의 이슈에 대해 논의한다. 직접적인 이익관계를 가지고 있지 않아도 지역 활성화에 관심과 참여를 도모하고자 여러 주체들의 의견을 수렴하는 조직체계를 구성한 점이 특성이다. 실무조직은 위원장을 필두로 계획·마케팅, 재정·예산, 커뮤니케이션, 가로경관·공공개선, 치안·환경미화팀으로 구성되어 있다. 이렇게 구성된 조직이 주요 활동으로 환경미화, 치안, 가로환경 정비, 조경 관리, 기반시설 개선 프로젝트, 경제개발, 커뮤니티 아웃리치, 마케팅, 프로모션, 그리고

가먼트 지구 패션산업공간 투어 프로그램

패션사업에 관한 지원을 추진하고 있다.

　가먼트 지구뿐만 아니라 뉴욕의 대표적 명소인 타임스퀘어와 샌프란시스코의 유니온 스퀘어 등 높은 범죄율로 소외되었던 도심부 내 공간들에 역동적인 장소성을 부여하고, 공간을 중심으로 한 커뮤니티로 재탄생시킨 것은 BID의 가장 큰 공헌이고 성과다. 즉, 미국 타운매니지먼트 사례가 보여 주는 시사점은 도시자원으로써 공공공간이 가지는 가치를 제고한 것이다. 공간 활용과 관리, 공공서비스 향상을 통해 매력 있는 도심부를 만들고, 개선해 나가는 것이 사람과 재화, 산업의 순환을 돕고 도시에 활력을 불어넣을 것이라는 전제를 분명하게 구현해 내고 있다. 또 다른 시사점은 도시를 관리해 나감에 있어 민간에게 명확한 권한과 책무를 부여하고 공익적 운영을 위해 주체들의 역할을 명확하게 설정한 점이다. 제도적 기반 위에서 도시경영과 활성화를 위해 민간이 창의적 역량과 재원을 투자하고, 비영리단체가 이를 운영하며, 모니터링을 통해 공공에서 감독함으로써 지속가능한 타운매니지먼트 구동이 가능해지는 것이다. 이러한 이점으로 인해 최근 국제적 동향을 보면 유럽, 캐나다, 일본 등에서도 BID와 유사한 수법을 개발하여 민간주도형 도시 관리를 장려하고 있다. BID 수법이 효과적으로 실현될 수 있는 것은 운영수익을 법적으로 보장하는 민주적 재원조성방식에 의한 것이라 할 수 있다. 구역 내 자산소유주 전체가 의무적으로 특별부담금을 납부하여 참여하도록 규정하는데, 직접적인 활동을 통해 참여하는 것이 아니더라도 소정의 재원으로 자산가치, 지역과 커뮤니티가 좋아지는 것은 기여의 의미에서도, 공동체 참여의 의미에서도 유용한 방식임이 입증되고 있다. 이런 차원에서 주거시설 임차인 등에게도 몇 달러 정도의 부담금으로 참여하도록 하는 BID가 늘고 있다. 구역 전체가 십시일반 모든 재원은 운영을 위한 안정적 재원으로 활용하고, 지역 활성화에 재투자되며, 이를 통해 장기적인 계획의 실현이 가능해진다. 즉, 단발적인 사업이 아닌 지속가능한 지역 운영을 담보할 수 있게 되는 것이다. 민간이 추진하는 지역 운영이 지속가능성을 가지고 체계화되면 공공의 업무와 서비스를 효율적으로 대체하거나 향상할 수 있는 권한이 생기게 되고 민간영역 스스로 중요한 위상을 확보하게 될 것이다.

　한국의 타운매니지먼트 도입여건을 보면 조직구성도, 활동의 시도도 가능할 것으로 사료되나 재원 마련이 가장 큰 이슈가 될 것으로 보인다. 아직 공공사업과 지원에 의존하고 있기도 하고, 민간이 본격적으로 타운매니지먼트를 추진할, 즉 민간영역에서 공공공간을 활용할 여건이 마련되어 있지 않은 것도 사실이다. 그럼에도 불구하고 공공에서 민간의 자산가치를 배려해 주고, 지역 활성화에 앞장서 주기를 바라는 시대는 지난 것 같다. 도시의 주인으로서 민간영역에서 목소리를 높여야 할 때이며, BID의 작동논리에 비추어 민주적인 재원 마련이 가능하다면 한국에서도 자구적 도시경영 및 지역 활성화 수법으로 타운매니지먼트를 전개해 나갈 수 있을 것으로 전망한다.

도쿄 시나가와 시즌테라스 타운매니지먼트

김영경((주)프롬 대표)

최근 우리나라에서도 도시재생이 시대적 이슈가 되고 있다. 개발 시대를 마감하고 도시공간의 품격을 향상시키면서 지속 가능한 도시환경을 계획, 관리하려는 도시재생의 시대를 맞이하고 있는 것이다. 도시재생은 시행의 주체, 대상, 재원 등에 따라 다양한 도시재생의 유형을 가진다. 예를 들면 시행을 공공(관)이 주도하면서 공공재원의 지원으로 시행되는 공공주도형 도시재생이 있으며, 민간부문의 적극적인 참여를 유도하면서 민간의 재원을 활용하는 민관협력형(혹은 민간주도형) 도시재생이 있다. 또 도심부를 대상으로 하는 도심재생과 주거지를 대상으로 하는 마을단위재생도 도시재생의 유형으로 분류될 수 있을 것이다.

우리나라와 유사한 도시적 상황에서 우리보다 한발 앞서 도시재생을 다양하게 경험한 일본의 도시재생 사례를 소개하고자 한다. 특히 그 가운데에서도 도시계획시설용지를 활용해 민관협력형의 도시재생을 시도한 도쿄의 대표적인 재생 사례지를 소개한다.

일본의 많은 대도시에서 도시재생을 전개하는 데에는 두 가지 큰 문제점이 있다. 우선 도시재생을 위해 필요한 시설(공공주택, 문화시설, 공원 등)을 설치하고 공급할 공간(땅)이 부족하다는 문제다. 또 도시재생을 위해서는 많은 재원을 필요로 하는데, 공공재원의 부족으로 도시재생을 능동적으로 지원해 나가는 데 많은 한계가 있다는 점이다.

이러한 문제들을 해결하기 위해 도시공간 내에 자리한 다양한 도시계획시설(공원, 도로, 하수처리장 등)을 입체적으로 복합 개발해 다양한 용도로 활용할 수 있는 '입체도시계획제도'가 도입되었다. 이 제도로 부족한 재원을 충당하기 위해 민간재원을 적극 활용하기 위한 '도시재생특별법'을 제정하는 등 제도적 기반을 정비하게 되었다.

이 장에서는 도쿄 시나가와品川 역 인근 지역에 도시계획시설인 하수도시설과 초고층 오피스 건축물을 복합재생하면서 대규모 공원까지 정비한 재생 프로젝트를 소개한다. 2015년 완성된 이 재생 프로젝트는 도시기반시설(도시계획시설)인 하

수도시설의 정비를 계기로 '민관연계 프로그램'의 일환으로 추진된 재생 프로젝트다. 지금까지 활용하지 못하고 있던 하수도시설의 상부를 새로운 도시공간으로 탈바꿈시킨 재생 사례인데, 도시기반시설과 도시개발을 융복합한 대표적인 사례라 할 수 있다. 지하공간에는 매일 하수를 모아 정화·처리하는 하수도시설이 입지하고, 지상에는 151미터의 초고층 오피스빌딩과 주변부에 3만 5000제곱미터에 이르는 넓은 공원이 조성되어 있다. 이처럼 공공공간인 도시계획시설(하수처리장)을 민간 오피스 건축물과 융복합적으로 재생한 재생 프로젝트는 일본에서도 매우 이례적인 사례다. 구체적인 내용은 다음과 같다.

도쿄도 하수도국이 관리하는 '시바우라 물재생센터'는 도심부의 하수처리를 담당하고 있는데, 1931년부터 가동되고 있어 시설이 매우 노후화되어 단계적으로 정비가 필요한 도시계획시설이었다. 한편 도쿄도 하수도국이 물재생센터를 정비하는 데에는 많은 재원이 필요한 상황이었으나 도쿄도의 재정으로 물재생센터를 정비하는 데에는 한계가 있었다. 물재생센터가 입지한 시나가와 역 인근 지역(미나토 구)은 하네다 공항과 가깝고 장기적으로는 초특급 신칸센(리니어 신칸센)의 시발역이 예정되어 있어 잠재력이 매우 뛰어난 곳이다. 이에 이러한 입지적 장점을 최대한 살리면서 민간부문의 재원을 활용하는 민관협력형의 도시재생방안이 제안되었고, 도쿄도가 사업공모설계를 통해 민간사업자와 연계한 하수도시설의 재구축과 공

원시설의 정비, 그리고 상부의 민간개발을 일체적으로 재생하게 되었다.

부지의 남측으로는 최대 7만 6000제곱미터의 미처리 우수나 하수를 담아 놓을 수 있는 우수 저류조를 신설하고, 상부에는 공원과 오피스 빌딩을 복합재생하는 것을 재생사업의 주요 내용으로 하고 있다. 특히 기존의 하수도시설 상부는 지구(단위)계획을 통해 '공공공지'로 지정해 인공지반을 설치하여 녹화(공원화)를 하고 있다. 즉, 하수도시설의 지하화를 통해 대상지 전체에 인공지반을 구축하고 지하공간만 도시계획시설로 지정한 것이다. 지상부는 부지면적 약 5만 제곱미터를 가용지로 구획하고, 용적률 400%의 가용부지를 도시계획시설과는 별도의 부지로 활용할 수 있도록 하고 있다. 이 가용부지 개발을 통해 도시계획시설 재생비용을 민간이 부담할 수 있도록 하고 있다. 도쿄도로서는 물재생센터 상부의 오피스 빌딩 건설비를 전혀 부담하지 않고 하수도시설의 재생비용보다 훨씬 많은 수입을 민간사업자로부터 받아낼 수 있게 된 것이다. 도쿄도가 부담한 공사비는 부지 남측에 우수저류조 신설비용 133억 엔, 기존 하수도시설 상부에 신설한 인공지반 및 공원정비 비용 약 78억 엔 등 합계 211억 엔이 소요되었다. 반면 민간사업자에게서 받은 수익구조를 살펴보면, 우선 정기차지권 설정비(민간에게 땅을 임대하고 받는 수익금)는 30년간 계약으로 848억 엔(사업 현상을 통한 낙찰경비)이다. 일부는 등가교환방식으로 도쿄도가

오피스 빌딩의 일부 공간을 구분, 소유하는 형태를 취하고 나머지는 임대료로 매년 받기로 했다. 빌딩 지상부의 건설비는 전액 민간사업자가 부담했다. 결과적으로 오피스 빌딩에 의한 수익을 통해 하수도요금을 억제할 수 있으며, 여유 재원은 다른 하수도시설의 수선비 등으로 충당할 수 있는 등 민간재원을 매우 유용하게 활용할 수 있게 되었다.

결과적으로 도시계획시설 상부에 민간 오피스 빌딩을 도입함으로써 도쿄도는 물재생센터 상부의 오피스 빌딩 건설비를 전혀 부담하지 않고 하수도시설의 재생비용보다 훨씬 많은 수입을 민간사업자로부터 받아낼 수 있었고, 이 재원을 활용해 다른 지역의 하수처리시설 재생비용으로 활용할 수 있게 된 것이다.

이러한 재생사업이 가능한 것은 '입체도시계획제도'를 이용할 수 있었기 때문이다. 일반적으로 도로나 하천, 공원 등 도시계획법상 '도시계획시설'로 지정된 부지 내에서는 건축 가능한 건물이 제한되어 있다. 하수도시설이라는 도시계획시설의 상부에 민간 오피스를 건설하기 위해서는 도시계획법 11조3항에 의한 '입체도시계획제도'를 이용할 수밖에 없다. 이 제도는 도시계획시설을 정비하는 구역을 입체적으로 정할 수 있게 하기 위해 2000년도에 도입된 제도다. 입체도시계획제도를 적용받기 위해서는 적정하고 합리적인 토지이용계획이라는 점을 도시계획위원회에서 판단하게 된다. 이 경우는 하수도시설의 정비, 인근 시나가와 역 주변의 대규모 개발재생의 필요성, 지역 주민들의 공원 정비에 대한 요청 등을 고려해 입체도시계획제도가 승인되었다. 하수도시설이 입체도시계획제도의 적용을 받은 것은 일본에서도 최초의 사례다. 우리나라에서도 최근 입체도로제도를 도입해 도로상부 공간을 민간이 활용할 수 있도록 하는 제도적 정비가 이루어졌다.

한편, 지상의 초고층 오피스 빌딩과 지하의 하수도시설의 복합재생을 위해서는 기술적으로 해결해야 할 여러 가지 문제가 있다. 우선 지상과 지하 간의 지진 내구성 확보를 위한 면진 장치를 도입해야 한다. 지상 고층 빌딩의 내진성능을 충분히 확보하고 지하에의 영향을 억제하기 위한 내진설계가 필요하다. 또 하수의 악취를 방지하기 위해 3차원 모델을 사용해 악취 시뮬레이션 시스템을 통해 결정하고 있다. 특히 건축과 토목시설 간에 구조재료 간의 허용응력도에 따른 설계방법의 차이가 많이 발생하는 문제도 있다. 이를 극복하기 위해 지하부분의 구조와 재료를 결정하는 데에는 다양한 전문가의 세심한 검토가 이루어졌다. 원칙적으로는 우선 건축설계기준을 고려하고 나아가 토목설계기준까지 충분히 고려한 세심한 구조적 검토가 요구된다. 또 상부의 초고층 오피스빌딩의 재생에 있어서는 새로운 친환경건축물의 모델사업이 될 수 있는 업무시설을 제안하고 있다. 도쿄도가 제안하고 있는 시나가와 역 주변 지구 가이드라인에 따르면 대상지인 시바우라 물재생센터 지구는 차세대 환경 모델 도시로 지정되어 있는 지구다. 따라서 건축물 또한 '친환경 모델 건축물'이 될 수 있는 환경성능이 요구되고 있다. 지상부의 대부분은 일반 시민에게 열린 넓은 잔디 공원으로 조성되어 있다. 최소한의 놀이시설과 재생수원을 활용한 비오톱 공간 등으로 구성되고, 오피스빌딩 1층부 레스토랑, 오픈 카페와 더불어 푸드트럭 등을 설치해 공원의 활성화를 도모하고 있다.

우리나라 대도시의 경우에도 대규모 공영주차장, 하수펌프장, 도로, 공원 등 다양한 도시계획시설이 산재해 있다. 생각하기에 따라서는 이러한 도시계획시설은 미활용되고 있는 도시공간으로도 인식될 수 있을 것이다. 이러한 도시의 미활용 공공공간을 도시재생의 거점공간으로 활용해 (민간)임대주택, 환승주차장, 문화복합시설 등 다양한 융복합 재생시설의 설치가 가능할 것이다. 특히 민간재원의 적극적인 활용을 통해 민관협력형의 도시재생 모델사업으로도 제안될 수 있을 것이다.

래리머 스퀘어 역사지구

민간이 살린 역사 도심: 래리머 스퀘어 역사지구

김기호(서울시립대학교 명예교수(도시설계))

교외 개발과 도심 쇠퇴

한국이나 미국이나 도심 쇠퇴의 중요 원인은 교외 개발urban sprawl이다. 광주도 상무지구개발로 충장로는 큰 어려움을 겪고 있다. 쇠퇴하는 역사 도심을 살리는 데는 두 가지 길이 있다. 하나는 쇠퇴한 도심을 철거하고 재개발하는 것이며, 다른 하나는 역사특성을 유지하며 다시 활성화해 가는 것이다.

많은 미국 도시는 1950-70년대에 걸쳐 재개발 광풍 속에 역사 도심을 철거하였다. 1970년대 이래 큰 흐름을 형성하게 되는 도시역사 보존은 1976년 미국독립 200주년을 기념하기 위한 것 외에 도시계획 변화와도 관계가 깊다. 철거 재개발에 대한 반성과 함께 도심의 특성을 살리는 것이 교외 개발에 대항하는 좋은 방식이라는 자각이 일었기 때문이다. 래리머 스퀘어 역사지구Larimer Square Historic District도 바로 이런 사례다. 이 지구는 콜로라도 주 덴버 시 첫 번째(1971) 역사지구다. 흥미롭게도 민간이 역사보존을 추진하고 나아가 비즈니스에서도 성공했

다. 규모는 작으나(120미터 길이의 한 블록) 이 지구의 성공으로 연접한 로어 다운타운lower downtown의 25개 블록이 철거 재개발에서 벗어나 역사지구로 방향을 트는 데 큰 영향을 미쳤다. 민간이 만든 작은 성공 사례가 큰 공공적 반향을 만든 것이다. 덴버 시도 1960년대 미국의 여느 도시와 비슷하게 도심부는 '스카이라인 재개발구역' 등 대규모 재개발구역이 지정되어 재개발의 광풍에 휩싸이며 100여 년된 역사건축물들인 붉은 벽돌건물은 현대적인 초고층 건물들로 대체되기 시작했다.

래리머 스퀘어 지구의 성공요인을 다섯 가지로 정리해 소개한다.

1. 비전 있는 리더

역사보존을 지구의 비전으로 처음 생각하고 비즈니스로 추진한 사람은 다나 크로포드Dana Crawford다. 재개발로 온통 새로운 오피스로 가득 채워져 썰렁한 차량중심 도로와 고층건물로 변해 가는 덴버 도심에서 그녀는 역사적 풍모가 있는 지구를 보

◀ 도심을 벗어나면 곧 끝도 없이 전개되는 덴버 시 단독주거 중심의 교외 개발
▶ 덴버 도심부 재개발 광풍 시기(1979), 역사 도심의 중요 부분이 대부분 철거되었다.

20세기 초에 만들어진 빨간 벽돌 중심의 덴버 시가지 건축, 유니어 스테이션 앞 로어 다운타운

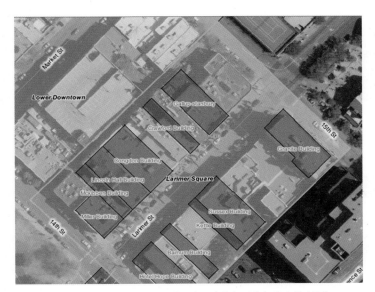

래리머 스퀘어 역사지구(래리머 스트리트의 14번가와 15번가 사이 한 블록)

존하여 독특한 장소를 만들면 근로자나 시민들이 점심이나 특히 저녁에 옛 정취를 느끼며 즐겁게 찾아올 것이라고 생각하였다. 그녀가 염두에 둔 곳은 덴버 시의 오래된 도로인 래리머 스트리트Larimer street의 14와 15번가 사이 한 블록이었다. 시와 재개발공사의 양해로 '스카이라인 재개발구역' 내에 있는 대상 블록의 반쪽을 재개발에서 제외받은 그녀는 지구 내 집주인들을 설득하여 건물에 관한 권리를 그녀가 설립한 래리머 스퀘어 운영회사Larimer square associates(1963년 설립)에 신탁하도록 하였다. 이것이 가능했던 것은 당시 재개발로 많은 오피스들이 건설되며 도심 내 오래된 건물들은 임차인을 구하기 어려워, 집주인에게 재산세 등 세금과 공과금은 큰 부담이었기 때문이다. 건물을 신탁하면 활용하여 적절한 수익을 내 주겠다니 건물주들은 더 이상 선택의 여지가 없었다. 크로포드는 다른 역사지구 경영사례를 분석하여 운영에서 신속한 의사결정과 일관된 관리가 중요하다고 보고 그를 위해 재산의 권리를 하나의 주체에 신탁할 필요가 있다고 판단했다. 그리고 그녀는 결국 역사보전과 비지니스의 성공이라는 두 마리 토끼를 잡을 수 있었다. 그녀는 지난 50년간 많은 역사건조물을 보존하는 성과를 거두어

콜로라도 주 역사보존의 상징적인 존재가 되었다(http://www.danacrawford.net/home.html). 현재 그녀의 이름을 딴 역사보존상이 2018년으로 28회째를 맞이하였다. 우리의 도시재생에도 건전하고 비전 있는 리더가 매우 중요함을 보여 준다.

2. 민간의 마케팅 및 운영 노력

래리머 스퀘어 역사지구의 민간운영주체인 래리머 스퀘어 운영회사는 지구 내 영업활동을 증진시키고 자산을 관리하는 데 매우 적극적이다. 홈페이지를 만들어(https://www.larimersquare.com/) 지구의 역사와 건물 등과 레스토랑, 쇼핑, 바 등을 잘 소개하고 있다. 한마디로 일정지역의 가로형 상가를 '래리머 스퀘어'라는 브랜드네임으로 통합하여 요즘 말로 에리어 매니지먼트를 통해 잘 관리, 홍보하고 있다. 크로포드는 "돈을 벌든지, 그렇지 않으면 이곳을 떠나라"라는 주장 아래 점포의 청결, 친절, 개폐시간 엄수 등 매우 까다롭게 임차인을 관리하였다. 우리나라에서도 서울 익선동 같은 곳에서 기획형 역사건물 활용 같은 현상이 일어나고 있다. 이런 흐름이 단순히 부동산 투기(부동산가격의 단기적 상승)를 목적으로 하지 않고 역사적 정취가 영업의 증진에 기여하는 것을 중요하게 인식하는 흐름으로 이어진다면 역사보존을 계기로 한 도심재생은 성공적일 것이다.

3. 재원 및 지원 시스템

도시재생은 취약한 지구에 대한 대책이기 때문에 공공의 투자와 지원이 필요하다. 역사자원 활용 도시재생도 마찬가지다. 미국 역사보존에서 가장 중요한 지원정책은 '역사건물 개보수 세금 포인트rehabilitation tax credit'다. 연방정부가 1976년에 도입하고 1986년에 변화된 세제개혁법tax reform act에 따라 다음과 같은 세금 인센티브가 운영되고 있다. 20% 세금 포인트는 지정된 역사문화재(역사지구 내 건물 포함)의 인증된 개보수사업을 지원하며 수익성 건물(상업용 또는 주거용)을 대상으로 한다. 10% 세금 포인트는 1936년 이전, 즉 당시 50년 이상된 건물로 역사문

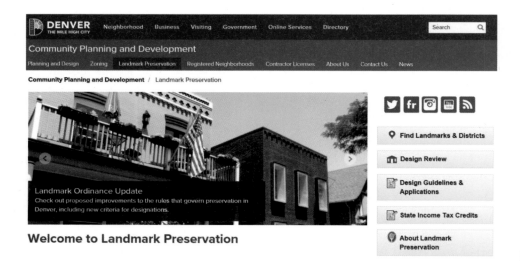

래리머 스퀘어 회사 홈페이지. 방문객들을 위하여 안내, 홍보 등을 자세히 하고 있다.

덴버 시 도시계획국의 역사보존 가이드라인 등

화재로 지정되지 않은 비주거용 건물의 개보수사업 지원이다. 이는 예비문화재에 대한 선투자라 할 수 있다. 20% 세금 포인트란 인증된 개보수사업비의 20%에 해당하는 금액만큼의 포인트로서, 소득세를 낼 때에 사용할 수 있다. 이 제도는 지난 40년 이상 미국 역사보전을 통한 도심재생을 선도하고 있다. 중요한 것은 역사자산의 보호가 매년 예산의 규모에 따라 진행되는 '사업'이 아니라 법에 따라 '제도'로 운영되는 지속성과 안정성을 가지고 있다는 점이다. 주에서도 주 세금 포인트 제도를 통하여 주거건물의 보존을 지원하고 있으며, 주 역사보존기금을 만들어 운영하고 있다. 우리도 도시재생 뉴딜사업에 엄청난 금액을 투자한다고 한다. 그러나 돈이 직접 투자되는

것이 오히려 단기적 업적에 매달리거나 지속가능하지 못한(여건이나 정권의 변화) 결과를 낳지 않을까 우려가 된다.

4. 도시계획·설계와 가이드라인을 통한 관리

많은 사람들이 역사보존하면 먼저 역사건물을 찾아내 어떻게 보존할 것인가에 관심을 쏟게 된다. 그러나 건물보존에 앞서 고민해야 할 것은 그곳의 도시계획이 무엇을 지향하고 있는가다. 만약 도시계획이 그 지구를 철거 재개발해야 할 곳으로 계획해 놓았다면, 지구 내 역사건물의 보존은 거의 불가능하다. 덴버 시는 이런 실수를 막기 위하여 역사특성이 있는 도심부에 대하여 '도심부관리계획downtown area plan'을 하고 있다. 역사보

래리머 스퀘어 역사지구 가로변 역사건축물들이 만들어 내는 가로경관

존을 도심부 관리의 중요한 목표 중 하나로 설정하고 역사적 특성이 있는 로어 다운타운 등의 관리원칙을 제시하고 있다. 이에 후속하여 로어 다운타운만을 위한 지구생활권계획Neighbor-hood Plan을 만들어 구체적으로 역사건물 보존과 신축건물 관리, 용도, 교통 및 주차 등의 원칙이 제시된다. 그리고 이 원칙을 존중하여 로어 다운타운에 대한 디자인 가이드라인이 만들어진다. 이같이 위계적으로 공간적으로 촘촘한 도시계획과 보존계획 그리고 디자인 가이드라인이 작용하여 역사지구를 관리하고 유도하게 된다. 우리도 역사도심계획이 있기는 하나 좀 더 촘촘하고 정교한 도시관리의 수단이 필요하다.

5. 역사적 진정성이 있는 장소

래리머 스퀘어는 2015년에 50주년을 기념하였다. 많은 시민들이 오랫동안 역사적 건축물과 가로가 제공하는 정취 속에 식당, 바, 패션과 디자인용품 상점 등을 방문하고 즐겼다는 것이다. 이런 성공의 바탕에는 민간의 노력과 공공의 지원이 중요한 역할을 하였다. 그러나 그 바탕에는 시내 어느 곳에서도 찾아볼 수 없는 1870년대(Kettle Building)~80년대(Granite Building)에 그리고 1920년대까지 지어진 건물들이 만들어 내는 역사적 경관이 자리하고 있다. 이제 이 지구는 덴버 도심에서 빼놓을 수 없는 중요한 장소로 자리매김하고 있다. 역사적 정취는 어느날 갑자기 무대 세트 만들 듯 할 수 있는 것이 아니다. 진정성, 즉 영혼이 없기 때문이다. 그래서 오래된 도심의 장소성을 나타내는 건물이나 가로 그리고 축대나 나무 등 조금이라도 남아 있다면 원형을 존중하며 개보수하고 신증축하는 것이 중요한 일이다.

남녀노소 할것없이 서로 돕고 즐겁게 어울리며,
사계절 푸르른 배봉산의 모습을 닮아
항상 웃음과 활기가 넘치는 "휘경마을"

어린이, 노인들을 위한
복지시스템이 구축된
"복지 마을"

재해·사고·범죄로부터
"안전한 마을"

사계절 나무와
꽃이 있는 아름다운
"녹색 마을"

왜 서울 휘경동 주거환경
관리사업이 관심을 끄는가

양승우(서울시립대학교 도시과학대학 학장)

주거환경관리사업의 이해

최근 핵가족화가 심화되고, 1인가구가 증가하며, 저출산·고령화로 인하여 인구구조가 변화하는 등 사회 전반적인 변화 속에서 양적인 주택공급에서 벗어나 질적 관리 중심의 주거지 관리 패러다임이 전환되었다. 이에 따라 서울시는 2008년 8월 저층주거지에 대한 시민인식을 제고하고자 '살기 좋은 마을만들기 시범사업(서원마을, 선유골, 능안골)'을 추진하였으며, 2010년에는 '서울휴먼타운'이라는 이름 아래 다섯 개 지구(연남동, 북가좌동, 시흥동, 길음동, 흑석동)를 대상으로 다세대·다가구 밀집지역 등 저층주거지 재생 및 관리계획을 수립하였다.

이러한 행정계획 및 사업계획이 성공적으로 이루어지면서 정부에서도 2012년 '도시 및 주거환경정비법'에 기존 주거지의 정비·보존·관리를 병행할 수 있는 새로운 사업방식을 신설하면서 '마을만들기(주민참여형 재생사업)'가 본격적으로 실행되게 되었다. 주거환경관리사업의 주된 목적은 기반시설 및

자료 : 서울특별시, 동대문구 휘경동 휘경마을 주거환경관리사업 디자인가이드라인, 2014

보안 · 방범시설 부족 등 기존 저층주거지의 불편사항을 해소하여 안전하고 쾌적한 경쟁력 있는 저층주거지를 만들고, 지역 커뮤니티를 회복하여 살고 싶고, 주민이 주인 되는 경쟁력 있는 주거환경을 조성하는 것이다.

대상지 휘경동의 이해

휘경동은 순조의 생모인 수빈 박 씨의 묘소인 '휘경원'이 위치해 있던 터에서 유래했으며, 정조의 아버지인 사도세자의 무덤이었던 '영우원'이 있었던 역사 깊은 곳이다. 정조가 아버지인 사도세자에게 절을 했다고 해서 배봉산拜峰山이라고 불렀다.(출처: 정조 49권, 헌종 13권)

대상지는 서울특별시 동대문구 휘경동 286번지 일대이며, 면적은 3만 6396제곱미터, 계획 목표연도는 2023년이다. 대상지 남측으로 배봉산과 서울시립대학교가 위치하여 남고북저의 구릉지 형태의 지형을 보이고 있으며, 마을 내에는 대부분 단독 · 다세대 주택들이 입지하여 있다. 대상지 내부의 도로는 대부분 4미터 이하의 협소한 가로(사도 및 현황도로)로 구획되어 있으며, 서울시립대학교와 배봉산에 막혀서 대부분 막다른 도로로 이루어져 있는 것이 특징이다. 서울시립대학교가 위치하고 있어 학생들이 많으며, 특히 서울시립대학교의 영향으로 대학생(자취, 하숙생)의 거주비율이 높다.

대상지는 행정구역상 동대문구 휘경2동에 속하며, 대지 내에는 710세대, 1399명이 거주하며, 20대 세대주가 28.9%에 달한다. 20대 세대주의 비율이 28.9%로 서울시립대 후문과 연결

된 지역으로 대학생 거주자이며, 다음으로는 60대 이상 인구가 25.9%를 차지하였다. 특히 1인가구 비율이 55.5%로 매우 높았으며, 20대(51.1%)와 30대(23.2%)가 대부분인 것으로 조사되었다.

계획과정의 소개

휘경동 사업은 2012년 4월 주민의 70.6% 동의를 얻어 시범사업으로 선정되고 12월 말에 용역을 시작하였다. 2013년 1월에 서울시립대학교 양승우 교수를 총괄계획가로 선정하고 약 1년 동안 실무협의체(서울시, 동대문구, 총괄계획가, 과업수행사) 회의 6회, 주민설명회 2회, 주민 간담회 3회, 주민 워크숍 12회 등

주민과 하는 계획과정을 진행하였다.

적극적인 주민참여의 실현을 위해 주민과의 만남, 마을의 문제점 진단 및 공유, 미래상 설정 및 그에 따른 계획과제 도출, 계획의 구체화, 마을 공동체 만들기 단계 등 총 6단계로 구성된 '계획수립 시나리오'를 수립하여 총 12회에 걸친 주민 워크숍을 진행하였다. 주민 워크숍의 결과로 제시된 계획안을 바탕으로 계획(안)을 수립하였으며, 각 단계별 진행과정은 다음과 같다.

제1단계 : 이웃과 만나기

본격적인 사업 추진 전 마을의 중추조직인 통·반장 등을 만나 마을 특징, 주민 특성, 주요 관심사 등 마을에 대한 기초지식을 먼저 습득하였다. 또한 지속적으로 현장을 방문하여 주민들을

STEP1 이웃과의 만남	STEP2 마을함께 돌아보기	STEP3 마을목표 정하기	STEP4 마을 계획하기	STEP5 마을 가꾸기	STEP6 마을공동체 만들기
사전기획	마을진단	미래상 및 과제 도출	계획안 구체화		마을공동체 만들기
[수행과정] 기초 만들기 · 친밀감 쌓기 · 기초현황 조사 · 주민협의체 구성	마을 파악하기 · 주민 설문조사 · 마을의 좋은점, 문제점, 잠재력 찾기	미래상 만들기 · 마을 공통 이슈 및 목표점 찾기 · 우선순위에 따른 계획과제 도출	마을 주요이슈의 개선대책 만들기 · 분야별 과제 도출 · 도출된 과제의 구체적 개선대책 마련 · 정주환경 지키기		마을공동체 구상 · 주민약속 정하기 · 마을공동체 프로그램 만들기
[수행내용] · 사전 주민인터뷰 (통별 간담회) · 실무협의체 구성 · 주민설명회	· 주민 워크샵 → 마을 돌아보기 · 주민설문조사 → 우편 및 면담	· 주민 워크샵 → 마을 목표 정하기 → 마을이슈 우선순위 정하기	· 주민 워크샵 → 마을계획하기 (주민 의견 적극적인 반영 및 조율을 통한 최종계획(안) 도출) → 민간부문 계획하기		· 주민 워크샵 → 주민협약 정하기 → 공동체 운영 규약 만들기

대상으로 주민 인터뷰 및 주민 간담회도 진행하였다. 이런 노력은 사업에 대한 이해도를 높이고 관심을 유도하였고, 이웃과의 첫 만남에서도 많은 주민이 참여할 수 있었다.

주민 간의 서먹서먹한 관계도 풀고, 사업을 어떻게 진행할 것인지에 대한 설명도 하면서 주민들끼리 친해지고, 사업에 대한 이해도 높여 갈 목적으로 주민 간담회를 진행하였다. 주민 간담회에서는 본 사업은 주민이 주인이 되어 계획하고 운영하는 사업이라는 것을 강조하고, 시작은 총괄계획가와 용역사가 중심이 되지만 5, 6월 이후부터는 주민이 전체를 이끌어가야 한다는 것을 중심으로 설명하였다.

제2단계 : 마을 함께 돌아보기

마을의 문제와 가치를 함께 발견하고 서로 공유함으로써 마을

에 대한 공동체 의식을 고취하기 위한 프로그램으로 '마을 함께 돌아보기' 프로그램은 진행하였다. 아무리 같은 문제라도 중요도는 사는 곳에 따라 다를 수 있기 때문에 마을을 돌아보면서 다른 곳의 문제를 공유하는 프로그램이다. 우선 4~5명 정도로 팀을 구성하여 그룹별로 마을을 돌아보고 마을의 잠재력과 문제점을 발견하였다. 그다음 회의장에 돌아와 마을지도를 작성하고, 의견을 정리하는 과정으로 제1차 주민 워크숍을 진행하였다.

마을 함께 돌아보기 프로그램 결과, 기반시설을 개선하고 확충해야 하는 항목 열한 가지, 마을의 환경 개선을 위한 항목 일곱 가지, 마을 공동체 거점 조성과 관련된 항목 세 가지 등 총 스물한 가지 토의사항이 도출되었다.

제3단계 : 마을 목표 정하기

마을 돌아보기를 통해 정리된 마을의 잠재력, 문제점 등의 정보를 바탕으로 살기 좋은 휘경동 만들기의 장·단기적 목표를 구상하고, 주민들이 직접 사업의 목표를 정하는 단계다. 주민들이 목표 이미지 카드와 생활모습 카드를 가지고 빈 공간에 목표 이미지와 장래 생활공간을 채워가면서 작성하는 것이다. 일반적인 목표는 카드에서 떼어내 붙일 수 있고, 자유롭게 자신의 의견을 써 가며 목표를 만들어 개별적으로 발표하면서 자신의 목표와 다른 사람의 목표가 어떻게 다른가를 공유하는 프로그램을 운영하였다.

이러한 과정을 통하여 휘경동 마을 목표는 다음과 같이 정해졌다.

"남녀노소 할 것 없이 서로 돕고 즐겁게 어울리며, 사계절 푸르른 배봉산의 모습을 닮아 항상 웃음과 활기가 넘치는 휘경마을." 이를 위하여 어린이, 노인을 위한 복지 시스템이 구축된 복지마을, 사계절 나무와 꽃이 있는 아름다운 녹색마을, 재해와 사고 그리고 범죄로부터 안전한 마을을 추구하기로 정하였다.

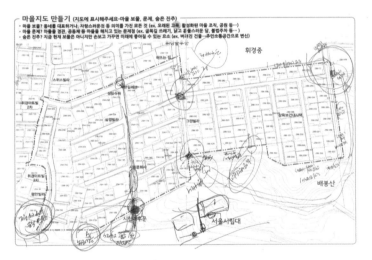

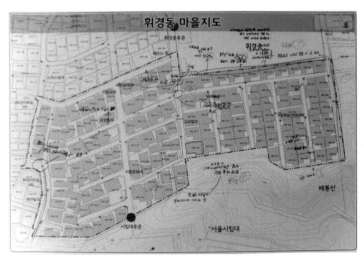

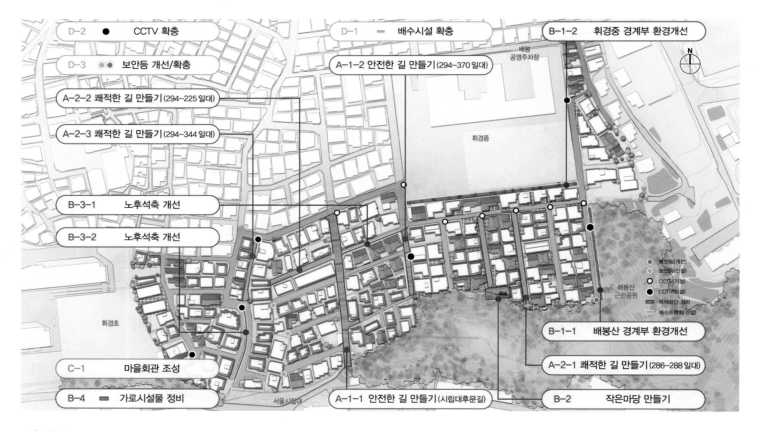

마을계획안

제4단계 : 마을 계획하기

마을의 문제점을 해결하기 위하여 공공기여도, 파급효과, 시급성에 대하여 설명하고, 워크숍에 참석한 주민들을 중심으로 사업의 우선순위를 정하고 공공부문 계획을 수행하는 프로그램이다.

주민에게 제2단계 마을 함께 돌아보기 프로그램 결과에 따라 도출된 기반시설 항목 열한 가지, 환경 개선 항목 일곱 가지 그리고 공동체 거점 조성 관련 항목 세 가지 등 총 스물한 가지 항목과 그동안 논의되어 왔던 다섯 가지 기타 안건에 대하여 우선순위를 정하는 과정을 진행하였다. 미리 준비한 마을만들기 카드에 중요한 항목에 대하여 서로 자신의 의견을 말하고, 토론을 거쳐서 최종적으로 각자 중요하다고 생각하는 항목을

선택하고 이것을 모두 취합하여 주민의 의견을 정리하였다.

그 결과, 마을회관 조성이 가장 중요하고 시급한 시설로 도출되었고, 다음으로 전선 지중화, 배봉산 경계부에 사용하지 않는 토지에 대한 공원 조성, CCTV 및 보안등 확충, 일부 소방도로 개설 등의 순으로 나타났다. 그 외에 기타의견으로 경사진 도로 내 열선 설치, 공동 쓰레기집하장 설치, 도로포장 개선, 배봉산 정비 및 등산로 신설, 배수시설 확충, 목재화단 정비, 공동우물터 복원 등이 있었다.

다음으로는 이러한 문제점에 대한 구체적인 개선방안을 그룹별로 도면에 그려 가면서 계획하는 작업을 진행하였다.

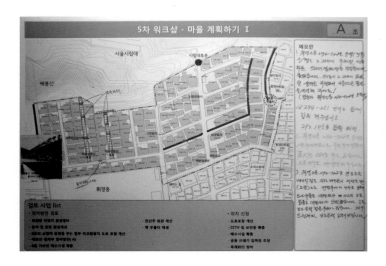

제5단계 : 마을 가꾸기(민간부문)

휘경마을의 특성을 유지하기 위하여 필요한 최소한의 지침과 쾌적한 마을을 만들기 위한 주민 간의 의견조율을 진행하였다. 우선 건물의 외관과 형태와 관련하여 카드게임 놀이를 진행하였다. 지붕은 평지붕을 가장 선호했고, 담장은 생울타리 그리고 낮은 담장을 선택하였다. 외벽은 회색이나 무채색보다는 유색 석재 담장을 선호하고, 건물의 색채는 황록색 계통을 선택하였다. 주민들이 마을에 들어와서는 안 되는 용도로는 변전소, 총포판매소, 인터넷 게임 관련 시설, 장의사 등을 선정하였다. 이러한 과정을 거쳐 주민들의 의견을 통하여 공공부문 및 민간부문의 계획을 진행할 수 있었다.

제6단계 : 마을 공동체 만들기

휘경마을 공동체 만들기는 본 사업의 가장 중요한 단계다. 주거환경관리사업(마을만들기)은 주민을 위한, 주민에 의한 사업이다. 주민 간의 이해를 돕고, 서로 간의 신뢰를 바탕으로 주민 중심의 자발적인 참여 속에 마을의 물리적 환경개선과 더불어, 사회·문화·경제적인 환경개선을 통해 평생 살고 싶은 우리 마을을 만드는 것이 궁극적으로 추구하는 목표다.

따라서 주민의 적극적인 참여와 관심은 본 사업의 필수조건이다. 이를 유도하기 위해 과업의 시작과 동시에 마을로 들어가 마을 구성원 및 인적자원을 파악하였다. 기존의 마을 조직은 어떻게 되어 있는지, 마을에 있는 기존 관련된 직능단체는 어떤 것이 있는지, 그리고 통·반장 조직 등 행정 조직은 어떻게 이루어졌으며 어느 정도 활성화되어 있는지를 우선 파악하였다. 이를 바탕으로 교육 및 홍보 활동을 하며 주민들의 관심을 점진적으로 유도하였다.

충분한 교육과 홍보 이후 주민의 대표 조직인 주민협의체를 구성하고, 총괄계획가(MP), 행정(서울시, 동대문구), 전문가와 함께 주민 워크숍 등의 과정을 거쳤다. 마을계획을 수립의 주체로 활동하면서 주민들이 모이고 서로 이야기하며 상대를 알아가는 시간을 갖도록 유도하였다.

주민들이 참여해 마을계획을 수립한 이후에는 마을 공동체 활성화를 위한 주체로 거듭나게 된다. 마을의 대표로서 향후 조성될 마을회관의 운영 주체 및 다양한 마을 공동체 사업 등을 추진하게 된다. 이를 도표로 정리하면 아래와 같다.

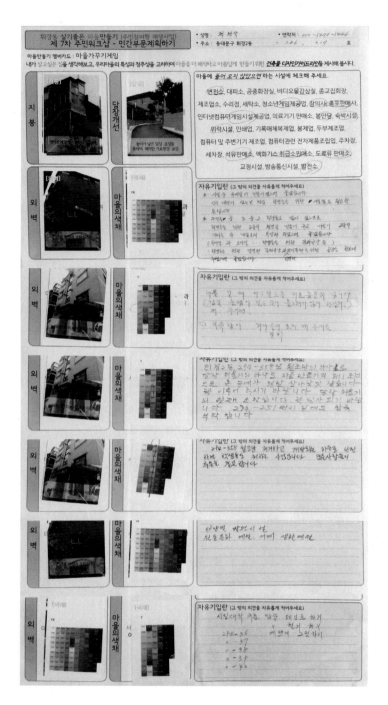

주민들과 함께 약 8개월 동안의 사업 경험 속에 만들어진 서로 간의 이해와 신뢰를 기반으로 주민협의체의 지속적인 운영을 위하여 운영규약을 협의하고 마을 공동체 및 마을 운영을 위한 주민협의체 조직을 재정비하였다.

주민협의체는 마을만들기 사업을 위한 초기 단계의 주민 조직이며, 기존의 마을 조직과 자발적인 참여자를 중심으로 구성된다. 주민협의체는 주민의 대표로써 마을계획 수립의 주체이자 사업시행 시 주민공동체 운영회로 거듭나게 될 기초 조직이므로 주민협의체의 구성은 매우 중요하다. 따라서 과업 초기 무리하게 구성하기보다는 충분한 주민 홍보 및 교육을 통해 상호 간 공감대를 형성한 이후 구성하는 것이 바람직하다고 할 수 있다. 기존의 마을 조직과 더불어 마을에 애정이 있고, 마을 일에 관심이 많은 자발적 참여자 및 마을의 긍정적 발전을 위해 함께 노력할 수 있는 주민들로 구성되어야 하며, 기존의 마을조직과 신규 참여자들 간의 조화가 매우 중요하다. 본 사업의 경우 2013년 2월~4월 약 두 달의 모집기간을 두고, 주민 간담회, 주민 설명회를 거쳐 총 27명의 주민협의체를 구성하였다. 이 중 통별 안배를 고려하여 5명의 임원단(회장(1), 부회장(2), 총무(2))을 선출하여 진행하였다. 마을계획 수립을 위한 주민 워크숍은 임원단의 의견에 따라 주민협의체 인원 이외에도 주민들의 자유로운 참여가 가능하였으며, 매 회 워크숍 진행 시마다 평균 25명이 참여하여 높은 참여율을 보였다. 이러한 높은 참여율은 초기 주민협의체의 구성 특성과 매우 관계가 깊으므로 사업 초기에 가장 중요하게 고려해야 하는 요소다.

주민공동체 운영위원회는 주민협의체와 자발적 신규 참여자, 그리고 행정 및 전문가 등으로 구성된다. 계획 수립이 완료된 이후 마을계획을 실현하고 관리하며, 주민 약속(협약)의 이행 등을 위한 주민조직이다. 따라서 주민공동체 운영회는 마을공동체의 지속성 담보를 위해 마을 공동체 활동에 관심 있는 자발적 참여 주민으로 구성하되, 원활한 운영을 위해 기존의 주민협의체에서 활동을 했던 주민들이 중심이 되어 구성하는 것이 바람직하다. 또 주민협의체에서 활동했던 전문가, 행

초록빛 휘경마을 주민공동체시설

하는 것이 효과적이지만 장기적이지 못하다. 사업을 처음 시작할 때부터 앞으로 나서는 주민이 없는 경우가 대부분이고, 주민의 리더가 자발적으로 나설 때까지 기다리기에는 시간이 너무 많이 소요된다는 점이다. 그래서 통장이나 반장을 중심으로 사업을 진행해 가면 초기에 주민을 모으고 의견을 청취하는 데 효과적이다. 그러나 통장이나 반장은 기본적인 자신의 구역이 있고 구역 간의 갈등이 있을 때 조정자의 역할을 수행할 수 없다는 단점이 있었다. 따라서 주민들이 잘 알고 있는 통장이나 반장을 중심으로 진행하면서 리더를 발굴하는 것이 중요하다.

둘째, 주민의 의견을 듣기 위해서는 다양한 시각적 준비물을 준비해야 한다는 것이다. 예를 들어 주민의 의견을 듣는 다고 "자, 지금부터 우리 마을에서 가장 중요한 사업이 무엇입니까?"라고 질문하고 기다리면 아무도 말을 안 하게 되고, 돌아가면서 강제적으로 이야기를 시켜도 그다지 효과적이지 못하다. 자신의 의견을 적극적으로 피력하는 데 익숙하지 못한 탓일 것이다. 따라서 개별적으로 직접 물어볼 것이 아니라 먼저 소그룹으로 팀을 만들고 각 팀별로 카드를 가지고 게임하듯이 그룹의 의견을 만들어 가는 과정을 거치면 좀 더 효과적으로 주민의 의견을 모을 수 있다.

셋째, 결국 사업의 성패는 주민의 화합과 리더의 능력에 달려 있었다. 약 1년 반 동안 주민의 의견을 청취하고 주민을 중심으로 하는 계획안을 만들어 가면서 적극적인 리더를 발굴하고, 그 리더를 중심으로 주민이 똘똘 뭉치게 된 것이 약 30억원에 가까운 '초록빛 휘경마을 주민공동체 시설'을 만들어 낼 수 있었다. 따라서 사업을 시작하면서 총괄계획가나 용역사가 사업을 진행할 것이 아니라, 조금 시간이 걸리더라도 주민이 직접 의견을 내고 토론하고 결정하는 과정을 배울 수 있도록 하여 주민의 역량을 키우는 과정이 매우 중요하다. 이러한 과정을 거쳐 주민의 능력이 배가되고 이를 바탕으로 지속가능한 주민공동체가 탄생하고 성장할 수 있을 것이다.

정 등이 운영위원회 내 자문위원 등으로 참여하여 운영회를 지원할 필요가 있다. 휘경동 마을만들기 사업의 경우 마지막 워크숍을 진행하면서 많은 이견이 있었던 점을 감안하여 기존 주민협의체 임원단의 재정비를 통해 5명의 주민협의체 임원단을 재구성하고, 이후 임원단 회의를 거쳐 고문 및 대표단 4명을 추가 구성하여 총 9명의 임원단을 구성하였다.

이러한 주민공동체 운영위원회를 중심으로 2017년 11월 '초록빛 휘경마을 주민공동체시설' 개관식을 개최하고 본격적인 공동체 활동을 시작하고 현재까지 활발한 활동을 하고 있다.

휘경마을 사업에서 배울 점

휘경마을 사업을 2013년부터 2017년 말까지 약 5년 동안 진행하면서 다음과 같은 세 가지를 배웠다.

첫째, 사업 초기에는 통장이나 반장 등 기존의 조직을 활용

런던 해크니 지역의 도시재생을 상징하는 질레트 광장의 행사 모습(상)(사진출처: 호킨스브라운 설계사무소)
달스턴 문화회관(하)(사진출처: 류중석)

도시재생기업의 재정 확충이 재생의 성패를 가른다: 런던 해크니

류중석(중앙대학교 도시공학과 교수)

서울은 강남과 강북의 지역격차가 뚜렷한데 반해, 런던은 강동과 강서의 지역격차가 뚜렷하다. 런던의 동쪽지역은 제2차 세계대전 이후 폐허가 된 건물에 저소득층이 들어와 소유권이 불분명한 땅을 점유하였고, 점차 외국 이주민들이 집단으로 거주하면서 이른바 못사는 동네로 자리매김하였다. 영국 BBC의 인기 드라마였던 '동쪽 끝에 사는 사람들EastEnders'은 1983년 3월 첫 방송이 나간 이래로 2018년 7월 현재까지 35년간 5745회가 방송되고 있는 인기 드라마다. 런던 동쪽지역의 못사는 서민들의 일상생활에서의 애환을 다루었기 때문에 영국 국민들의 대중 드라마(우리나라로 따지면 전원일기의 도시판 정도로 볼 수 있음)로 자리잡았다.

런던의 33개 자치구 중 하나인 해크니Hackney 자치구 달스턴Dalston 지역은 런던의 동쪽지역 중에서도 마약과 강도 등 각종 범죄가 들끓는 대표적인 슬럼가였다. 영국 전체에서 가장 살기 나쁜 곳 1위, 강도사건 발생률 1위를 기록한 지역이었다. 그러나 런던 중심부와 가깝다는 지리적 장점이 있어서 외곽지역에 살던 중산층들이 1970-80년대에 이 지역으로 몰려와 부동산을 매입하면서 새로운 변화의 바람이 불었다.

젠트리피케이션 현상의 원조

이미 우리나라도 홍대, 가로수길, 경리단길 등에서 경험했던 것처럼, 주택이나 상점의 임대료가 급격하게 상승하는 이른바 젠트리피케이션 현상은 영국 런던에서 가장 먼저 시작된 현상이다. 귀족계급을 뜻하는 '젠트리gentry'라는 말에서 비롯된 이 현상은 긍정적인 측면에서는 낙후된 지역이 고급화되는 현상이지만 부정적 측면에서는 급격한 임대료 및 부동산 가격의 상승으로 본래 거주하던 원주민이나 상점주인들이 쫓겨나는 현상을 의미한다. 한국에서는 대체로 부정적인 의미에서 이 용어를 사용하고 있다. 외곽지역의 중산층들이 해크니 지역으로 들어오면서 당연히 젠트리피케이션 현상이 일어났다. 지역의 중소 상점들이 몰려날 위기에 처하고 주거지도 고급화하면서 서민들도 비싼 임대료를 낼 수 없어 이 지역을 떠날 수밖에 없었다. 이때 등장한 것이 주거협동조합이다. 여러 협동조합들이 연합하여 '해크니 개발협동조합HCD: Hackney Cooperative Developments'을 만들었다. 그들은 구청에 도움을 요청했고 구청은 전쟁 때 폭격을 맞아 방치된 3층짜리 건물을 '통후추 한 알(중세시대 영주가 땅을 놀리지 않기 위해서 영세농민들에게 통후추 한 알을 받고 농지를 임대해 준 것에서 유래한 용어)'에 100년간이라는 파격적인 조건으로 임대해 주었다. 이러한 지원에 힘입어 HCD는 낙후된 달스턴 지역을 되살리기 위한 다양한 사업을 시작하게 된다.

개발협동조합 결성과 자치구 원조로 시작된 도시재생

HCD는 융자를 받기 위해서 지역 커뮤니티 활성화 계획을 주내용으로 한 사업기획서를 작성하여 은행을 찾아가 융자를 받았다. 이 융자금으로 1층에 상가, 2층과 3층에는 사무실을 꾸미면서 지역의 소상공인들과 예술가들에게 저렴한 임대료에 공간을 빌려주었다. 임대료 수익으로 주변의 저렴한 건물을 계속 사들여 개조 후 임대하는 방식으로 소유 부동산을 늘려 나갔다. 지역이 깨끗해지자 부동산 가격이 오르면서 HCD의 자산가치도 덩달아 올라갔다. 구청으로부터 무상으로 받은 건물 한 채에서 시작해서 지금은 달스턴 지역 내에 80여 개의 사무실과 상점, 클럽, 작업실, 문화공간을 임대하는 사회적 기업으로 성장하였다. HCD의 임원들은 무보수를 원칙으로 일하고 수익은 지역사회로 전액 환원하는 원칙을 지킨다.

지역문제 해결을 위한 HCD의 운영원칙과 주력사업

자치구로부터 거의 무상으로 제공받은 건물을 초기자본으로

하여 HCD는 특히 세 가지 사업에 주력하였는데, 첫째는 소상공인의 창업을 위한 자문과 서비스, 둘째는 저렴한 사업공간 제공, 셋째는 문화 및 예술 프로그램 진흥사업이다. 소상공인 창업자문은 주로 여성이나 소수인종 기업가에게 우선권이 주어진다. 주로 서점, 뷰티숍, 화장품 및 패션상점, 네일숍, 치킨숍, 음반가게, 이발소, 양복점 등 영세업종이 대부분이다. 저렴한 사업공간을 제공하기 위해서 임대료는 시세의 70% 수준을 유지한다. 그렇다고 아무나 입주할 수 있는 것은 아니다. HCD의 심사위원들을 설득할 수 있는 명확한 비즈니스 아이템과 사업계획서를 제출받아 엄격하게 심사한다. 임대료가 저렴하기 때문에 경쟁률이 12대 1에 이를 정도로 인기가 높다. 사회적 기업이나 자선단체, 문화예술단체, 소수민족이 참여하는 기업, 여성 사업가, 장애인 사업가 등 사회적 가치나 커뮤니티 정신을 실현할 수 있는 사업자를 우선적으로 선정한다. 대표적인 문화 및 예술 프로그램 진흥사업으로는 버려진 주차장 부지였던 질레트 광장Gillett Square을 문화예술 공간으로 탈바꿈시키는 사업을 추진했다. 광장 주변에 달스턴 문화회관을 건립하고 임대료 상승으로 쫓겨날 위기에 처한 볼텍스 재즈클럽을 유치하여 문화예술기능의 건물로 탈바꿈시켰다. 광장에서는 연중 다양한 예술 프로그램과 이벤트를 개최하여 다양한 인종이 어울리는 문화의 용광로 역할을 담당하였다.

다양한 민관기구와의 협업을 통한 도시재생

질레트 광장 재생사업에는 다양한 민관기구들이 동참했다. 런던 개발공사, 런던 교통청, 해크니 구의회, 호킨스 브라운Hawkins Brown 건축설계사무소, 그라운드워크 자선단체연합Groundwork UK, 볼텍스 재즈클럽 등 다양한 민간 및 공공기관이 1999년에 질레트 광장 개발협력기구를 결성하여 사업을 추진하였고, 2006년에 공사를 마쳤다. 호킨스 브라운 설계사무소에서 광장 설계 및 문화회관 설계를 저렴한 비용에 맡아 주었고, 런던 개발공

사와 런던 교통청은 대중교통 이용체계 개선을, 해크니 구의회는 신속한 행정처리를 도와주었다. 재즈클럽은 다양한 문화예술행사의 구심점 역할을 담당한다. 광장의 문화예술 프로그램의 기획과 행사 추진에는 다양한 지역 시민단체들이 참여한다. 그들의 자발적 참여는 외국인 구성비율이 50%를 넘는 이 지역의 인종 간 유대관계를 강화하는 데 큰 기여를 했다. 질레트 광장에 들어선 고정식 소규모 점포는 다양한 먹거리를 제공해서 광장 활성화에도 기여하지만, 소규모 창업을 통한 저소득층의 경제적 안정화에도 도움을 준다.

주민주도형 도시재생이 성공하려면

이제 우리나라의 도시재생도 단순한 주민참여를 넘어서 주민주도형으로 나아가고 있다. 그러나 주민들의 역량강화와 탄탄한 수익창출이 전제되지 않은 주민주도형은 무늬만 주민주도형이 될 가능성이 높다. 그런 관점에서 우리는 런던 해크니 지역의 도시재생 사례에서 몇 가지 중요한 시사점을 도출해 볼 수 있다. 첫째로 주민들이 중심이 된 일종의 공익적 개발회사로 설립된 해크니 개발협동조합이 자치구의 지원을 받아 초기자본을 확보한 후 이를 토대로 은행융자를 받아 지속적으로 수익을 올리는 구조를 만들었다는 사실이다. 우리나라도 도시재생사업이 완료되거나 마무리 단계에 있는 지역에서 CRC라는 민간주도의 도시재생회사를 만들고 있다. 하지만 대개 커피숍 운영이나 청년주택 등 제한적인 수익 모델을 가지고 운영하기 때문에 수익구조가 대단히 취약하다. 해크니 지역처럼 개발협동조합이 주변의 부동산을 사들이고 임대 및 판매를 할 수 있어야 탄탄한 수익과 확대·재생산 구조에 기반을 둔 지속가능성을 확보할 수 있다. 그러나 도시재생 지역의 부동산 시장을 과열시키는 악영향을 방지하는 대책도 동시에 필요하다. 둘째로는 개발협동조합의 초기출자를 공공이 담당하여 일종의 종잣돈을 제공해 주었다는 사실이다. 통후추 한 알에 100년 임대

라는 지원이 없었다면 오늘날 해크니의 성공사례도 존재하지 않았을 것이다. 그와 더불어 사업계획서에 입각한 은행의 장기 융자도 큰 역할을 담당하였다는 사실을 잊지 말아야 한다. 마지막으로 일정면적 이상의 건물 신축 시 전체 공간의 일정 비율을 저렴하게 임대하도록 하는 정책, 민간이 도시재생 관련 투자를 할 경우 세금감면 혜택 등 민관 협력을 활성화하기 위한 정부의 정책적 지원이 꼭 필요하다.

제 5 장

사람중심 현장기반 도시재생

한국형 도시재생 모델의 발굴 및 정착을 위한 내용을 다루고 있다. 도시재생의 핵심 테마는 사람으로, 인구감소, 고령화, 지방소멸 시대에 사람 초대 전략과 인간중심의 도시기반 및 정주환경 구축을 위한 준비와 전략, 사례들을 담고 있다.

대구 근대문화골목과 앞산맛둘레길

한국형 도시재생사업, 현장에서의 해결이 핵심이다

홍경구(단국대학교 건축학과 교수)

한국의 도시 변화 – 전 세계의 불가사의 중 하나

한국의 역사에 관해서 말할 때, 우리는 반만 년의 역사를 가진 나라라고 한다. 그러나 도시계획을 전공한 학자로서 국내 산업화의 역사는 그리 길지 않다. 학자마다 견해가 다를 수 있지만, 국내의 도시화 및 산업화는 1960년대부터 본격적으로 시작되었다고 볼 수 있다.

일반적으로 국내 도시화는 다른 나라와 비교할 수 없을 정도로 급격한 변화양상을 띠고 있는데, 인구의 변화만 봐도 그 실상을 짐작할 수 있다. 1960년대 국내 인구는 약 2500만 명으로 도시에 사는 인구비율은 37%였다. 약 1000만 명 미만의 사람들은 전국의 각 도시에 살고 있었고, 평균수명은 53세 내외로 환갑이라는 행사가 얼마나 뜻깊었을지 알 수 있다.

2010년이 되면서 국내 인구수는 약 5000만 명에 육박하고 도시에 사는 인구비율은 약 91%로, 약 4500만 명이 도시에 살게 되었다. 또한, 의학기술의 발달로 평균수명은 53세에서 거의 80세로 늘어났다. 그래서인지 요즘은 환갑잔치는 조용히 가족과 함께하고 칠순 정도는 되어야 친지를 모시고 잔치를 하는 것 같다. 그야말로 50년 동안 우리는 눈부신 성장을 하였고 한강의 기적이라 불릴 만한 도시화의 성과를 이뤘다.

그러나 자세히 살펴보면, 국내 도시의 변화는 세계 7대 불가사의와 견주어도 전혀 손색이 없는데, 그 내용은 도시의 확장이다. 우리는 1960년대부터 약 50년 동안 전국의 각 도시들에 약 3500만 명 넘는 사람들의 보금자리를 만들었는데, 이는 50년 동안 5년마다 부산시 인구규모에 해당하는 350만 명을 수용할 수 있는 도로와 주택 등을 만들면서 도시공간을 확장한 것과 맞먹는다. 아파트 단지 하나를 짓는 데에도 평균 3년의 시간이 소요되는데, 5년마다 350만 명 이상을 수용하는 도시를 확장한 속도이니 대단한 성과이지 않을 수 없다. 하지만 우리는 그 과정에서 반만 년 동안 지켜온 자산을 너무나 많이 잃어 버렸다. 반세기도 되지 않아 천혜의 아름다운 산과 강, 자연이 어우러진 경관들을 삭막한 빌딩과 단조로운 아파트로 막아 버렸다. 뿐만 아니라 오랜 역사를 가진 전통적인 단독주택지들은 다가구·다세대 주택으로 변모되면서 주거환경의 질을 악화시키는 계기가 된 반면에, 아파트단지는 너무나 보편화된 주거양식으로 자리 잡았다. 이 과정에서 지가 상승, 주거시장 불안, 지역특성 소멸, 개발사업에 대한 재정착률 저조와 함께 지역 공동체의식은 송두리째 잃어 버렸다. 심지어 이제는 아파트 거주자들과 다가구·다세대 거주자들 사이에 분리된 공동체를 활성화시키는 것이 도시재생사업의 주요목표로 자리 잡을 정도로 중요한 과제가 되었다.

10년 동안의 노력

불가사의한 도시 확장 속에서 신시가지와 기성시가지의 격차, 지방 도시의 경쟁력 저하와 공동체의식의 소멸, 주차환경 등 기반시설의 부족 등 많은 사회적 문제가 노정되고 있었다. 이런 문제를 이제는 시민과 주민들이 행정과 함께 풀어 나가야 한다는 목소리가 있었고, 이는 노무현정부 시절인 2007년부터 본격적으로 싹트기 시작하였다.

그래서 만들어진 것이 '살고 싶은 도시만들기 사업'이라는 이름으로 정주환경 개선, 도시공동체 회복, 시민과 주민들의 참여를 바탕으로 한 도시재생의 개념을 만들어 가기 시작하였다. 물론 이 사업도 시민들과 주민들의 자발적 동기에 의한 참여라기보다는 정부지원에 의한 '마을만들기사업'과 '도시만들기사업'으로 시작되었다. 이를 통해 대구의 근대골목사업과 삼덕동 담장허물기사업, 부산과 광주, 전주 등에서 가로와 공공공간을 중심으로 역사적 이야기를 만들어 내고 도시공간의 가치를 재인식하는 계기를 만들었으며, 도시 공동체의 모습에 대해서 많은 실험을 하였다. 그 후 이명박정부가 시작되면서 도시재생사업은 '도시활력 증진지역 개발사업'이라는 이름으로 보다 많은 예산과 정부지원으로 사업들이 시행되었다.

2010년에는 도시활력재생, 마을활력재생, 기반시설정비로 구분하여 지원되던 것이, 2011년부터는 주거지재생, 중심시가지 재생, 기초생활기반 확충, 지역역량 강화사업으로 구분하여 지원되었는데, 이는 현재 도시재생 뉴딜사업의 세부사업과도 그 맥을 같이 하고 있다. 이 사업으로 청주 중앙동, 부산 광복로, 대구 근대골목과 앞산맛둘레길 등 다양한 가로 활성화사업이 성공적으로 진행되었고 지역의 경제 활성화 및 특화를 촉진하는 계기가 되었다. 이 사업을 진행한 주민들은 스스로 장소를 개선하고 축제도 하였으며, 지역의 가치를 외부인에게 홍보하면서 장소 애착의 과정까지 나타나게 되었다. 그야말로 그 과정은 서구에서 전혀 볼 수 없는 한국적 특성을 나타내며 성과를 만들어 갔다.

이러한 성과들은 2013년 '도시재생활성화 및 지원에 관한 특별법' 제정에 근거가 되었으며, 그 동안 신시가지 개발, 재개발 및 재건축 사업에만 관심을 두었던 도시설계 및 도시계획 전문가들이 보다 많은 관심을 가지고 참여하는 계기가 되었다.

박근혜정부가 들어서면서 도시재생특별법의 제정과 함께 근린재생형(2015년부터는 근린재생일반형과 중심시가지형으로 분화됨)과 경제기반형을 구분하여 전국에 선도지역 13개소와 일반지역 33개소를 지정하고 사업을 진행하였다. 이를 통해서 전북 군산, 충남 공주, 경북 영주, 충남 천안 등 많은 지역에서 도시재생사업이 동시다발적으로 이루어졌다. 이 시기에는 도시 관련 전문가들이 대거 참여함으로써 주민참여에 기반한 계획 수립에 초점을 맞추면서 보다 완벽한 계획을 수집하는 데에 중점을 두었고, 그 결과 계획수립 기간만 평균 2년 이상이 소요되었다. 이 시기에는 주민들의 의견이 반영되지 않은 계획안은 심의에 통과될 수도 없었고 예산을 받을 수도 없었다.

제대로 된 주민의견 수렴과정, 마을을 스스로 가꾸는 주민활동가 양성, 산업화 이전 수준의 마을공동체 형성과 주민역량 강화 등 철저히 주민과 함께 사업을 진행하도록 유도하였다. 하지만 급격한 산업화를 거친 우리에게는 거버넌스 틀 속에서 사업을 진행하는 것이 그리 만만치 않았다. 뿐만 아니라 정부지원은 4년 내외로 한정되었기 때문에 재생사업을 차분히 진행하기에는 한계가 있었다. 이명박정부에서 시행된 도시활력 증진지역 개발사업에 비해서는 사업의 진행속도와 성과가 부족할 수밖에 없었다.

한편, 2017년 문재인정부가 들어서면서 도시재생사업을 정부 핵심정책으로 채택함으로써 대규모 정부지원이 이루어지고 있다. 2017년 68개소, 2018년 98개소, 2019년에는 99개소가 선정되었고, 매년 10조 원의 예산투입계획을 세워 진행하고 있다. 아마 이러한 지원은 현재 전 세계에서 유일무이한 사업이라고 볼 수 있기 때문에, 이제는 한국적 상황에서 도시재생사업을 성공적으로 시행할 수 있는 든든한 토대가 마련되었다고 볼 수 있다.

어디에서 도시재생의 해답을 찾아야 할까?

이처럼 우리는 약 10여 년의 도시재생 경험을 통해 정부의 핵심정책으로 채택되도록 노력하였고 예산도 천문학적으로 늘어났다. 또한 학문적으로는 제1차 도시재생 R&D 연구를 2007년부터 2012년까지 수많은 해외 사례를 분석하고, 전주와 창원에 실증 테스트베드를 운영하였다. 제2차 도시재생 R&D 실증연구를 2014년부터 2018년까지 진행해 오면서 한국형 도시재생사업 정립에 많은 노력을 기울이고 있다. 따라서 이제는 국내의 도시재생에 대한 해답은 지금 이 시대의 현장에서 찾아야 할 것이다.

2007년부터 시작된 도시재생사업과 개념은 확립하였지만, 세부적인 각론과 결과에서는 명확한 답을 가지고 있지 않다. 가령 주거지재생에서 어떤 결과를 만들어 내면 도시재생사업의 완성이라고 할 수 있는지, 이를 위해서 주민공동체, 마을역량, 주거환경 개선 등은 어디까지 해야 하는지 아직도 의견이 분분하다. 막연히 서구의 도시재생에서 이미지로, 간단한 현장 설명으로 보고 들은 것을 전하는 정도의 지식전파는 국내의 다이내믹한 도시재생 경험에 시사점을 주기에는 역부족이다. 보

다 한국적 상황을 철저히 이해하고 이를 바탕으로 새로운 아이디어와 과정, 사업시행을 하는 것이 필요하다. 보다 다양한 분야의 전문가들이 도시재생사업에 깊숙이 참여하여 한국적 도시재생사업의 아이디어를 함께 고민해야 한다. 또한, 시민, 전문가, 주민, 활동가, 공무원, 중간지원조직, NGO 등이 포괄적으로 협력해 거버넌스 틀 속에서 서로를 이해하며 협치를 바탕으로 마을재생, 지구재생, 도시재생이 이루어져야 한다. 이를 위해서 현재 도시재생사업의 제도적 틀 속에서 몇 가지 제안을 하고자 한다.

첫째, 이제 도시재생 전략계획은 전략계획이자 방침계획이 되어야 한다. 전국 대부분의 도시재생 전략계획은 도시재생사업을 시행하기 위한 활성화계획구역을 지정하는 데 방점을 두고 있어 지역특성에 맞는 전략계획이 되기에는 한계가 있다.

둘째, 재생유형에 따른 활성화계획은 그 목적에 맞게 과정과 형식을 재정립해야 한다. 경제기반형 및 중심시가지형은 지역의 경제활성화 및 특화를 위해서 민간자본투입을 적극적으로 유치하여 지역의 경제성장을 촉진할 수 있어야 하고, 주거지재생은 기반시설 확충 및 도시공동체 강화 등을 중점적 목표로 삼아야 한다.

셋째, 정부의 적극적인 정책적 지원을 받은 만큼 도시재생사업의 모범사례를 반드시 만들어야 한다. 올해까지 전국에 약 200여 개소의 도시재생사업지가 지정되고 사업이 시작될 것이다. 이 중에서 적어도 지역의 경제성장과 활성화, 공동체 강화 등 많은 부문에서 성공사례를 만들 필요가 있다.

마지막으로 그 동안 잃어버렸던 공동체에 관해서 본격적으로 논의되어야 한다. 도시재생사업 목표 중 하나인 공동체는 아직도 정의가 모호하다. 우리가 만들려는 공동체가 무엇인지 도시재생사업을 통해서 규명해야 한다. 적어도 마을협동조합이나 사회적 기업, 마을기업, 자활기업 등과 같은 특정 목적을 위해 구성된 집단을 보고 공동체가 형성되었다고 말할 것이 아니라 특정한 목적에 상관없이 누구나 인간답게 어울릴 수 있는 도시 공동체 형성에 최선의 노력을 다해야 할 것이다.

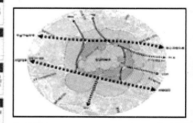

도시재생 뉴딜사업, 어떻게 준비할 것인가

오세규(전남대학교 건축학부 교수)

정부가 추진하는 2018년 도시재생 뉴딜사업지 선정이 마무리 되었다. 총 99곳 중 광주는 다섯 곳, 전남은 여덟 곳이 선정되었으며, 중·대형 사업(경제기반형, 중심시가지형)으로 광주 두 곳, 전남 두 곳이 선정되었다. 필자는 전남대학교와 광주광역시 북구청이 공동으로 제출한 대학타운형(대학자산을 활용한 창업기반 조성 및 지역상권 활성화) 중심시가지 유형으로 참여하였다. 실제 제안서 작성의 전 과정에서 주민과 학생들의 의견을 수렴하고, 광주도시공사 실무진, 전남대 연구진, 북구청 행정 요원, 실무 청년 건축가들과 함께 준비해 선정되었다. 이 과정에서 얻은 교훈으로 향후 어떻게 도시재생 뉴딜사업을 준비할 것인가에 대한 고민과 방향을 논의하고자 한다.

어디를 도시재생 뉴딜사업지로 선정할 것인가

준비의 첫 단계는 어디를 사업지로 선정할 것인지 결정하는 것 이다. 사업지로의 해당 유무, 신청유형과 관계된 용도지역과의 부합성, 상위계획이 검토된 자가진단을 통해 적정지로 판정한다. 다음 단계는 사업유형별 목표와의 적합 여부다. 중심시가지형은 중심상권 회복을 통한 지역경제 활성화, 경제기반형은 공공의 선투자와 민간투자 유인으로 기반시설 정비와 복합 앵커시설 구축이다. 사업성과 지표와 사업 전담조직, 재정 투입량의 합리적 제시를 통해 일자리 창출 등 지속적인 경제 상승효과가 나야 한다.

이와 같은 조건으로 광주광역시에서 사업지를 찾아본다면 일순위로 전남방직·일신방직의 노후 산업시설과 대지를 꼽을 수 있겠다. 현재에는 일부 자동차 매매시설로 사용하고 있지만 언젠가는 경제기반형 도시재생 대상지로 선정될 준비를 해야 한다. 다음으로는 양동 복개상가 일대를 생각해 볼 수 있다. 도시의 전통상가 기능을 수행하고 있지만 도시의 기반시설과 상충되는 부분이나 광주천이라는 도심하천의 연속성을 단절시키고 있는 점, 그리고 교통흐름과 미관에 막대한 혼란을 주기 때문이다. 여기에 광주 구도심을 연결하고 있는 푸른 길 주변의 노후 주거지, 쇠퇴한 상가거리를 대상으로 한 사업지를 다양하게 발굴해야 한다.

무엇으로 자원화와 특화가 가능한가

지자체와 공공기관 등은 사업유형의 취지와 목적, 지역 상황에 맞춰 다양하게 융·복합적으로 사업계획을 수립한다. 2018년 선정방향은 도시재생 뉴딜정책 목표를 실현하는 사업(창업지원 등 일자리 창출), 지역특화 부처협업 사업(지역의 역사문화 특화자산 활용, 대학타운형), 국정과제 실현 사업(청년을 위한 혁신공간 조성, 일자리 창출효과, 스마트 등 4차산업)이었다. 사업지의 선정에서 그 지역만이 가지고 있는 자원의 발굴과 이를 기반으로 한 특화사업 전략이 중요하다. 따라서 도시에 있는 모든 요소가 자원이며 잠재력을 지닌다. 주민들과 상인들의 삶의 흔적에서 오래되고 쇠퇴되어 기능을 상실한 사회 인프라 시설물, 공동작업장, 노후 산단, 활기가 떨어진 전통시장, 원도심 골목, 폐역사, 폐교, 공·폐가 등 방치 건축물, 노후 공공건축물 등이 대상이 된다. 이러한 장소의 역사성과 문화적 가치를 발굴하고 프로그램 등 소프트웨어 사업과 하드웨어 사업으로 새로운 방향 제시가 필수적이다.

누가 어떤 사업 모델을 발굴하여 어떻게 실행할 것인가

단위사업은 하드웨어 사업과 소프트웨어 사업으로 구분된다. 하드웨어 사업은 도로개설, 특화가로 정비, 마을주차장 조성, 순환형 임대주택, 복합문화시설, 노후기반시설 철거 등이며, 소프트웨어 사업은 주민공모사업, 마을축제, 역량 강화 등이다. 여기에 공통적인 고려요소인 핵심 콘텐츠는 역사, 인물, 문화(재), 자연환경, 지역명칭, 특화산업, 특산품, 스토리 등

을 담는다.

사업단위 발굴 시 사업지의 특화자원이나 지역적 특수성이 연계되어 도출되는 것이 중요하다. 여기에는 필수적으로 구성원인 지역주민과 상인 등의 구상과 바람이 담겨야 한다. 지속가능하기 위한 선결과제로 거버넌스 조직과 사업주최를 명시하며 투입재원을 합리적으로 편성하는 것이다. 사업단위는 뉴딜사업 취지에 맞게 각 내용별로 균형 있게 구성되어야 하고 사업유형의 취지에도 부합되어야 하며, 사업계획은 전체적으로 특화된 사업모델 제시 여부가 성공의 관건이다. 지역주민의 수요 및 지역특성을 고려한 공공앵커 사업을 중심으로 특화된 콘셉트를 발굴해야 한다. 예를 든다면 스마트시티, 친환경 도시재생, 청년창업, 복합 지식산업센터 개발, 공공임대상가 도입, 역세권 복합개발, 국공유지 개발 등이 있다.

사업제안서는 무엇을 담아야 하는가

사업제안서에는 자가진단 결과, 사업의 시급성과 필요성, 사업계획도와 사업계획, 사업계획의 타당성, 도시재생 뉴딜효과 등을 담는다. 사업의 시급성 및 필요성에서는 지역 쇠퇴 정도, 쇠퇴원인 및 지역여건, 재생 시급성, 주민·상인 등의 사업 참여 의향, 공공기관·민간투자자 등의 사업 참여의향, 수요조사, 협약서 등 사전협의 내용을 제시한다. 사업계획은 기초조사를 근거로 재생방향을 정리하여 사업계획도과 세부계획을 수립한다. 사업목표의 달성 여부를 확인할 수 있는 성과지표를 타당성 있게 제시한다. 정량적 지표로 공실률, 주민 재정착률, 일자리 창출, 보행통행량, 관광객 수, 소매점 매출, 자율 주택정비 건수, 임대율 변화 등과 정성적 지표로 도시 이미지, 주거환경 만족도, 범죄불안도, 경관개선 만족도, 상권매력도, 공동체문화 활성화 등이 있다. 사업의 실현가능성을 높이기 위해서 사업의 추진단계별, 재원유형별 예산집행계획과, 부지 및 건축물 확보 가능성, 주민주도 조직 등 사업 참여 및 갈등관리 방안을

(사후검증), 도시재생특별위원회 최종심의 순으로 진행된다. 평가위원회의 서면평가를 통과한 사업지는 지속적인 자문으로 사업계획이 완성될 수 있도록 지원한다. 중심시가지형과 경제기반형은 사업계획 적절성과 일자리 창출 부문에 가중치를 높게 둔다. 세부적으로 중심시가지형은 혁신공간 조성 및 지역특화 발전, 부처 연계 사업 발굴에, 경제기반형은 지역산업 육성, 경제거점 확보, 일자리 창출 및 이해관계자와 갈등관리에 중점을 두고 평가한다.

제안서 평가단계에는 제출된 사업계획 및 추가질의, 보완 자료 등을 평가하며, 현장평가에는 현장실사 및 추가질의에 대한 답변내용의 구체성과 진정성 유무를 평가한다. 종합발표 평가는 제안서 제출 후 자문 및 수정사항을 보완하고 개선한 사항 또는 추가하거나 제적한 사항을 다룬다.

사업의 선정은 평가의 결과물이다. 어떻게 준비해서 사업의 선정 확률을 높일 것인가는 결국 이 사업에 지자체의 모든 역량을 강화시키고 집중하는 것이다. 대부분의 지자체는 제안서 작성을 용역으로 대체하지만 용역회사에서 모든 것을 만들어 줄 수도, 최상의 대안을 제시할 수도 없다. 결국 주민과 행정, 전문가와 관련 기관과 기업, 그리고 단체 등이 대규모 오케스트라 연주단처럼 긴밀한 협력과 역할이 필요하다. 재생사업이 시급하여 효과가 극대화될 수 있는 타당한 사업지 발굴, 해당 지역의 자원 위에 특화 모델을 발굴하는 혜안, 주민과 이해당사자들의 바람이 진솔하게 수렴되고 최고의 전문가들과 행정의 협업을 통한 독창적인 제안서 작성능력, 각 평가단계마다 그 취지에 부합하게 준비할 수 있는 순발력, 그리고 지자체의 도시재생 열망 등이 선정률을 높일 수 있다고 감히 말할 수 있다. 주민, 상인, 전문가, 행정, 공공기관과 기업, 학회 등 단체 등의 긴밀한 네트워크 구축이 우리 지역의 도시재생을 시작하게 하는 재원을 마련하는 원동력이 될 것이라 확신한다.

제시하는 것이 중요하다. 여기에 사업지의 구성원과 이해당사자 간의 상생협의체 구축 및 상생계획이 수립되어야 한다. 지속가능한 사업모델로서 마을기업, 협동조합, 사회적 기업, 도시재생회사 등의 구체적인 육성계획이 있어야 한다. 부동산가격 상승 등 부작용에 대한 대응책과 둥지 내몰림(젠트리피케이션) 대응책도 제시해야 한다.

어떤 관점과 단계를 거쳐 평가하고 선정하는가

평가는 사업의 시급성 및 필요성, 사업계획의 타당성, 도시재생 효과 등을 사업유형, 신청ㆍ제안 방식에 따라 차별화하여 평가한다. 서면평가(사전검증), 현장평가, 발표평가, 평가종합

2018 독산동 우시장
도시재생대학 2기 수료식

이웃과
함께 소통하는
우리동네
배움터

일시
2018.11.9 17:

장소
독산동 우시장

제1기 신촌 도시재생 아카데미

신촌 재생활동가 양성과정(기초교육) 교육생 수료식

◆일 시 : 2015. 7. 25.(토) 16:00   ◆장소 : 신촌동 자치회관 2층 대강당

도시재생, 아는 만큼 보이고 아는 만큼 성공한다

이제선(연세대학교 도시공학과 교수)

사람은 중년으로 접어들수록 시력저하, 피부노화 등 신체적 쇠퇴문제가 나타나고, 안경, 성형과 같은 대안들을 통해 이를 해결하며 일상생활을 영위하게 된다. 도시도 주거 노후화, 상권 침체와 같은 쇠퇴현상이 발생되면 그곳을 버리기보다는, 재생을 통해 재활용하고자 노력한다는 점에서 도시 생애주기는 사람과 매우 유사하다. 그런 사유인지 1960년대부터 본격적으로 조성된 국내의 근대도시들이 이젠 50년이란 중년고개를 넘어가면서 제임스 반스James Vance가 도시성장의 7단계 중 마지막 단계로 분류한 도시재생에 직면하고 있고, 이를 반증이라도 하듯이 전국에 도시재생 뉴딜이라는 광풍이 몰아치고 있다.

1992년부터 LH 전신인 주택공사에서 재개발업무, 학교에서의 연구와 총괄계획가 경험으로 볼 때, 2015년부터 시작된 도시재생은 과거 노후 기성시가지에서 진행되었던 방식과는 분명한 차이점이 있다. 첫째, 특별법 1조에 명시되었듯이 "사회적·문화적 활력 회복을 추구하고 지역공동체 회복"을 명시하고 있어서, 그동안 경제적 이익과 물리적 개선만을 추구했던 도시재개발, 도시정비 및 도시 재정비(뉴타운)와는 목적부터 다르다. 둘째, 도시분야 전문가들이 가장 부러워했던 '주민참여'가 사업 초기부터 완료 단계까지 진행될 수 있는 제도적 뒷받침을 해 주고 있다는 특징이 있다. 마지막으로 주민들이 지역문제를 서로 깨닫고 이해하며 해결방안을 만들고 실행할 수 있도록 공공재원을 통해 지원하고 있다는 것이다. '인천 가재울마을의 주거환경관리사업(2014-17)', '신촌 도시재생사업(2015)' 및 '독산동 우시장일대 도시재생뉴딜사업(2018-22)'에서 총괄계획가였던 경험과 여기에서 마치 야전군 중대장처럼 생생한 지역 현장에서 주민들을 만나고 동고동락했던 소중한 배움을 바탕으로, 도시재생과 관련한 몇 가지 바람을 나누고자 한다.

먼저, 도시재생을 위해 우리 모두는 하드웨어 및 경제가치(돈) 중심보다는 인간중심적(소프트웨어 및 휴먼웨어) 사고로부터 출발하였으면 한다. 여기서 우리라는 개념은 우리 대 지역주민들이 아니며, 지역주민들을 대표하는 우리라는 개념은

◀ 길거리에서 주민들과의 토론
▶ 전문가들의 토론

더더욱 아니고, 지역주민들과 함께 하는 우리라는 의미다. 사업으로 얻게 될 하드웨어나 경제가치 중심적 사고가 아닌 인간중심적 사고에 기반을 둔 출발은 새로운 아이디어를 개발하고 그러한 아이디어를 수용하면서 재생과정에서 나타나는 수많은 난관들을 돌파할 수 있는 창구를 마련해 줄 것이다. 도시재생은 그 지역에서 삶을 영위하는 사람들을 위한 것이기에 그들에게 감정이입을 하면서 지역문제 해결을 위한 프로세스를 시작할 때 그 지역은 살고 싶은 곳으로 재생될 수 있는 새로운 길이 열릴 것이다. 도시재생을 최종 수혜자인 지역주민들의 관점에서 접근하는 노력은 변화를 일으킬 수 있는 가장 풍부한 기회를 제공할 뿐만 아니라 마중물 사업 이후도 지속가능하게 해 줄 것이다. 특히 재생사업을 하면서 개별주체(지역주민, 전문가, 공공, 센터)들은 단지 말로써만이 아니라 동일공간에서 함께 하고 시각적으로 마주보며 서로의 생각을 공유해야 할 것이다.

두 번째로 도시재생 참여자들은 '계획가'가 아닌 '탐색가'라는 사고와 자세로 출발했으면 한다. 윌리엄 이스털리Willian Easterly가 일컫는 '탐색자'에 공감하면서도, 도시재생에 있어서 '계획가'라는 사고는 자신이 이미 답을 알고 있다고 생각하게 되며, 재생과 관련한 문제점들을 자신만의 해법으로 해결할 수 있는 기술적 · 공학적 문제라고 간주하는 우를 범하게 된다. 반면 '탐색자'라는 자세는 미리부터 자신이 답을 알고 있다고 단정하지 않는다. 지역문제를 물리적 · 사회적 · 역사적 · 기술적 요인 등이 뒤엉킨 복잡한 문제라 생각하고 시행착오를 통해 각각의 문제에 대한 답을 찾아내고자 노력하게 된다. 탐색가라는 사고와 자세는, 가시적 성과물에 급급해 재생사업을 조기에 완료하려는 짧은 호흡을 장기적 관점에서 지역을 활성화시키려는 긴 호흡으로 전환시켜 줄 수 있기 때문이다. 2017년에 완료된 국토부 시범사업과 2018년에 완료된 서울 시범사업들은 장거리 마라톤인 도시재생을 스스로 옭매이게 만들었다. 마중물 사업 기간(3-5년)으로 인해 단거리 경주처럼 경기를 진행했

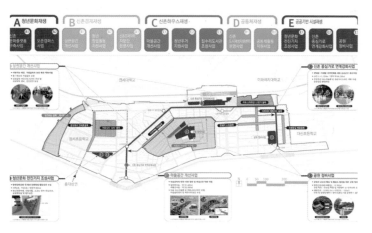

◀ 신촌동 활성화 계획
▶ 독산동 활성화 계획

기에 건강하고 지속가능한 성과보다는 처음으로 완주하였다는 것에 의미를 둘 수밖에 없게 되었다.

세 번째로, 도시재생을 위해 총괄계획가는 T형 또는 Π형 인재였으면 한다. T형은 깊은 전문성, 폭넓은 지식과 커뮤니케이션 능력이 있는 사람을 말하며, Π형은 T형에 전문성을 하나 더 갖춘 사람을 말한다. 총괄계획가는 다양한 사람들로부터 많은 이야기를 듣기 위해서 당나귀같이 항상 열린 큰 귀를 가지고 태평양 같은 평정심을 유지하며 디자인적 전문가 사고를 바탕으로 주민들과 지식을 공유하고 구체적인 전략으로 승화시킬 수 있는 사람이어야 할 것이다. 지나치게 구체적인 내용을 내밀지 않고, 주민들이 직접 현실적인 목표를 설정할 수 있도록 그리고 주민 스스로 현재 문제를 해석하고 해결방안을 도출하려고 시도하면서 새로운 깨달음을 얻을 수 있는 기회를 많이 제공해 줄 수 있는 사람이면 좋겠다. 왜냐하면 도시재생 사업의 최종 결과물 이용자는 주민들이기 때문에 재생과정 속에서 그들이 중심이 된 시행착오와 시행을 거쳐야지만 진정한 결과를 얻어낼 수 있기 때문이다. 이와 더불어 지역에 복잡하게 엉켜 있는 정보와 현상을 지켜보면서 일정한 패턴을 포착할 수 있고 뿔뿔이 흩어진 파편들로부터 새로운 아이디어를 엮어

내며 다른 사람들과 공감하고 어울릴 수 있는 전문성을 가진 사람이면 더욱 좋겠다.

네 번째로, 도시재생을 위해 도시재생대학이 많이 개최되고 주민들의 적극적인 참여를 유도했으면 한다. 전문가와 지역주민들 그리고 지역주민들 간에도 문제를 바라보는 시각차가 매우 큰데, 재생대학이 이러한 격차를 좁혀 주는 최고의 방법이다. 전문가들이 좋아하는 방대한 조사자료도 지역에 직접 나가 부딪침으로써 얻을 수 있는 생생한 체험을 대체하지는 못한다. 결국, 도움을 줄 수 있는 지역주민들과 어울리는 기회가 필요한데, 그것이 바로 재생대학이고 이를 통해 전문가와 지역주민들 간의 인식 차이를 좁힐 수 있기 때문이다. 또한 주민들은 재생대학을 통해 그들이 가지고 있는 문제가 나만의 고민이 아니고, 공통의 문제임을 서로 알게 되면서 연대감을 형성하게 된다. 또한 주민들은 지역문제를 어떻게 해결해야 할지에 대한 방법과 수단들을 모르기 때문에 곳곳에 흩어져 있는 전문가들을 초빙해 이야기를 나누다 보면 중요한 지식이나 기술을 배울 수 있는 기회가 생기게 된다. 이런 시간을 통해 주민들 간에 형성된 느슨한 네트워크가 강한 네트워크로 형성되고, 지역문제에 대한 인식차이도 좁힐 수 있는 기회가 되기 때문이다.

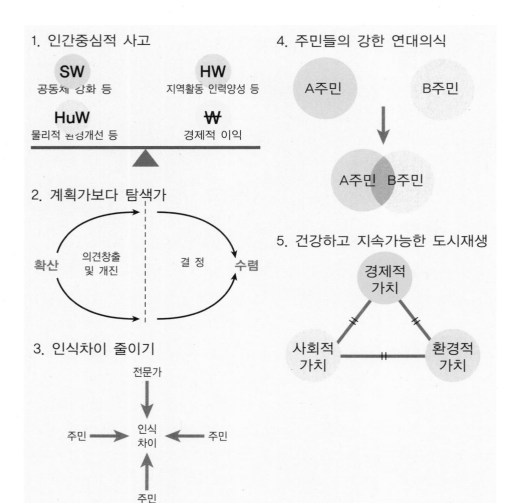

1. 인간중심적 사고

SW
공동체 강화 등

HW
지역활동 인력양성 등

HuW
물리적 환경개선 등

₩
경제적 이익

2. 계획가보다 탐색가

확산 의견창출 및 개진 결정 수렴

3. 인식차이 줄이기

전문가 주민 인식 차이 주민 주민

4. 주민들의 강한 연대의식

A주민 B주민

A주민 B주민

5. 건강하고 지속가능한 도시재생

경제적 가치

사회적 가치 환경적 가치

성공적인 도시재생 요건

◀◀ 재생대학 신촌 안내문
◀ 재생대학 독산 안내문

마지막으로 도시재생을 위해 소규모 주민공모사업이 많이 진행되었으면 한다. 지역주민들에게 그들 스스로 문제를 발견하고 해결할 수 있는 경험을 준다는 것은 매우 중요하다. 한 단계에서 작은 성공을 거두게 되면 자신감이 생기고 이에 힘입어 다음 단계로 올라갈 수 있는 것이다. 사업이 진행될수록 주민들은 고난도 사업에 참여하게 된다. 이러한 과정을 통해 지역주민들은 그들의 아이디어를 봉쇄하고 있던 낯섦과 실패에 대한 공포를 뛰어넘게 된다. 공공은 주민이 주도하는 사업이 도시재생이라고 책임 회피성 발언을 공공연하게 하고 있다. 그러나 주민주도가 되려면 공공에서 책임과 권한을 주민들에게 주어야 하지만, 그런 일은 절대 발생하지 않을 것이다. 그렇다면 재생을 통해서 그 지역에 있는 주민들이 스스로 뭔가를 시도할 수 있고, 위험을 기꺼이 감수할 수 있으며, 그들 간의 경계를 허물고 모든 분야의 지식을 동원해 도시재생을 진행할 수 있는 환경만이라도 조성해 주어야 할 것이다.

　도시재생은 인간의 관점에서 접근하는 노력을 할 때 가장 풍부한 기회를 제공해 줄 것이고, 사업 과정 속에서 경제적 가치, 사회적 가치, 환경적 가치가 균형을 이룰 때 건강하고 지속가능한 도시재생이라는 평가를 받을 것이다. 도시재생 강좌 시 외치는 구호와 함께 마치고자 한다.

　"도시재생은 아는 만큼 보이고, 도시재생은 아는 만큼 성공할 수 있다."

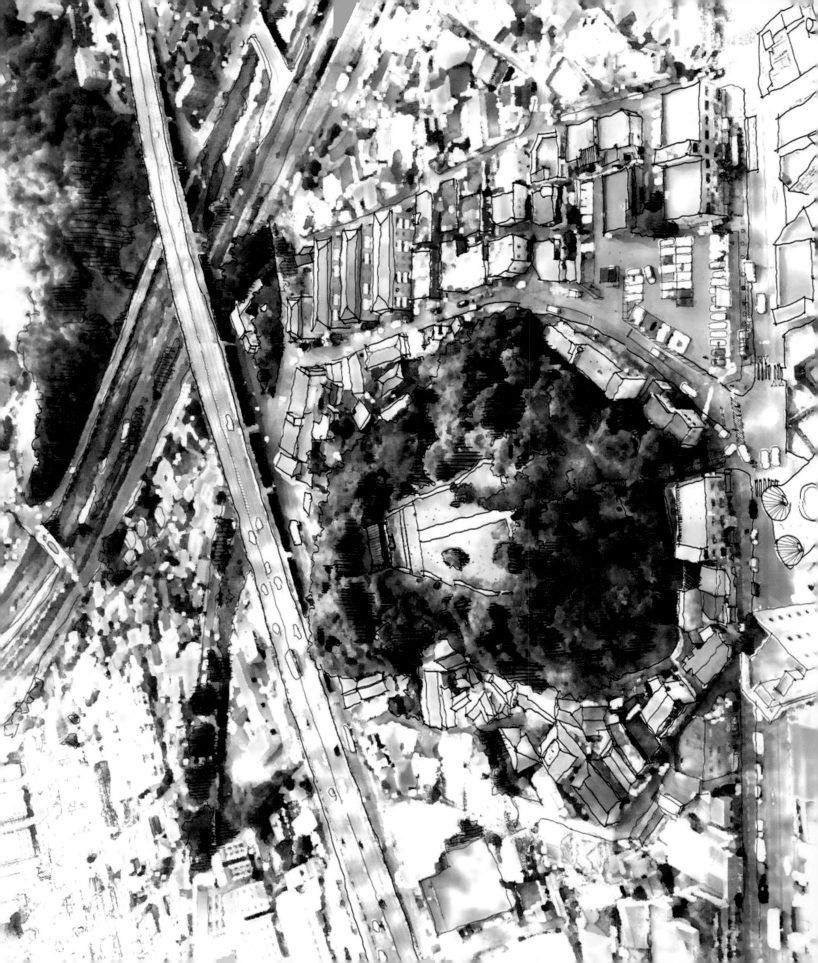

고령화시대의 도시재생, 도시재생 뉴딜사업을 통해 살아날 수 있을까

이경환(공주대학교 건설환경공학부 도시·교통공학전공 교수)

인구고령화와 도시재생 뉴딜사업

최근 통계청 발표에 의하면 한국 사회는 2017년을 기점으로 고령인구 비율이 14.2%를 돌파함으로써 고령화사회를 넘어 고령사회로 접어들었다. 이로써 한국은 고령화사회에 진입한 지 17년 만에 고령사회로 진입하였는데, 우리보다 먼저 고령화를 경험한 나라들과 비교해 봤을 때, 고령화 속도가 너무 빠르게 나타나 우려의 목소리가 높아지고 있다. 이에 비해 생산연령인구는 2017년 처음으로 감소하였는데, 관련 데이터를 살펴보면 향후 저출산과 고령화로 인한 사회문제는 더욱 심화될 것으로 예상된다.

인구고령화와 함께 우리의 도시들도 함께 늙어가고 있다. 오래된 도시들의 경우 구시가지 인근으로 고령자들이 밀집해 있는 노후 주거지들이 다수 분포하며, 이들 지역의 쇠퇴는 여러 가지 사회문제를 야기한다. 시간이 지남에 따라 건물과 길은 낡아가고 집값은 떨어지고 지역은 쇠퇴하고 있지만 그곳에 서 오랫동안 살아온 노인들, 그중에서도 특히 경제사정이 넉넉하지 못한 노인들은 동네를 떠나지 못하고 살던 동네와 함께 늙어 간다. 또한 지역에는 젊은 사람들이 남아 있지 않아 점차 활력이 떨어지고 지역의 쇠퇴 양상은 더욱 가속화된다.

최근 중앙정부에서 추진 중인 도시재생 뉴딜사업은 쇠퇴한 낡은 구도심을 재생함으로써 오래된 도시들의 경쟁력을 회복하는 데 목적이 있다. 특히 이전 도시재생사업들이 주로 물리적 환경정비에 초점을 맞추고 있었다면 도시재생 뉴딜사업은 단순한 주거환경 정비가 아닌 도시를 재활성화시키는 데 목적이 있는 도시혁신사업으로 이전 정책과 큰 차이가 있다. 실제 고령자 밀집 노후 주거지역의 경우 이전 사업들을 통해 물리적 환경정비만으로는 지역을 활성화하는 데 한계가 있음이 드러났기 때문에 도시재생 뉴딜사업에 대한 기대는 더욱 클 수밖에 없다.

협소한 골목과 노후 주택

고령친화적인 마을만들기

천안 남산지구는 천안 원도심 남쪽 남산 끝자락에 위치해 있는 마을이다. 대상지 내 노후 건축물이 80%를 넘을 정도로 노후도가 심각한 지역이고, 노인 비율도 25%가 넘는 전형적인 고령자 밀집 노후 주거지다. 대상지 내 주민들은 계속 줄어들고, 상권도 침체되어 도시 쇠퇴가 지속적으로 진행되고 있다. 2000년대 초반 대상지 내에서 주택재개발사업을 진행하고자 추진위원회가 결성되었지만 사업성 확보가 어려워 십여 년째 사업이 추진되지 않고 있다. 사실상 재개발사업은 어렵고

공공의 지원을 통해 도시재생사업이 추진되지 않으면 되살아나기 어려운 지역이다.

하지만 남산지구는 천안시에서 가장 오래된 지역으로 그 역사가 고려시대에서부터 시작된다. 천안이라는 지명 자체가 태조 왕건이 현 천안지역에 천안부를 설치하면서 유래하였는데, 남산 주변 중앙동 지역은 읍치로 조성되어 불과 수십 년 전까지만 하더라도 천안의 중심지역이었다. 또한 남산은 오룡쟁주 지형의 여의주에 해당한다고 하여 과거로부터 풍수적으로 중요하게 여겨졌으며, 조선시대에는 사직단이 위치하던 역사적인 장소다. 이로 인해 대상지와 주변 지역으로 다양한 역사문

대상지 내 텃밭

화자원들이 분포해 있으며, 스토리텔링에 활용할 수 있는 풍부한 콘텐츠들이 존재한다.

남산지구는 이와 같은 지역의 다양한 콘텐츠를 활용하여 '역사와 지역이 함께하는 고령친화마을'을 조성하는 것을 목표로 사업계획을 수립하고 2017년 도시재생 뉴딜사업에 선정되었다. 도시재생 뉴딜사업은 사업 특성에 따라 다섯 개 유형으로 구분되는데, 남산지구는 일반근린형에 해당한다. 국토교통부 도시재생 뉴딜사업 가이드라인에 의하면 일반근린형은 주거지와 골목상권이 혼재되어 있는 지역을 대상으로 주민공동체 거점 조성, 마을가게 운영, 보행환경 개선 등을 통해 주민

공동체를 활성화하고 골목상권 활력을 증진하는 데 목적이 있으며, 남산지구의 경우 4년간 약 217억의 마중물 사업비가 지원된다.

현재 천안 남산지구는 도시재생 활성화계획을 수립 중에 있으며, 이를 위해 지역주민들을 대상으로 한 주민설명회, 주민워크숍, 도시재생대학 등 다양한 프로그램을 운영하고 있다. 이와 같은 과정을 통해 도출한 주요 사업내용을 정리하면 다음과 같다.

첫째, 대상지 내 다양한 역사문화자원과 녹지공간을 활용하여 원도심 내 매력적인 도시공간을 창출한다. 이를 위해 대상

천안고가교 하부 공간

지 내 거의 활용되지 않고 있는 주민자치센터 건물을 활용하여 지역사박물관을 조성하고 마을해설사 등을 고용함으로써 지역 노인들을 위한 일자리를 제공한다. 또한 남산공원에 공원 둘레길을 조성하여 접근성을 강화하고 활용성을 높인다.

둘째, 대상지 내 노후 주택들을 정비하고 지역주민들에게 필요한 공공서비스를 제공한다. 현재 대상지 내에는 약 스물일곱 채의 빈집이 있는 것으로 조사되었는데, 빈집을 활용하여 지역주민들, 특히 노인들을 위한 다양한 편의시설과 사회적 임대주택, 텃밭 등을 제공한다. 또한 한국 해비타트와 연계해 슬레이트 철거, 단열 및 채광, 화장실 수리 등 노후 불량주택의 집수리사업을 지원한다.

셋째, 대상지 내 시유지를 활용하여 어르신일자리 복지문화센터를 조성한다. 어르신일자리 복지문화센터는 노인들이 모이는 거점공간 역할을 수행하며, 지역주민들에게 복지·문화 기능뿐만 아니라 일자리, 의료 등의 서비스를 통합적으로 제공한다. 또한 어르신일자리 복지문화센터 안에 어르신 마을부엌을 설치해 저소득층 노인과 독거노인들의 식사문제를 해결하고, 향후 다양한 수익창출 모델을 개발해 마을기업으로 육성해 나갈 예정이다.

넷째, 스마트 기반 고령친화 환경을 조성한다. 최근 스마트시티 조성이 국내외에서 주요 화두로 제시되고 있는 가운데, 고령친화적인 환경을 조성하기 위한 다양한 스마트 기술도 개발이 이루어지고 있다. 예컨대 스마트 볼라드. 스마트 신호등, 지능형 CCTV 등을 활용하여 노인들에게 보다 안전한 가로환경을 제공하고, IoT 기술을 활용한 건강검진 키오스크, 스마트 벤치 등을 활용하여 노인들의 건강 정보를 실시간으로 파악한 후 이를 어르신일자리 복지문화센터 내 서버로 전송하여 지역 노인들의 건강 상태를 통합적으로 관리하는 것도 가능하다. 현재 지역 내 대학과 연계하여 관련 연구를 진행 중에 있으며, 이를 토대로 다양한 스마트 기술을 활용하여 고령친화적인 도시 환경을 조성할 계획이다.

천안 남산지구는 다시 살아날 수 있을까?

도시재생 뉴딜사업들을 통해 천안 남산지구는 활성화될 수 있을까? 사업을 통해 지역에 살고 있는 주민들, 특히 어르신들의 삶이 조금 더 나아질까? 현재 필자가 남산지구 도시재생 뉴딜사업에 참여하면서 하고 있는 고민들이다. 2018년 말이면 활성화계획이 마무리되고 2019년부터는 본격적으로 주요 사업들이 추진된다. 하지만 도시재생사업의 특성상 눈에 보이는 효과가 나타나는 데는 꽤 오랜 시간이 걸릴 수도 있다.

물리적 사업은 2019년부터 본격적으로 시작되지만 주민공동체 활성화를 위한 프로그램 사업은 지금도 진행 중에 있으며, 가시적인 성과도 조금씩 나타나고 있다. 현재 남산지구에서는 도시재생대학을 운영하고 있는데, 교육 내용을 조금 더 주민들의 눈높이에 맞추면서 도시재생 뉴딜사업에 별 관심이 없던 지역 어르신들도 몇 분 참여하여 현재는 약 20명 규모로 수업이 진행 중에 있다. 얼마 전에는 도시농업 수업의 일환으로 대상지 내 텃밭에 배추를 심고 도시재생대학이 끝날 때쯤 같이 김장을 하기로 했다. 어르신들 많이 다니는 골목길에 놓을 벤치도 같이 만들고, 집에 망가진 가구도 고쳐 드리는 가구

만들기 수업도 진행하고 있다. 아직 갈 길이 멀기는 하지만 지금도 마을 텃밭에서 쑥쑥 크고 있는 배추들처럼 천안 남산지구도 같이 커 나가기를 그래서 다시 살아나기를 기대해 본다.

야나가와 시 구도심 재생과 창업의 못자리 역할을 하는 '카타로베이스32'(사진제공: 아베 아키히코)

스키모노 디자인 오피스 제품 전시실

도시재생의 핵심은 사람: 일본 소도시들의 사람초대 전략

정석(서울시립대학교 도시공학과 교수)

도시재생의 핵심은 사람이다. 재생再生이 무엇인가? 되살리는 것 아닌가. 기력을 잃고 아파하는 도시, 소멸의 위기 앞에서 서서히 죽어 가고 있는 우리 도시와 마을을 무엇으로 다시 살릴 수 있을까? 돈을 쏟아 부으면 될까? 으리으리한 건물들을 세우면 될까? 아니다. 오직 사람뿐이다. 도시는 물건이 아니다. 팔아야 할 상품도, 꾸며야 할 작품도 아니다. 도시는 생명체다. 사람과 동물과 나무와 풀, 온갖 생명들이 함께 어우러져 살아가는 도시는 거대한 생명체. 생명체 도시를 되살리는 일, 그것이 도시재생이고 그 일의 핵심은 다름 아닌 사람이다. 도시의 주인 시민이, 마을의 주인 주민이 그 일을 할 수 있다. 마을과 도시를 다시 건강하고 활기차게 되살리는 일은 바로 우리가 해야 하고, 우리만이 할 수 있다.

낮은 출산율과 인구감소의 문제는 '지방소멸'의 위기로 눈앞에 다가왔다. 위기를 먼저 알아챘던 것은 일본이었지만, 일본보다 더욱 빠르게 위기 속으로 빠져들고 있는 건 대한민국이다. 인구증가 추세가 멈춘 2008년을 정점으로 일본은 인구감소 시대에 돌입했다. 2010년 1억 2800만 명 인구가 2050년에는 9700만으로 줄고, 2100년에는 5000만 이하로 감소할 것이라는 인구추계 결과가 발표되었다.

통계청이 2015년에 발표한 우리나라 장래 인구추계 결과도 크게 다르지 않다. 2015년 5101만 명에서 2031년 5296만 명을 정점으로 줄어들기 시작해 2065년에 이르면 4302만 명으로 감소할 것으로 예측하고 있다. 4302만 명 인구는 대한민국 1990년 수준이다.

인구감소는 국가 전체의 위기겠지만 특히 지방의 농산어촌과 중소도시에는 더욱 치명적일 것이다. 임신가능성이 높은 20세부터 39세 사이의 여성인구가 2010년부터 2040년까지 30년 사이에 절반 이하로 감소하는 일본의 기초자치단체가 896개(49.8%)라는 추계 결과는 일본의 지방소멸 위기가 얼마나 심각한지를 생생하게 보여 주었다. 우리나라도 비슷한 추계 결과 전체 기초자치단체의 3분의 1 정도가 향후 30년 이내에 소멸될 것으로 예측하고 있다.

야나가와 시에 문을 연 빵집 '르 롱 뽀앙'의 홍보물

인구소멸 위기를 극복하기 위해서는 인구를 늘려야 한다. 출산율이 계속 감소하는 상황에서 인구를 늘릴 유일한 방법은 사람을 불러오는 길밖에 없다. 젊은 사람들이면 더욱 좋을 것이다. 인구소멸 위기를 겪고 있는 지방 중소도시들의 도시재생 전략은 사람의 초대, 특히 지방에 내려와 결혼하고 아이 낳고 일자리 잡아 오래오래 살아갈 젊은 사람들을 초대하는 데 맞춰야 한다.

2017년 12월 일본 출장을 다녀왔다. 연구학기를 맞아 한국과 일본의 지방재생 사례를 연구하던 중에 사람 초대 전략의 성공사례로 보이는 후쿠오카 현의 야나가와柳川 시, 시마네 현의 고쓰江津 시와 몇몇 도시를 돌아보고 왔다. 일본의 지방재생 정책은 둘로 요약할 수 있다. 하나는 국가차원에서 젊은 사람들이 지방에 내려가도록 장려하고 지원하는 것이고, 또 하나는 지방 중소도시들이 젊은 사람들을 적극 초대하는 것이다.

아베 정부는 2014년에 '마을, 사람, 일자리 창생법(지방창생법)'을 제정한 뒤 2000년대 고이즈미 정부가 추진했던 '도시재생'에서 한걸음 나아가 다양한 '지방창생' 시책들을 펼치고 있다. 그중 하나가 '지역부흥협력대'다.

지역부흥협력대란 인구소멸 위기를 겪고 있는 지방 도시와 농어촌에 사람을 보내는 프로그램이다. 국가는 이들에게 인건비와 활동비 명목으로 최대 4000만 원 연봉을 지급하고, 최장 3년까지 지방에서 일하며 살 수 있도록 지원한다. 2014년 1511명, 2015년 2625명, 2016년 3978명, 2017년 4830명이 지역부흥협력대원으로 지방에 내려갔다. 그중 한 사람이 이번에 만난 아베 아키히코安部昭彦다. 50대 중반인 그는 대학 졸업 후 도쿄에서 중고교 일본어 교사로 29년을 보낸 뒤 2014년 지역부흥협력대원이 되었다.

지역부흥협력대원으로 변신한 아베는 지난 3년 동안 야나가와 구도심 상점가 재생에 올인했다. 비어 있던 가게를 고쳐 2015년 12월 '카타로베이스32'란 이름의 커뮤니티 공간을 열었다. 카타로는 이 지역 방언으로 '함께 모여 소통하고 활동한다'는 뜻이고, 건물의 길이가 32미터여서 청년창업의 기지를 만들자는 뜻으로 베이스32란 이름을 지었다고 한다.

30여 년 교사 경력의 유능한 인재가 내려온 뒤 야나가와 상점가에 새로운 활력이 일었고 많은 변화가 생겼다. 지난 2년간 70여 개 상점이 '상점가진흥조합'에 가입했고, 새로운 창업이 이어지고 있다. '르 롱 뽀앙'이란 빵집을 연 가스키 가가다加賀田一樹는 도쿄와 파리 그리고 일본 여러 도시들을 거쳐 작년에 야나가와에서 빵가게를 연 15년 경력의 베테랑 베이커다. 유키코 쓰쓰미堤由貴子는 꽤 규모가 큰 빈집을 임대한 뒤 고쳐 카

◀ 고쓰 시청 입구에 게시된 인구현황표는 매월 업데이트된다.
▶ 고쓰 시 창업경진대회 고콘 2017년 최종심사회 포스터

페 겸 게스트하우스를 열 준비를 하고 있다.

지방 도시로 사람을 초대하기 위한 창의적 정책과 프로그램을 성공적으로 지속하고 있는 곳이 시마네 현 고쓰 시다. 고쓰 시 인구는 2017년 12월 현재 2만 3969명이다. 시청 입구에 걸린 인구현황표의 숫자는 매월 업데이트된다. 인구감소를 막기 위해 고쓰 시는 2006년에 '정주촉진비전'을 세웠고, 이것을 기초로 사람을 초대하는 이주정책을 지속하고 있다. 특히 주목할 게 빈집을 활용해 이주민을 받는 것으로 1990년대부터 시작되었다. 2007년에는 빈집 전수조사를 실시하였다. 시가지 안의 빈집 620채와 농어촌 소재 781채 등 1400여 채 빈집의 전수를 파악한 뒤, 빈집의 체계적 관리와 활용을 위해 '빈집은행'을 만들었다. 은행에 등록된 빈집의 숫자와 빈집에 입주한 이주민 수는 지속적으로 늘어 2016년 현재 328채가 등록되었고, 그 중 134채에 318명이 이주해서 살고 있다.

고쓰 시는 한 걸음 더 나아갔다. 창의적 역량을 지닌 젊은층을 초대하기 위해 2010년에 새로운 히트상품을 출시했다. '고쓰 비즈니스 플랜 콘테스트'로 불리는 '창업경진대회'인데 줄여서 '고콘Go-Con'이라 부른다. 개인이나 가족차원의 이주정책에서 나아가 사회적 기업이나 마을기업 같은 협력과 연대를 통한 주민이주를 유도하고 청년 창업을 지원하기 위한 목적으로 시작되었고, 2013년에는 그 성과를 널리 인정받아 '과소지역 자립 활성화 우수사례'로 뽑혀 총리상을 받았다.

매년 초에 창업계획 제안서를 받고 10월에 서류심사를 통해 최종후보 6인을 뽑은 뒤 12월에 최종심사를 한다. 최종심사에는 공무원과 전문가뿐만 아니라 시민들이 함께 참가해서 우승자를 뽑는다. 1등에게는 1000만 원 상금이 수여되고 창업을 위한 공간 제공 등 세심한 지원이 뒤따른다. 2010년부터 2016년까지 일곱 번의 콘테스트에서 마흔 명이 최종후보로 뽑혔고, 열한 명이 대상을 받았다. 그 결과 레스토랑, 디자인회사, 빵집, 수제맥주집, 게스트하우스, 농업회사 등 열네 개 회사가 창업되었다.

출장기간 중에 2012년 우승자로 뽑혀 디자인회사 '스키모노'를 창업한 히라시타 시게치카平下茂親를 만났다. 1981년 고쓰 시에서 태어나 고교 중퇴 후 용접공, 배관공으로 고건축 실무를 경험한 뒤 오사카 예술대학에서 공간디자인을 공부하고 건축사무소에 들어갔다. 그 뒤 2010년에 뉴욕에 건너가 가구디자인을 공부하고 2년 뒤 고향에 돌아와 창업을 하게 된 데에는 '고콘'이 중요한 계기가 되었을 것이다. 비어 있던 은행 건물을 고쳐 2층은 자신의 디자인 사무실로 쓰고, 아래층은 젊은이들을 모이게 할 '바(52Bar)'로 리노베이션했다. 지가나 임대료가 비싸지 않은 장점을 활용해 고쓰 시내 사무실과 인근의 빈 공장을 매입해 작업실로 쓰면서 건축설계, 건물 리노베이션, 가구디자인, 염색, 의상디자인, 세라믹 제작 등 다양한 디자인 제품을 생산하고 있다. 2016년에는 5일간 백여 명 학생들이 참가한 '리노베이션 캠프'를 열었고, 공장 옆의 빈 저택은 '고쓰 게스트하우스'로 고쳐서 쓰고 있다.

사람이 오면 변화의 바람이 인다. 지방도시와 농어촌으로 사람을 초대하라. 도시재생 그리고 지방재생의 핵심은 사람이다.

1 2
3 4

5 6
7 8

도시재생을 통해 본 독일 주거건축: 포츠담 키르헤슈타익펠트 단지

이민석(전남대학교 건축학부 교수)

인류가 태동할 때부터, 인류의 역사와 함께 고민해 왔던 것 중에 중요한 것이 있다. 우리의 삶의 터전 '주거'다. 오랫동안 고민하고, 노력해 온 결과와는 다른 것이 우리나라다. 종종 대한민국 국민들은 다섯 가지 주거유형에 살고 있다고 농담을 하기도 한다. 단독주택, 다세대, 다가구주택, 아파트, 빌라가 바로 그것이다. 그런데 이마저도 편리하고 안전하다는 이유로 인해 점차 '아파트공화국'이 되어 가고 있다. 많은 도시건축 관련 전문가들은 "도시재생사업이 우리의 삶의 질을 변화시킬 수 있을 것이다"라고 판단했지만, 여전히 평범한 서민들에게는 다른 유형의 집들을 본 적도 경험한 적도 없는데, 편리성과 안전성 때문에 다른 것은 꿈꿀 수도, 생각지도 못하는 것은 아닐까 스스로 자문해 보기도 한다.

요즘 도시재생이 많은 사람들의 입에 오르내리기 시작했다.

대규모로 진행되었던 사업들이 점차 물러가고, 소규모 지역중심, 커뮤니티 중심, 생활권중심의 개념이 도입된 도시재생사업들로의 전환기를 맞이하고 있다. 그런데 우리는 주거중심의 작은 사업들을 해 본 경험이 많지 않다. 흔히 볼 수 없는 주거의 풍경이기도 하다. 도시를 떠나서 각자 개인별로 만들어진 전원주택단지 속 작은 집들을 모아 살고 있는 곳은 많다. 그러나 토지의 효율성, 적절성, 쾌적성 등을 고려해야 하는 도시에서는 다르게 보인다. 미래의 도시재생을 위해서 해결해야 할 과제들이 산적해 있다. 우선 도시재생사업을 어떻게 계획할 것인가도 중요하지만, 정책적 방향을 장기적인 측면에서 설정할 필요가 있다. 도시재생은 일시적으로 끝나는 단기적인 사업이 아니라 장기적인 사업이다. 도시재생을 시행하는 건설사는 어느 누군가의 경제적 이익을 가져다주는 사업이 아니어야 하며,

◀ 1. 건축재료 특성을 살린 주거건축 2. 건축재료로 입구성 강조 3. 중정공간 4. 단지 내 외부공간
5. 친환경적 어린이 놀이터와 공원 6. 산책로 7. 주거와 상업용도의 복합건물 8. 보행 위주의 도로

도시재생을 통해 본 독일 주거건축: 포츠담 키르헤슈타익펠트 단지 249

투자 또는 투기의 대상으로 보아서도 안 된다. 도시재생을 집행하는 행정청에서는 어느 누구의 편에 서서 대변을 해서도 안되는 사업이다. 중립적인 위치에 서서 해당지역의 과거, 현재, 미래를 살펴야 한다. 또한 도시재생을 계획하는 전문가는 먼미래도시 발전을 위해서 시행되어야 하는 사업이기 때문에 과거를 기초로 해서 발전방향을 수립해야 한다. 지역발전을 위해서는 계획적인 보편타당성도 있어야 하고, 해당지역 주민들과 충분히 공감대가 형성되어야 한다. 현재의 상황을 면밀히, 정확히 분석하고, 이를 바탕으로 미래발전 가능성을 보고 판단하고, 전문가, 건축가, 건축도시설계 관련 전문가들이 앞장서서 해야 하는 책임과 의무를 다해야 성공할 수 있는 사업이다. 그런데 현실은 다르게 작동하고 있다. 좋은 환경 안에 작은 집들이 작은 블록을 만들고, 그들의 커뮤니티가 어우러져 단지를 만들고, 단지와 단지가 연결되어 도시를 만든다는 정말 평범하다 못해 도시건축설계의 가장 기초적이며 기본적인 원리를 토대로 계획하는 것이 한낱 이상적인 생각이고, 경제적 부담이 많이 들어 현실불가능하다고 치부해 버리는 세상이 되어가고 있는 현실이 참으로 안타깝기 그지없다.

독일의 행정체계를 먼저 살펴보면, 독일연방공화국은 인구 8214만 3000명이며, 전체면적은 35만 7023제곱킬로미터로서 우리나라 인구의 대략 2배, 면적은 3.5배에 달한다. 독일의 행정구역은 분데스Bundes(연방), 란트 · 슈타트Land·Staedte(주 · 도시), 크라이스Kreise(광역자치단체), 게마인데Gemeinde(기초자치단체)의 체계를 이루고 있다. 독일의 공간계획은 기본법Grundgesetz에 독일연방지역을 연방-주-게마인데로 구분하고, 바텀업과 톱다운 방식으로 작용하고 있으며, 열한 개 주로 형성되어 있다. 연방과 주 사이에 정책이나 계획에 대한 현실화 방안에 대한 순응, 조절에 대해서 게마인데 또는 주에서 참여하는 방식으로 작동하고 있다.

독일의 공간계획체계는 국토, 지방 도시, 농촌 그리고 개개 건축물에 대한 각 단계별로 이루어져 있으며, 상위계획에서부터 하위계획으로 이르는 일련의 체계를 형성하고 있다. 이 중

최상위 계획인 국토계획은 국토종합계획법의 규정에 따라 전국토를 대상으로 시행되고 있으며, 하위계획인 주계획, 지역계획 및 도시공간에 관한 계획 등에 기본지침과 계획목표들을 제시하는 역할을 담당한다. 이에 따라 하위계획은 실제적인 계획의 입안과 집행을 한다. 우리나라의 미래전략적 도시재생의 방향을 설정하기 위해서는 '라멘플랜Rahmenplan'을 살펴봐야 한다. 라멘플랜은 도시발전계획을 위해 작성하는 비법정계획이다. 라멘플랜의 목적은 도시지역의 발전 가능성을 알아보고, 또한 도시의 광역적 · 지역적인 특성을 분석하여 미래적인 용도에 대한 투시도를 작성해 보는 것이다. 그러나 라멘플랜은 법적구속력이 없으며, 정해져 있는 틀 속에 계획을 수립하는 것은 아니다. 수립절차를 거쳐 법정화된 계획으로 전환될 수 있다.

라멘플랜은 대상지에 대한 도시 및 건축계획적인 문제점 분석을 통해서 새로운 목표를 설정하게 될 뿐만 아니라 확고한 도시지역에 현 상태를 유지 · 관리 · 정비하는 것을 목표로 하게 된다. 독일 사례를 통해 도시재생사업을 성공하기 위해서 어떤 계획을 수립해야 하는지 살펴보자. 물론 소개하고자 하는 사례는 도시재생사업으로 시행된 것은 아니지만, 우리의 도시재생사업이 대부분 노후화된 주거지역을 대상으로 하고 있기에 미래의 주거환경을 어떻게 계획해야 하는지 도움이 될 거소다. 독일의 작은 도시 포츠담 시 키르헤슈타익펠트 단지는 포츠담 시는 독일 베를린에서 24킬로미터 떨어져 있고, 녹지환경이 풍부한 쾌적한 전원도시로, 많은 사람들이 선호해 왔던 곳이다. 포츠담 시 남동부에 위치한 키르헤슈타익펠트는 1990년 독일이 통일된 이후에 동독지역에 지어진 가장 큰 대규모 집합주거단지다. 건설기간은 1991년부터 1997년까지였으며, 건축규모는 108만 제곱미터, 인구는 1만 7500명으로 계획되었다. 여러 개의 소규모 단지로 구성된 이 지구는 단지별로 아담하고 예쁜 작은 광장을 가지고 있으며, 중앙광장에는 시장, 교회, 상점, 사무실, 학교, 스포츠시설 등을 계획하였고, 전체 지구의 3분의 1이 업무 및 상업지구로 조성된 작은 도시

로 계획되어 있다. 주거지역, 주거단지, 재생사업에 의한 건축적 또는 도시적 계획이 어떻게 수립되었는지를 면밀히 들여다보기로 하자.

첫째, 키르헤슈타익펠트 주거단지는 일시적인 장식보다는 지역별, 블록별로 구체적인 계획을 수립하고 있다. 주거건축은 겉치장이 잘 되어서 여행객에게 볼거리를 제공하거나, 강한 인상을 주어 나중에 다시 찾기를 바라는 상업건축이 아니다. 역시 눈에 띄게 하는 엑스포 건물도 아니어야 한다. 건축재료의 본질을 살려 주는 주거계획이어야 한다. 키르헤슈타익펠트 단지의 주거색채 사용특성을 살펴보면 전체, 영역, 단위로 구분하여 다루어졌다. 도시 전체의 근간을 이루고, 밝고 명랑한 느낌을 주는 색으로 도시의 기조색 역할을 한다. 단지 전체를 계획하는 마스터플랜에서 엄격한 질서체계가 작용한 것으로 보인다. 건축재료가 가지고 있는 색, 의도된 편안한 색으로 디자인되어 있다.

둘째, 키르헤슈타익펠트 주거단지 내의 오픈스페이스, 공공공간인 공원계획은 철저하게 주민들을 배려한 공간으로 계획하고 있다. 공원은 자투리땅에 있는 방치된 공간이 아니다. 살고 있는 사람들에게, 이후 사람들에게 알려져 방문객들이 많아지면 어쩔 수 없겠지만, 지나가는 사람들에게 매력을 주고, 그곳을 방문하는 사람들에게도 충분한 휴식공간이어야 한다. 초고령사회가 되고, 저출산화되어 가고 있는 우리의 현실을 타파할 수 있는 방법은 그들이 어디에 있어도 편안하게 환경을 즐길 수 있어야 한다. 도시건축계획가들이 앞장서서 계획해야 하는 사회가 되어야 한다.

셋째, 미래환경 주거지역에서 추구해야 할 목표는 '친환경계획'이다. 이는 단지 내에 머물러 있는 정지된 시설이 아니다. 친환경계획은 살고 있는 주민들의 동선, 산책동선이 필요하며, 집안에서 머무르는 것보다 외부공간을 편안하게 즐길 수 있도록 계획되어야 한다. 아파트 단지 안에 한 번도 가지 않거나 갈 수 없는 공간이 계획되어서는 안 된다. 또한 벽면녹화, 또는 옥상공간에 이름 모를 나무를 심어서도 안 된다. 태양열 집열판

설치 하나로 완성되는 계획 또한 아님을 명심해야 한다.

넷째, 최적의 주거환경을 조성하기 위해서는 편리한 주차장을 만들어서는 안 된다. 다소 불편하더라도 주민들의 동선이 주차장으로 접근하는 차량동선과 교차되어서는 안 된다. 편안하고 안전한 보행환경을 만들 때, 비로소 쾌적한 주거환경을 만들 수 있다. 물론 주차장은 없어서는 안 될 중요한 공간이다. 당연히 접근하기 좋은 곳에 있어야 한다. 그러나 보행환경이 우선시되는 공간이어야 한다. 내 집 앞을 산책하기 좋은 환경으로 만들기 위해서라면 주차장이 좀 떨어져 있는 불편함은 감수할 수 있어야 하지 않을까. 내 집 앞 주차보다 내 집 앞 환경이 우선시되어야 한다. 우리 미래를 짊어질 어린아이들이 안전하게 뛰어놀 수 있는 공간을 조성하기 위해서는 말이다.

결론적으로 도시재생은 분명 그곳에 사는 사람들을 중심으로 이뤄져야 하며, 지속적으로 유지할 수 있는 과거로부터 오랫동안 지속되었던 환경을 개선할 수 있는 장기계획이 동반되어야 함은 명확한 사실이다. 지역주민들의 개별적이고 적극적인 참여도 중요하고, 역량강화도 필요하다. 그러나 우리는 혹시 그것만을 강조하고 있지는 않을까? 도시재생은 좁고 어두운 골목길, 금방 쓰러질 듯한 노후화된 벽과 같은 개별적인 물리적 환경개선이다. 그러나 공적 측면에서 도시재생을 통해 무엇을 완성해 가야 할 것인지에 대한 매우 강력하고, 오랜 세월이 지나서 완성할 수 있는 유연하면서도 변하지 않는 도시재생의 방향을 신중하게 결정해야 한다. 현재 우리가 살고 있는 터전을 만들 수 있는 구체적인 지침들이 필요하다. 도시와 농촌 구석구석을 모두 만족시키는 도시재생 모델을 위해서는 철저한 분석이 뒷받침되어야 한다. 이를 위해서 도시재생에 필요한 것은, 우선 지역에 맞게 조성되어 있는 가이드라인이 반드시 수립되어야 한다. 우리 모두가 함께 살아가야 하는 멋진 도시를 위해서 말이다.

도시재생, 사람중심 · 친환경 대중교통에서 시작하다: 스트라스부르

염대봉(조선대학교 건축학부 교수)

도입

유난히도 무덥던 2018년 여름, 2주 동안 프랑스와 독일을 방문할 기회가 주어졌다. 월드컵의 뜨거운 열기 속에 독일 프랑크푸르트 공항에서 한국어로 "빨리 빨리"를 외치던 독일 세관원의 웃는 모습도, 프랑스 국기를 얼굴에 그린 채 월드컵 결승전 응원하러 삼삼오오 그룹을 지어 걸어가던 스트라스부르Strasbourg 시 청소년들의 흥분된 모습도 그립다. 우리 연구팀이 "프랑스 만세"라 외치자 프랑스의 청소년들은 "대한민국 만세"라 답했다. 세계는 그렇게 월드컵 축제로 하나가 되고 있었다.

우리 연구팀의 이번 유럽 방문 목적은 '인구 절벽 시대에 국내 중 · 소도시의 도시관리 모델 개발'을 위한 연구자료 수집 및 선진지 현지 관계자들과의 면담을 위해서였다. 독일은 1989년 통독 이후 지난 30여 년 동안 젊은이들이 서독지역으로 지속적으로 이동함에 따라 급격한 인구감소와 그에 따른 도시수축 현상이 가속화되었다. 이러한 상황에 독일의 도시들은 어떻게 대응하고 있는지 궁금했다. 이와는 대조적으로 프랑스는 대다수의 도시들에서 도시 수축이 일어나지 않거나 매우 미미한 수준에 머물고 있는 상황이다. 따라서 우리 연구팀은 가까운 미래에 우리의 지방 중 · 소도시들에 닥쳐올 급격한 인구감소와 도시수축 대응책이 어쩌면 프랑스에 있지 않을까 하는 기대를 품고, 프랑스의 대표적인 지방도시 스트라스부르를 주의 깊게 살펴보기로 하였다.

유럽의 수도 스트라스부르

프랑스 동부지역의 중심인 알자스 지방으로, 프랑스와 독일의 접경지대에 위치한 도시 스트라스부르는 '길의 도시'라는 의미다. 역사적으로 독일의 도시였다가 프랑스의 도시가 되기를 반복한 도시로, 알퐁스 도데Alphonese Daudet의 소설 《마지막 수업 The Last lesson(1871)》의 배경이 된 도시이기도 하다. 이러한 역사적 배경을 토대로 이 도시는 오늘날 프랑스와 독일이 상호 공존하며 국가 간 협력의 대표적인 유로 지구Eurodistrict의 심장부 역할을 수행하고 있다. 스트라스부르는 교통, 도시계획, 교육, 보건 분야들에서 프랑코—독일 양국 간 파트너십을 통한 프로젝트를 추진 중에 있다.

인구 28만의 아담하지만 프랑스에서 아홉 번째로 큰 도시로, 독일인과 프랑스인, 아랍인 등등 다민족사회를 형성하고 있다. 또한 이 도시는 주변의 인접 도시들과 도시연합체를 형성, 주변 지역을 포함해 스트라스부르 도시권에는 77만 4000여 명이 거주하고 있다. 교통시스템은 초고속전철 테제베TGV, 고속도로 그리고 항구가 매우 발달되어 있어 지리적으로도 교통의 요충지다. 테제베로 파리에서 스트라스부르까지 2시간 17분이 소요되며, 독일의 경제수도 프랑크푸르트와는 불과 183킬로미터 거리에 있다.

스트라스부르 시내에는 유럽연합의회와 여러 유럽 기관들이 위치하고 있는데, 유럽평의회, 유럽인권법원, 유럽옴부즈만 유럽연합 등이 자리하고 있다. 뿐만 아니라 프랑코—독일 문화 TV채널Artes, 30개국의 영사관과 46개의 대사관을 비롯한 많은 유럽 기구의 본사가 자리하고 있다. 이러한 이유로 인해 스트라스부르에는 유럽연합 관련 기관들이 다수 위치해 있으며, 이곳에 근무하는 인원 또한 상당수에 이른다.

이곳에는 프랑스에서 두 번째 규모를 자랑하는 스트라스부르 대학이 위치하고 있어 인구 28만의 도시에도 불구하고 노벨상 수상자가 세 명이나 배출될 정도로 도시의 저력이 넘쳐난다. 우리의 지방 도시들과 비교하면 도시의 경쟁력이 어느 정도인지 짐작할 수 있다. 대학의 학생 수는 4만 1400여 명, 대학교수 및 교직원 수는 2700여 명으로, 대학 관련 인구가 전체 인구의 15.7%에 이른다. 또한, 스트라스부르 대학은 전 세계 750개 대학들과 국제적 네트워크를 구축하고 있다.

스트라스부르 시내 중심에는 그랑딜Grande Île(대형 섬)이라 불리는 섬이 위치해 있으며, 이곳은 1988년 유네스코 세계문화유산에 등재되었다. 또한 이 도시에는 기독교와 천주교 그리고 프랑스에서 가장 큰 이슬람사원인 스트라스부르 그랜드 모스크Strasbourg Grand Mosque가 위치해 관용과 공존의 문화가 시민들의 일상생활에 녹아 있다.

도시간연합체의 구축을 통한 전 국토의 균형발전 도모

일찍이 프랑스의 사회학자 겸 철학자인 앙리 르페브르Henri Lefebvre는 "대도시는 소도시의 피를 빨아먹는 흡혈귀와 같은 존재다"라며 위계화된 도시의 문제를 강력하게 비판하였다. 그는 평생 60여 권의 저서와 300편의 기사를 썼다. 그는 대표적으로 《도시에서의 권리Le Droit à la ville(1968)》, 《공간의 생산La Production de l'espace(1978)》 등 도시에 관한 수많은 저술활동으로 '도시와 사회'의 관계에 관한 깊은 성찰을 통해 도시를 새롭게 조망하는 시각을 길러 주었다. 1961-64년까지 스트라스부르 대학 사회학 교수로 재직, 1965년에는 파리10대학의 교수로 임용된 그는 교육과 저술활동을 펼치며 학생들에게 가장 존경받는 교수 중 한 명이 되었다. 그의 사상과 이념은 1968년 프랑스 사회혁명의 근저를 이루었을 뿐만 아니라, 오늘날에도 프랑스 도시들 간 사회적 분할과 공간적 분리 그리고 경제적 불균형을 극복하기 위한 이념적 토대를 형성한다.

프랑스는 도시간연합체Intercommunalité를 구축, 공동 노력을 통해 오늘의 도시 문제를 함께 고민하고 해결하는 노력을 계속하고 있다. 특히, 도시의 각종 기반시설의 구축과 일자리 창출, 주거 문제 해결을 위해 도시의 대표들이 함께 모여 국토의 균형발전과 각 도시의 특성화를 통한 도시 경쟁력을 강화하고 있는 것이다. 스트라스부르의 경우 그 대표기관인 유로메트로폴Eurométropôle이 바로 이러한 역할을 수행한다. 도시행정을 전담하는 시청과 그 이외의 물리적·경제적·환경적인 문제들과 일자리 창출 등을 종합적으로 고민하고 문제를 해결하는 기관이 바로 유로메트로폴이다. 예를 들어 광주·전남의 경우 광주권역, 여수·순천·광양권역, 목포권역과 같은 형태로 주요 도시와 인접 시·군단위들이 연합하여 도시 간 문제를 종합적·연합적·통합적으로 해결하는 시스템을 구축하고 있는 것이다.

스트라스부르 ECO 2030계획

매 10년 단위로 수립되는 '스트라스부르 2030계획'은 무엇보다도 2030년까지 2만 7000개의 일자리 창출을 우선 목표로 삼고 있다. 또한 스트라스부르는 항구, 테제베 역, 항공교통의 허브로서 중심적 역할을 수행하고 있다. 뿐만 아니라 국제적으로 인정받는 대학과 연구소, 의료기술 등으로 형성된 산·학·연 클러스터는 융복합 연구 및 개발이 이루어지고 있으며, 산업, 공예, 무역, 건강, 관광, 디지털, 물류 분야에서 창의력을 발휘하는 능력을 배양하고 있다. ECO 2030 운영전략은 그랑제꼴Grandes Ecoles 및 대학을 기반으로 하는 첨단 의료기술 및 혁신적인 교통, 친환경 경제, 디지털 또는 창조 등을 위한 혁신전략을 수행한다. 이러한 혁신전략은 생태, 물리적 환경의 디지털적 전환 혹은 사회혁신을 촉진, 전통산업(공업, 공예, 상업, 관광, 농업, 사회 및 연대 경제 등)을 변화시키는 것을 포함한다. 스트라스부르의 발명공원Technopôle Strasbourg의 주요 육성분야는 고용의 50%를 점유하는 생명과학, 교통, 환경, ICT, 에너지, 농기업 분야로 이루어진다. 발명공원 내의 입주기관은 100여 개에 이르며, 고용인원은 4500명에 교수 및 연구원 1500명의 거주를 목표로 하고 있다.

친환경 교통 시스템 도시재생의 출발점

스트라스부르는 친환경 교통 시스템인 트램(노면전차)이 매우 발달한 대표도시다. 트램은 A–F까지 총 6개의 노선으로 총 길이는 56킬로미터에 달하며 69개의 정류장이 있다. 트램은 월 정기권을 이용할 수 있으며 매우 저렴하다. 이 도시의 일일 평

스트라스부르의 트램은 시민들의 일상생활이 이루어지는 친환경 교통수단이다.

트램 내부 전경. 트램은 넓은 전망창을 통해 도시 전경을 조망할 수 있는 최적의 관광수단이다. 또한 고령화시대에 교통약자들이 이용하기 편리하도록 되어 있다.

균 트램 이용객 수는 30만 명에 이른다. 이는 스트라스부르 전체 시민들이 하루 평균 1회 이상의 트램을 이용하는 수치로 프랑스 내에서도 최고 이용률을 자랑한다.

자가용 이용자는 '대중교통 환승주차장Park and Ride' 네트워크를 통해 노면전차 역 주변에 주차하고, 대중교통을 이용하여 몇 분 내로 이동 가능한 시스템을 구축, 주차비와 트램 승차비용이 결합된 티켓을 구입해 이용할 수 있다. 주차장은 월요일부터 토요일까지, 아침 7시부터 저녁 8시까지 운영된다. 이외의 시간대에는 주차비는 무료, 트램비는 별도다. 또한 자전거

전용도로가 530킬로미터에 이르는 등 대중교통 시스템은 노인, 장애인, 임산부, 어린이 등 교통약자들이 쇼핑이나 여가활동을 하기에 최적의 조건을 갖추고 있다. 시내에는 4400대의 자전거가 구비되어 있으며, 카셰어링 시스템으로 100대 가량의 공유차량을 운영 중이다.

아울러 스트라스부르는 보행 네트워크 시스템을 갖추고 모든 신설도로와 시가지 개발계획에서 보행계획 10가지 주안점을 적용하고 있다. 즉, 보행 권장, 보행공간 확충, 보행자와 자전거이용자 간 마찰 감소, 지역도시계획으로서 보행환경 개

선, 주요 교통예산의 1%를 보행자를 위해 배정, 시속 50킬로미터 도로에 보행자환경 개선, 보행자도로 횡단환경 개선, 기반시설로 인한 장애물 제거, 보행자 고속보도 시스템Pedestrian highway system 건설이 바로 그것이다. 이 도시는 트램을 중심으로 한 친환경 대중교통의 발달로 자연스럽게 걷는 도시, 건강도시, 관광도시로 태어나고 있는 것이다.

글을 마치며

우리는 총 40회에 걸친 도시재생 전문가들의 기고를 통해 오늘의 도시에서 추구해야 할 도시재생의 다양한 방법들에 관해 살펴보았다. 그리고 마지막으로 프랑스의 지방도시 스트라스부르의 사례를 살펴봄으로써 우리는 다음과 같은 결론에 도달할 수 있었다.

첫째, 도시재생정책은 언제나 사람을 그 중심에 두어야 한다. 인간의 삶을 담아 내는 그릇인 도시와 건축은 인본도시의 이념과 도시철학의 바탕 위에서만이 오직 새롭게 태어날 수 있다. 나는 이 글을 읽는 독자 여러분께 테오도르 폴 김Theodore Paul KIM의 《사고와 진리에서 태어나는 도시》, 《도시클리닉》을 그리고 발레리 줄레조의 《아파트 공화국》을 꼭 읽어 보기를 권하고 싶다. 우후죽순처럼 하룻밤을 자고 나면 쑥쑥 자라나는 버섯 도시, 건축이 오직 재산증식의 수단으로 전락한 상품화된 부동산 투기의 도시에는 오직 하루살이의 문화만이 존재할 뿐이다.

둘째, 우수한 창조적 인재들이 모여드는 도시가 되기 위해서는 관용의 문화가 절대적이다. 다문화사회를 이루며 살아가는 프랑스의 도시들은 하나같이 관용의 문화가 발달하였다. 창조도시 이론가 리차드 플로리다Richard Florida는 창조도시의 3대 지수를 '기술Technology, 창조계급Talents, 관용Tolerance'이라 규정하고 있다. 국내의 지방도시들도 다문화사회를 이루어가고 있으며 사회문화적으로 풍부함을 지닌다. 따라서 이들이 갖는 장점들을 살려낼 수 있을 때 커다란 시너지와 도시의 경쟁력을 갖출 수 있기 때문이다.

셋째, 도시들 간 극심한 경쟁의 시대에서 이제는 도시들 간 통합과 연계를 강화하는 도시연합체, 도시 간 공동체를 구체화할 수 있는 시스템과 기관들의 구축이 절대적으로 필요하다. 체계적인 행정과 이를 실행하는 연구기관뿐만 아니라 상호간 연계를 통해 종합적으로 문제를 해결하는 도시 간 연합기구들의 구성이 절대적으로 필요하다. 지방 대학을 졸업한 석·박사 우수인재들이 고향을 떠나지 않고 정착해 자신의 역량을 마음껏 발휘할 수 있는 기관의 설립이 절실히 요구된다.

넷째, '근자열원자래近者說遠者來'의 고사성어가 시사하는 바와 같이 가까이 있는 사람들이 기뻐하고 즐거워할 때 그 모습을 보러 멀리 있는 사람이 온다는 고어처럼 도시재생은 그곳에 살아가는 사람들의 행복 추구에 초점을 맞추어야 한다. 그곳에서 살아온, 살고 있는 그리고 살아갈 사람들의 역사와 삶의 문화가 축적되고, 그 도시에서 살아가는 주민들이 행복해 할 때 그 모습을 보러 사람들이 찾아든다. 향기 나는 꽃에는 나비와 벌이 날아들 듯 행복이 가득한 장소와 도시에 사람들이 모여드는 이치가 어찌 다를 것인가?

다섯째, 도시재생에서 물리적 환경은 매우 중요하다. 우리나라의 지방도시들의 도심공동화는 노후화된 물리적 환경에서 시작되었다고 해도 과언이 아니다. 인구 28만의 스트라스부르는 친환경 대중교통 시스템인 트램의 발전을 통해 도시의 소음과 진동의 문제뿐만 아니라 고령화 사회에 대응하는 교통체계, 도시관광 시스템을 구축함으로써 도시의 이미지와 브랜드 가치를 강화하는 도시로 다시 태어나고 있다. 따라서 친환경 대중교통 시스템의 개발과 정비는 도시공간재생의 출발점이다.

마지막으로 도시재생에서 가장 먼저 그리고 최후까지 이루어져야 할 부분은 바로 잠들어 있는 시민의식을 일깨우는 일이다. 우리의 도시들은 시민교육을 통해서만이 미래의 희망을 이야기하며 새롭게 태어날 수 있기 때문이다.

공저자 약력(가나다순)

강동진

경성대학교 도시공학과 교수
문화재청 문화재위원
국제기념물유적협의회 한국위원회 이사
플랜비문화예술협동조합 이사
대한국토도시계획학회 이사

김도년

현, 성균관대학교 건축학과 · 미래도시융합공학
　　과 교수
　　서울시 용산전자상가 도시재생사업 총괄
　　코디네이터 · 제4기 대통령직속 국가건축정
　　책위원회 위원, 국토환경디자인 분과 위원
　　장 · UN-Sustainable Development Goals
　　선도거점대학 대표교수

구자훈

현, 한양대학교 도시공학과 교수
　　국무총리실 도시재생특별위원회 위원 · 기획재
　　정부 중장기전략위원회 위원 · 국토교통부 중앙
　　건축위원회, 도시개발위원회 위원 · 문화체육관
　　광부 관광거점도시위원회 위원 · 서울시 시장,
　　부시장 직속정책자문단 자문위원회 위원 · 서울
　　시 도시계획위원회, 도시재생위원회 등 위원

김세용

현, 서울주택도시공사 사장
　　고려대학교 건축학과 교수
전, 한국도시설계학회 부회장
전, 국가건축정책위원
전, Specialist, UN Habitat

김경배

현, 인하대학교 건축학부 교수
현, 인하대학교 도시계획연구소 소장
현, 인천광역시 도시계획위원
현, 평택시 신장동 도시재생뉴딜사업 현장지원센터장
현, 한국도시설계학회, 기획위원장, 편집위원, 이사
현, 인천학회, 총무이사
전, 인천계양 창조도시재생사업 총괄계획가

김세훈

현, 서울대학교 환경대학원 부교수
　　어반랩 도시기획협동조합(2018~현재)
　　서울시 난곡 · 난향 도시재생사업 총괄코디
　　네이터(2017~18)
저서, 《도시에서 도시를 찾다》(한숲, 2017) 등

김경원

현, 조선대학교 건축학부 건축학 교수
　　영국왕립건축사
현, 광주광역시 공공건축가
현, 광주광역시 지방건축위원
전, 런던 찹만테일러 건축사무소 근무
전, 런던 아킨스 Plc 근무

김기호

현, 서울시립대학교 명예교수(도시설계)
현, 서울플랜2040(도시기본계획) 총괄계획가
현, 행정중심복합도시 총괄계획가
현, 도시연대(걷고싶은도시만들기 시민연대)
　　대표
전, 서울특별시 명예시장

김승남

현, 중앙대학교 도시시스템공학전공 조교수
현, 서울특별시 제2기 걷는 도시 서울 시민위
　　원회 위원
현, 대한국토도시계획학회 Urban Data Plan-
　　ning 위원회 위원장
전, 건축도시공간연구소 보행환경연구센터장

김영경

현, (주)프룸 대표
전, (주)비엠도시건축사사무소 근무
전, 중앙대학교 건축학과 강사
　　중앙대학교 건축학과 단지 및 도시설계 전
　　공 박사과정 수료

김용춘

현. 조선대학교 건축학부 교수
현. 영국왕립건축사회원(영국 건축사)
현. 광주광역시 공공건축가
전. 런던 노먼 포스터 사무실 근무

류중석

현. 중앙대학교 도시공학과 교수
　　서울시 동작구 상도4동 도시재생 총괄계
　　획가
현. 중앙대학교 교학부총장
전. 한국도시설계학회 수석부회장
전. 경실련 도시개혁센터 이사장

김우영

현. 성균관대학교 건축학과 교수
　　행정중심복합도시건설청 도시특화전문위원
　　국토교통부 중앙건설기술심의위원
　　서울특별시 공공건축가
　　한국교육시설학회 회장

배웅규

현. 중앙대학교 도시공학과 교수
현. 도시재생 총괄코디네이터(가리봉, 사당4동)
현. 서울시 캠퍼스타운 총괄계획가
현. 경기도 도시재생위원회 위원
현. 한국도시설계학회 교육원 부원장

김현숙

현. 새만금개발청 청장
현. 국토정책위원회 위원
현. 한국도시설계학회 부회장
현. 전북대학교 교수(휴직)
전. 대통령직속 지역발전위원회 위원
전. 대통령소속 건축정책위원회 위원

송준환

현. 일본 야마구치 국립대학 공학부 부교수
현. 니기와이 우베 마치즈쿠리회사 비상임이사
현. 와카모노크리에이티브콘테이너(YCCU) 대표
현. 일본건축학회 중국(中国)지부 간사
공저, 《스트릿 디자인매니지먼트—공공공간을 활
　　용하는 제도·조직·프로세스(일본도서)—》
　　(2019)

김홍기

현. 동명대학교 건축학과 교수
　　한국농촌건축학회 부회장
　　부산광역시 문화재위원
전. 농림축산식품부 농촌중심지활성화사업 중
　　앙계획지원단 위원

양승우

현. 서울시립대학교 도시공학과 교수
현. 서울학연구소 소장
전. 서울시립대학교 도시과학대학 학장
전. 강남대학교 도시공학과 교수
전. 서울연구원 위촉책임연구원

나인수

현. 인천대학교 도시건축학부 교수
현. 인천 중구 공감마을 총괄코디네이터
현. 인천 도시재생연구원 이사
현. 인천 도시재생지원센터 자문위원

염대봉

현. 조선대학교 건축학부 교수
　　프랑스공인건축사·도시건축전문자격
전. 전라남도 지방건축위원
전. 광주광역시 경관위원

공저자 약력(가나다순)

오세규

현. 전남대학교 건축학부 교수
    대학타운형(전남대-광주북구) 총괄코디네이터
    광주 대표마을 총괄계획가
    아시아문화중심도시조성 심의위원
    한국도시설계학회 지식나눔센터장

이민석

현. 전남대학교 건축학부 교수
    독일슈트트가르트 대학교 공학박사(Dr.-Ing)
    미래도시공간연구소 소장
전. SH도시연구원 수석연구원
    University Stuttgart SIAAL

유창균

현. 목포대학교 건축학과 교수
현. 한국도시설계학회 광주전남지회장
현. 목포시 도시재생위원회위원
현. 광주광역시 도시계획위원회위원
현. 전라남도 건축위원회위원장

이운용

현. 중앙대학교 건축학과 강의전담교수
    서울시 양천구 도시계획위원회 위원
    미국 콜로라도대학 대학원 석사과정 수료
    중앙대학교 대학원 박사과정 수료

이경아

현. 한국전통문화대학교 전통건축학과 부교수
현. 서울시 문화재위원회 전문위원
현. 문화재청 문화재위원회 위원
전. 서울시 한옥위원회 위원
전. 서울시 한옥문화과 팀장

이정형

현. 중앙대학교 건축학부 교수
    일본 도쿄대학교 석사 및 박사
전. 서울연구원 도시설계센터 연구위원
    서울시 도시계획위원회, 도시건축공동위원회 역임
    중앙도시계획위원회 위원
    제2기 국가건축정책위원회 위원

이경환

현. 공주대학교 건설환경공학부 도시·교통공학전공 교수
    천안 남산지구 도시재생 뉴딜사업 총괄코디네이터

이제선

현. 연세대학교 도시공학과 교수
현. 국토부 중앙도시계획위원회 위원
현. 독산동 우시장 일대 도시재생뉴딜 총괄코디 및 센터장
현. 한국도시설계학회 수석부회장
전. 신촌도시재생사업 총괄계획가

이동희

현. 순천대학교 건축학부 교수
현. 고흥군 청년농촌보금자리 조성사업 총괄계획가·농림축산식품부 농촌중심지 활성화사업 중앙계획단 위원
전. 순천시 도시재생지원센터장·순천시 새뜰마을사업 총괄코디네이터·구례군 도시재생지원센터장

이제승

현. 홍익대학교 도시공학과 교수
    서울특별시 빅데이터 심의위원
    국민안전처 풍수해 저감종합계획 검토위원
    스마트시티 혁신성장동력 프로젝트 자문위원
    대한국토·도시계획학회 스마트도시계획연구위원회 위원장
    대한국토·도시계획학회 이사

이희정

현, 서울시립대학교 도시공학과 교수
　　서울시 도시디자인위원
　　서울시 공공디자인위원
　　서울시 도시경관위원
　　국토경관헌장 제정위원
　　(사)도시정책학회 회장

정석

현, 서울시립대학교 도시공학과 교수
현, 서울시 걷는도시시민위원회 위원장
현, 서울시 거리가게상생정책자문단 위원장
저서, 《천천히 재생-공간을 넘어 삶을 바꾸는
　　도시재생 이야기》(2019), 《도시의 발견-행
　　복한 삶을 위한 도시인문학》(2016), 《나는
　　튀는 도시보다 참한 도시가 좋다》(2013)

정재용

현, 홍익대학교 건축대학 건축학부 교수
현, 한국도시설계학회 상임이사
현, 용인시 수석 공공건축가
전, 대한건축학회 연구이사
전, 홍익대학교 건축대학 건축학부 학장
　　영국왕립건축사협회 공인건축사

조용준

현, 조선대학교 건축학부 명예교수
전, 광주도시공사 사장
전, 한국도시설계학회 부회장
전, 한국주거학회 회장
전, 중앙도시계획 위원
전, 광주도시재생 마스터

홍경구

현, 단국대학교 건축학과 교수
현, 경기도 수원시 및 충남 공주시 총괄코디네이터
　　(2014-)·경기도 광주시 도시재생지원센터장 및
　　디자인코디네이터(2017-)·서울시 전략계획 및 중
　　심지 도시재생전략 기반구축 코디네이터(2016-)
전, 대구대 도시지역계획학과 부교수(2004-2014)·대구시 중구 및
　　남구 도시재생사업 도시닥터 및 총괄코디네이터(2009-2014)

황희연

현, 충북대학교 도시공학과 명예교수
현, LH토지주택연구원장
전, 대한국토·도시계획학 회장
전, 세종시 총괄계획가
전, 도시재생특별위원회 위원
전, 국가 도시재생 R&D 핵심과제 책임

도시재생, 현장에서 답을 찾다

—

인쇄 2019년 12월 25일 1판 1쇄   **발행** 2019년 12월 31일 1판 1쇄

지은이 황희연 외 35인
펴낸이 강찬석
펴낸곳 도서출판 미세움
주소 (07315) 서울시 영등포구 도신로51길 4
전화 02-703-7507
팩스 02-703-7508
등록 제313-2007-000133호
홈페이지 www.misewoom.com

정가 28,000원

—

이 도서의 국립중앙도서관 출판예정도서목록(CIP)은 서지정보유통지원시스템 홈페이지(http://seoji.nl.go.kr)와
국가자료종합목록 구축시스템(http://kolis-net.nl.go.kr)에서 이용하실 수 있습니다.(CIP제어번호 : CIP2019051497)

ISBN 979-11-88602-20-9   03300

이 도서는 한국출판문화산업진흥원의 '2019년 출판콘텐츠 창작 지원 사업'의 일환으로 국민체육진흥기금을
지원받아 제작되었습니다.